涉农法制概述

主编 赵 颖 于 波

东北大学出版社

·沈阳·

ⓒ 赵 颖 于 波 2014

图书在版编目（CIP）数据

涉农法制概述／赵颖，于波主编．—沈阳：东北大学出版社，
2014.8（2024.8重印）
ISBN 978-7-5517-0781-7

Ⅰ．①涉…　Ⅱ．①赵…　②于…　Ⅲ．①农业法—中国
Ⅳ．①D922.4

中国版本图书馆 CIP 数据核字（2014）第 196106 号

出 版 者：东北大学出版社
　　　　　地址：沈阳市和平区文化路 3 号巷 11 号
　　　　　邮编：110004
　　　　　电话：024 - 83687331（市场部）　83680267（社务室）
　　　　　传真：024 - 83680180（市场部）　83680265（社务室）
　　　　　E-mail：neuph@ neupress. com
　　　　　http：//www. neupress. com
印 刷 者：三河市天润建兴印务有限公司
发 行 者：东北大学出版社
幅面尺寸：147mm×210mm
印　　张：14.625
字　　数：280 千字
出版时间：2014 年 9 月第 1 版
印刷时间：2024 年 8 月第 3 次印刷
责任编辑：刘振军　刘珏元　　　　　　责任校对：牛　晓
封面设计：刘江旸　　　　　　　　　　责任出版：唐敏志

ISBN 978-7-5517-0781-7　　　　　　　定　价：65.00 元

《涉农法制概述》编委会

主　　编　赵　颖　于　波

副　主　编　石其钢　王　谦

编写组成员　姚承文　冯学军　王　克

　　　　　　卜忠义　任继武　刘　玲

让法制的阳光普照"三农"（代序）

2011 年 3 月 15 日是一个特别的日子：全国人大常委会委员长吴邦国在十一届全国人民代表大会第四次会议上宣布："中国特色社会主义法律体系已经形成，我国社会主义民主法制建设进入新的发展阶段"。30 多年的改革开放，深刻地改变了中国。从物质到思想，从经济到政治，中国的方方面面都发生了令世界惊叹的变化。而这些变化的发生，无不依赖于国家法制环境的逐步完善。如果没有强有力的法律体系做支撑，难以想象中国社会在如此巨大的变革下能够保持和谐和稳定。因此可以说，中国改革开放的成功得益于中国法制环境的不断改善，而中华民族能否在未来实现民族复兴的伟大梦想，则取决于依法治国的理念是否能够更加普及和深入人心。

我国是一个农业大国，农业、农村、农民始终是中国经济社会发展中引人瞩目的焦点。"三农"兴则中国兴，"三农"稳则中国稳，"三农"发达则中国发达。新中国成立以来，党和政府在各个历史时期都对"三农"问题给予高度关注，出台各种政策，有力地促进了农村、农业的发展以及农民生活的改善。改革开放以来，随着具有中国特色的社会主义法律体系逐步形成，有关"三农"的法律法规也日益完善，这必将对"三农"的发展产生更加积极而深远的影响。

　　由沈阳市人大法制委员会、沈阳市政府研究室、沈阳市农委联合编撰的这本《涉农法制概述》，是一部适宜农民阅读和农村基层干部使用的法律普及读本。我觉得，在为"三农"服务、促进"三农"发展方面，他们是有历史眼光的。为促进"三农"的长期稳定发展，他们做了一件实实在在的好事。在这本书面世之际，作为分管农业的领导干部，我也借此发出自己美好的祝福：让法制的阳光普照"三农"，祝沈阳"三农"大发展、大繁荣。

沈阳市人民政府副市长　　王翔坤

2014 年 6 月

目　录

目录

第一章
绪 论

第一节　农村法制建设概述

一、加强农村法制建设的必要性

（一）加强农村法制建设是建立社会主义市场经济体制的需要

党的十一届三中全会以来，党中央在农村实行的一系列改革政策极大地调动了广大农民的生产积极性，发展了生产力，提高了农民的生活水平。认真总结30多年来农村改革积累的丰富经验，巩固农村经济体制改革的成果，建立和完善我国农村社会主义市场经济体制，把党中央关于农业、农村和农民问题的一系列方针、政策法律化、制度化，诸如进一步规范农村土地流转制度，长期稳定以家庭承包经营为基础、统分结合的双层经营体制；积极稳妥地推进农村税费改革；深化以市场取向为目标的农产品流通体制改革，发展农产品销售、储运、保鲜等产业，发挥各类中介组织的作用；通过农业立法，将那些经实践检验符合中国国情、对农村经济发展行之有效的政策措施用法律形式固定下来，是非常必要的。

同时，建立健全农业和农村法律体系，可以确保党的农村政策的长期性、稳定性，使各级政府依法行政，避免农村政策在制定和执行环节的随意性，促进农业和农村经济持续、稳定和协调发展。

（二）加强农村法制建设是促进农村经济快速发展的需要

我国是一个农业大国，农村人口比重大，农业不仅为我们提供生存的必要条件，而且为工业提供主要原料，农业的发展状况关系着国民经济的发展和社会的进步，关系到政权的稳定和国家的安定。没有农业的现代化就没有整个国民经济的现代化，就不能实现小康社会的奋斗目标。《中华人民共和国农业法》（以下简称《农业法》）第三条第二款规定："农业和农村经济发展的基本目标是：建立适应发展社会主义市场经济要求的农村经济体制，不断解放和发展农村生产力，提高农业的整体素质和效益，确保农产品供应和质量，满足国民经济发展和人口增长、生活改善的需要，提高农民的收入和生活水平，促进农村富余劳动力向非农业和城镇转移，缩小城乡差距和区域差别，建立富裕、民主、文明的社会主义新农村，逐步实现农业和农村现代化。"农业的发展固然离不开自然条件、技术条件和劳动力资源，但是也离不开相应的社会环境，而法律环境是社会环境诸多因素中主要因素之一。

要实现农业和农村发展的总目标，必须建立和完善农村市场经济体制，依法建立健全国家对农业的支持和保护以及干预体系，在农业生产的投入、财政、信贷、生产资料、农业工程设施、农业生态环境保护等方面需要有法律的约束和保证，从而推动农业向商品化、专业化和现代化转变。因此，加强农村法制建设，完善农村法律体系，是农村建立市场经济的前提，是促进农村经济快速持续发展的保障。

（三）加强农村法制建设是强化农业基础地位和维护农民合法权益的需要

农业是社会效益高、生态效益大、经营风险高、生产周期长的弱质产业；我国农民生产手段比较落后，技术水平不高，经济实力较差，在商品经济大潮中的农民必然是弱势群体。西方发达国家对农业一直实行大力扶持、大量投入的保护性政策和法律，这对我们具有重要的借鉴价值。

我国是农业大国，农业的发展直接影响国家经济发展、社会稳定和人民生活。面对国际和国内激烈的市场竞争，作为弱质产业的农业和弱势群体的农民，更需要国家利用制度和法律的手段给予特殊保护。党和国家始终把农业放在国民经济发展的首位，党的十三届八中全会通过的《中共中央关于进一步加强农业和农村工作的决定》明确指出："经济建设，必须始终把农业真正摆在首位，切不可农业状况一有好转，就忽视和削弱农业的基础地位"。党的十五大报告明确指出："要尊重农民的生产经营自主权，保护农民的合法权益，切实减轻农民的负担，使广大农民从党在农村的各项政策和工作中得到实惠"。调动农民的积极性，核心是保障农民的物质利益，尊重农民的民主权利。在任何时候、任何事情上，都必须遵循这条基本准则。我国的经济体制改革是从农村开始的，从我国改革前后的历史经验可以看出，农民的利益得到了保障，农业就发展；农业稳则国家稳，农业发展，则国民经济就有较大的发展。加强农村法制建设，用法律手段强化农业的基础地位和保障农民的合法权益，是非常必要的。

二、中国农村法制建设现状

（一）初步形成具有中国特色的涉农法律体系

我国农村法制建设经历了不同的历史时期。

新中国成立后实行高度集权的计划经济体制，农村经济工作主要由各级行政机关通过经济计划等行政手段实施管理，出现了凭长官意志办事、权大于法的现象。虽然新中国成立初期也制定了一些法律、法规，如《中华人民共和国土地改革法》《国家建设征用土地法》《农业生产合作社示范章程》等，但多数着眼于农业生产关系的变革与调整，有的规定违背农民的自愿原则，有的规定违背客观经济规律。

"文化大革命"开始之后，整个法制建设遭到破坏，农业领域几乎没有制定过新的法律法规。

党的十一届三中全会以后，我国法制建设进入了蓬勃发展的新阶段，中国特色社会主义的涉农法律体系初步形成。

为保障农业在国民经济中的基础地位，发展农村社会主义市场经济，维护农业生产经营组织和农民的合法权益，促进农业的持续、稳定、协调发展，制定并修改了《农业法》。

为规范农业生产经营组织，保护农民的合法权益，制定了《中华人民共和国村民委员会组织法》《中华人民共和国农民专业合作社法》《中华人民共和国乡镇企业法》《农民专业合作社登记管理条例》《乡村集体所有制企业条例》。

为加强农业资源和环境保护，促进农业可持续发展，制定了《中华人民共和国土地管理法》《中华人民共和国森林法》《中华人民共和国草原法》《中华人民共和国渔业法》《中华人民共和国野生动物保护法》《中华人民共和国水法》《中华人民共和国水土保持法》《中华人民共和国水污染防治法》《中华人民共和国防沙治沙法》

《中华人民共和国环境保护法》，还制定了一系列农业行政法规，如《土地管理法实施条例》《基本农田保护条例》《退耕还林条例》《土地复垦规定》《森林法实施条例》《森林和野生动物类型自然保护区管理办法》《森林采伐更新管理办法》《森林防火条例》《森林病虫害防治条例》《草原防火条例》《渔业法实施细则》《水产资源繁殖保护条例》《野生药材资源保护管理条例》《陆生野生动物保护实施条例》《水生野生动物保护实施条例》《野生植物保护条例》《重大动物疫情应急条例》《水土保持法实施条例》《水污染防治法实施条例》。

为稳定党在农村的土地政策，制定了《中华人民共和国农村土地承包法》《中华人民共和国农村土地承包经营纠纷调解仲裁法》。

为规范农产品流通和市场交易，制定了《城市集市贸易管理办法》《农副产品购销合同条例》《粮食收购条例》《粮食购销违法行为处罚办法》《棉花质量监督管理条例》《乳品质量安全监督管理条例》《乡镇企业工业产品质量管理办法》。

为保障农用生产资料供应和安全，制定了《中华人民共和国种子法》《中华人民共和国农产品质量安全法》《中华人民共和国农业机械化促进法》《农药管理条例》《兽药管理条例》《农业机械安全监督管理条例》。

为促进农业科研成果和实用技术尽快应用于农业生产，实现农业现代化，制定了《中华人民共和国农业技术推广法》《植物新品种保护条例》《农业转基因生物安全管理条例》。

为减少自然灾害，保障农业生产安全，制定了《中华人民共和国防洪法》《中华人民共和国动物防疫法》《中华人民共和国进出境动植物检疫法》，以及《抗旱条例》《进出境动植物检疫法实施条例》《植物检疫条例》《重大动物疫情应急条例》《农民负担费用和劳务管理条例》《饲料和饲料添加剂管理条例》《渔业资源增殖保护费征收使用办法》《渔港水域交通安全管理条例》《船舶和海上设施检验条例》《渔业船舶检验条例》《陆生野生动物资源保护管理费收费办法》。

涉农法律和行政法规还有《中华人民共和国城乡规划法》《村庄和集镇规划建设管理条例》《农村五保户供养工作条例》。

涉及农村方面法律规范的其他主要相关法律有：《中华人民共和国宪法》《中华人民共和国民法通则》《中华人民共和国物权法》《中华人民共和国担保法》《中华人民共和国专利法》《中华人民共和国继承法》《中华人民共和国婚姻法》《中华人民共和国仲裁法》《中华人民共和国妇女权益保障法》《中华人民共和国刑法》等。

部分涉农经济关系应遵循相关的法律规范的其他法律，包括：《中华人民共和国公司法》《中华人民共和国个人独资企业法》《中华人民共和国合伙企业法》《中华人民共和国合同法》《中华人民共和国商标法》《中华人

民共和国民事诉讼法》《中华人民共和国劳动法》《中华
人民共和国劳动合同法》《中华人民共和国食品卫生法》
《中华人民共和国产品质量法》《中华人民共和国标准化
法》《中华人民共和国反不正当竞争法》《中华人民共和
国消费者权益保护法》《中华人民共和国清洁生产促进
法》《中华人民共和国科学技术普及法》《中华人民共和
国海洋环境保护法》《中华人民共和国海域使用管理法》
《中华人民共和国海上交通安全法》《中华人民共和国行
政许可法》《中华人民共和国行政处罚法》《中华人民共
和国行政复议法》《中华人民共和国行政诉讼法》《中华
人民共和国国家赔偿法》《中华人民共和国刑事诉讼法》
等。

(二) 农村法制建设取得前所未有的进步

经过30多年的努力，我国农业领域基本上做到了有
法可依，这些法律和行政法规对规范、引导、保障和促
进农业和农村经济的发展发挥了积极作用。随着立法工
作的不断推进，我国农村普法工作取得很大成效，法制
环境得到很大改观，农村依法行政和执法监督不断加强。

农业行政执法不断加强，行政执法水平逐步提高。
目前，我国已初步建立了包括土地管理、种子管理、渔
政管理、植物检疫、畜禽防疫检疫、森林保护、农机监
理和农业环境保护等在内的农业行政执法体系，全国大
部分省市开展了农业综合执法工作。各级涉农行政执法

机关不断改进工作作风，完善行政执法程序，规范行政执法行为，整顿行政执法队伍，逐步将行政执法纳入法制化轨道，在保障农业和农村经济发展、维护农民的合法权益方面发挥了积极作用。

农业行政执法监督不断增强。随着依法治国、依法行政进程的不断推进，广大农民的法律意识也不断加强，各级涉农行政执法机关在自觉接受本级人大的监督、群众监督、舆论监督的同时，进一步加强和完善行政复议等行政系统内部的层级监督和政绩、审计、财政等专项监督，严厉查处增加农民负担、侵害群众利益的违法案件，推动涉农行政执法逐步实现合法、高效、公开、公正。

（三）进一步推进农村法制建设

我国农村法制建设，同建设社会主义法治国家的战略目标和农村经济发展的客观要求相比，还有一定差距。

1. 仍然存在城乡二元结构。彻底打破城乡二元结构，与我国现代化进程密切相关，但对于几十年形成的经济社会体制进行改革，需要较长的过程。过去在计划经济体制下，我国曾经颁布了许多有关农村、农业的法律法规和政策，这些法律法规大多是实现政府意图，甚至有些规定体现政府的强制要求，政府与农民之间的权利义务不对等。许多涉农法律法规已经过时，一些城乡分割的法律制度已经或正在得到修改，但仍不全面、不系统，如在户籍管理、社会保障、社会救助等方面，城乡制度仍不统一。即使法律制度全部修改，仍存在有法必依的问题。

2. 国家法律体系需要不断完善。有些法律法规过于原则化，缺乏可操作性，不能有效地解决实际问题，有些规定针对性不强，应研究如何在关键性问题上取得进展。如农村土地管理当中有不少问题需要研究，农村土地的功能主要是农民的集体财产和基本生活保障，还是属于国家粮食安全保障范畴？国家对农民处置土地使用权如何干预，如何解决农村在土地承包经营权取得、集体资产收益处置、土地征收补偿分配上产生的大量纠纷等。这些问题反映出调整农业、农村和农民的法律法规还需要进一步健全，农村有许多复杂问题，应有妥善处理的法律依据。

3. 进一步引导农民积极有效地参与农村法制建设。在立法环节上，农民由于种种原因，参与法制建设的积极性不高，以致有人认为农民文化素质低，不能正确行使法律赋予的各项权利，必须由精英阶层或管理部门代为决策。在执法环节上，存在一些涉农执法单位常常局限在罚款、扣押等行政处罚和行政强制措施上，一些司法机关也不愿意受理标的较小的农村纠纷，这不仅影响了法律在农村的执行，还导致农民对法律形成一些片面的、不当的看法，影响了法制建设在农村整体推进。为了推动农村法制建设，需要进一步完善农民利益诉求的表达机制，引导农民积极行使参与权、表达权、监督权，确保农民成为法制建设的主体而不是被动的接受者。

三、加强涉农立法，服务社会主义新农村建设

2005 年，党的十六届五中全会提出了建设社会主义新农村的重大历史任务。2006 年，中央一号文件进一步对新农村建设作了全面部署。社会主义新农村之所以称为"新"，关键在于通过新的法律和制度，把农业、农村、农民重新植入一个新的法律环境和制度环境中，并且以法律和制度保障新农村获得更多的发展空间与动力。

近年来，全国人大先后制定、修订了多部涉农法律，国务院也出台了多部涉农行政法规，推动了全国农村法制建设。进一步加强涉农立法，把农业生产、农村管理、农民生活、土地整治等更多方面的事项纳入立法视野，对于保证和推动社会主义新农村建设，具有十分重要的意义。

（一）在立法理念上，要更加注重城乡统筹

我国长期存在的城乡二元制社会结构反映在立法上，就是城乡二元的法律制度设计，这种不适应时代发展要求的体制正在逐步改变。例如，在人大代表选举名额的分配上，以往农村每一名代表所代表的人口是城镇每一名代表所代表人口数的四至八倍，现在全国人大完成了对人民代表大会选举法的修改，城乡之间实现了选举权上的平等；国家出台了城乡规划法，改变了在城市建设过程中忽视对周边农村的带动、辐射的思路，对促进城乡协调发展、建设社会主义新农村起到了积极的推动作

用。对于目前依然存在的城乡分割的法律制度，要在户籍管理、社会保障、社会救助等方面加大立法进程。

对于农民工问题，国家需要通过政策措施的法制化，有效地保障农民工应该享有的经济、政治、文化权益。一是就业保障，国家可采取改革户籍制度、实行农民工就业登记、失业登记等措施扩大其就业渠道。二是社会福利保障，要使农民工同城里人一样享受到经济社会发展的成果，包括社会保险、医疗保障、住房保障等。三是智力保障，国家要采取措施保证农民工享受就业培训和就业指导、职业教育和职业培训，使其掌握一定的就业技能，提高自身素质。特别是保证农民工子女受教育的权利。四是监督保障，国家不但要制定保障农民工权益的措施，而且要制定监督措施，确保农民工各项权益得到真正有效的保障。

（二）在价值取向上，要更加注重"多予、少取、放活"

目前，我国对农业的保护和扶持都得到了加强。一是支农惠农政策力度加大，国家需要将对农业的扶持、补贴等倾斜措施法律化，对农业补贴的标准、补贴的范围、实施补贴的程序等作出规范。二是涉农收费得到了严格控制，除取消农业税外，我国农业领域立法按照不再设立专门面向农民收费项目的原则，对涉农收费项目进行严格控制，要进一步将减轻农民负担事项纳入立法视野。

（三）在立法重点上，要更加注重农村经济社会全面协调可持续发展

近年来，涉农立法取得了较大进展。一是农村社会事务立法。国务院出台了《农村五保户供养工作条例》，明确五保户供养资金由财政预算安排，不再由农民负担。在社会主义新农村建设中，应进一步将对农村社会保障纳入立法视野，建立农村最低生活保障制度，特别要关注失地农民的社会保障问题；要通过法律改变农村的医疗体制，有必要对新型合作医疗制度、医疗救助制度进行立法；通过一系列诸如税收减免、财政补贴等奖励机制，鼓励社会各界投资农村医疗事业。二是高度重视土地问题。经过多年努力，我国已经建立了一系列行之有效并应继续坚持和完善的农村土地政策，这些有益的政策成果有赖于在社会主义新农村建设中得到巩固。为此，在今后的新农村建设进程中，必须在立法上对农村土地政策作出保障。要坚持土地承包经营制度不动摇，进一步完善承包关系，依法保护农民的土地承包经营权。依法规范土地承包经营权的流转，积极探索各种形式的农业产业化组织形式，规范农业产业化经营的发展。要实行最严格的土地管理制度，特别是耕地保护制度。要规范征地、用地管理制度，将土地征用严格限定在公共目的，同时适当地提高征地补偿标准，实现合理补偿。三是农产品质量安全立法。已经出台的《农产品质量安全

法》《乳品质量安全监督管理条例》等说明我国农业生产已经超越了单纯重视数量的阶段，将质量问题纳入了法制发展目标。要进一步通过立法，提高农产品质量安全水平，提升农业标准化生产能力，健全农产品质量安全管理体系。

（四）在制度设计上，要更加注重政府职能定位

农村法制建设必须准确定位政府职能，政府不是农民各种合作生产经营组织的主管部门，不能既当运动员又当裁判员，而要依法行使经济调节、市场监督、社会管理、公共服务四项职能，负责组织有关部门、有关组织，对农民专业合作组织的建设和发展给予指导、扶持和服务。随着社会主义新农村建设的推进，越来越要求把更多的政府经济活动准则用法律形式固定下来，各级政府必须依法行政，使法律手段成为政府实行农业宏观调控的重要手段。

第二节　涉农法基本理论

一、涉农法的概念和调整对象

（一）涉农法的概念

涉农法是指调整人们在农业和农村经济活动中所发生的特定农业和农村经济关系的法律规范的总称。法律

规范是由国家制定或认可的，并由国家强制力保证实施的具有严密逻辑结构的行为规则。涉农法由众多的涉农法律规范所组成，其中包括宪法、法律、行政法规、地方性法规、自治法规或自治条例、规章、司法解释等。涉农法并不是指具体的涉农法律或法规，而是指各项涉农法律规范的一个体系。

(二) 涉农法的调整对象

涉农法以特定农业和农村经济关系为调整对象。随着社会的不断发展进步，我国农村利益主体日益多元化，经济关系比较复杂，有一些农业和农村经济关系还没有稳定，不适合用法律手段调整，用政策指导更符合现实。目前，我国涉农法调整的是部分或重要的农业和农村经济关系。

这部分特定调整对象包括以下几类：一是涉农经济民事关系，即平等民事主体之间在农村经济活动中形成的财产关系，如农村土地所有权关系、农村土地承包和经营权转让关系等，调整的对象是平等经济关系。二是涉农经济行政关系，即在农村经济活动中，农业行政主体在依法行使农业行政职权时，与相对主体发生的各种社会关系，行政关系具有隶属关系，当事人在行政法律关系中是命令与服从的不平等经济关系，行政主体以国家的名义对其职权范围内的农业和农村经济活动进行组织和管理。三是涉农经济管理关系，即国家经济管理机关在实施国家管理农业经济职权时发生的与农业生产经营组织和农民在组织、管理、调控、监督中产生纵向方面的社会关系。包括国家对农业和农村经济的管理关系、国家机关与农业生产经营组织和农业劳动者之间的经济管理关系、农业生产经营组织内部的经济管理关系、农业和农村经济监督检查关系。这类经济管理关系是不对称经济关系，具有指挥和服从、领导和被领导的隶属性质，经济法主体之间的地位是非平权的。这是国家领导、组织、协调和管理农业和农村经济采用的重要形式。四是其他经济关系，即农业和农村经济活动中的经济民事关系、经济行政关系、经济管理关系以外的农业和农村经济关系，如农业环境保护关系、农村劳动关系、农村社会保障关系等。这类经济管理关系主要由涉农民事、行政、经济法律规范以外的其他法律规范加以调整和保护。

二、涉农法的特征和基本原则

（一）涉农法的特征

涉农法作为管理农业和农村经济的一种手段，具有以法律手段管理经济的共有特征。涉农法在管理农业和农村经济时的主要特征是：以国家意志的形式出现，具有高度的权威和普遍的约束力。以明确的、具体的而又稳定的法律规范形式，规定了人们在农业和农村经济活动中的权利和义务关系。以国家强制力来保证涉农法贯彻实施，建立和维护稳定农业和农村经济活动的正常秩序，保证其他各项管理手段的正常运转，从而发挥各自的作用。

涉农法以调整农业和农村经济关系为对象，有其自身的特征，即其法律规范属性兼有公法、私法和社会法的多元性。涉农民事法律规范属于私法领域，调整对象为平权性质的平等经济关系，调整的目的是保护私人利益，调整方式主要依靠任意性规范进行调整；涉农行政法律规范属于公法领域，调整对象是行政性质的不平等经济关系，调整的目的是保护国家利益，调整的方式主要是依靠强制性规范进行调整；涉农经济管理法律规范属于社会法领域，调整的对象是管理性质的不对称经济关系，调整的目的是保护社会整体利益，调整的方式是以强制性和任意性规范相结合进行。涉农法的多元性还表现为涉及面广、问题复杂，由多个法律部门依据多种法律法规共同进行调整。

（二）涉农法的基本原则

1. 对农业实施保护的原则。农业生产的粮食及各种农副产品供养人们生存繁衍，还是工业生产的重要原料资源。农业这一特点和性质决定了它是一个典型的风险型产业、天生的弱质产业，农业的分散性和农民的无组织性又使农业和农民缺乏自我保护的能力。加之长期形成的城乡二元结构，农村经济和文化发展的不平衡、工农业发展速度比例不协调、城乡居民收入不平衡，以及农业生产条件和农村基础设施落后，给农业和农村经济发展带来严重的障碍。因此，必须把农业摆在经济建设的首要位置，给予特殊的保护。发展农业和农村经济，不仅要依靠农民和农业部门的努力，还要依靠全国人民和全社会对农业与农村经济发展的关心及支持。必须坚持统筹城乡发展，依法强化对农业的投入和扶持，不断加大工业反哺农业、城市支持农村的力度。强有力地调动社会各方面的力量支援农业和农村经济发展，成为我国涉农法的一项基本原则。

2. 促进农村社会主义市场经济发展的原则。要通过法律法规确立农村市场主体地位、规范市场主体的经济行为、构建市场经济规则、解决市场主体之间的经济纠纷、保障市场主体的合法财产权益，建立社会主义市场经济体制。尊重和保障农业生产经营组织与农民的合法权益，调动农民的生产经营积极性，促进农村社会主义市场经济又好又快发展。

3. 坚持科学发展观的原则。任何事物都有客观规律，违反了客观规律就要受到惩罚。农业生产经营活动对自然资源和生态环境的依赖程度要比其他生产经营活动大很多，竭泽而渔式的开发生产给了我们深刻的教训。要坚持科学发展观，遵守自然规律和经济规律，保护自然资源和生态环境，保证农业和农村经济可持续、稳定、协调发展。

4. 坚持一切从实际出发的原则。由于我国地域辽阔，与农业生产经营活动密切相关的气候条件、耕地条件、自然灾害等自然资源状态差异很大，要一切从实际出发，因地制宜，因时制宜来制定涉及农业和农村经济的法律法规。政府要转变职能，从主要依靠行政手段转变为主要依靠法律手段和经济手段对农业与农村经济的发展实施宏观调控及分类指导。

三、涉农法律关系

（一）涉农法律关系的概念

涉农法律关系是指根据涉农法律规范产生的，以主体之间的权利与义务关系的形式表现出来的特殊的农村社会关系。

凡是纳入涉农法调整范围内的农业和农村经济关系基于法律事实出现而形成的特殊的农村社会关系，都是涉农法律关系；凡是未纳入涉农法调整范围的社会关系，都不能形成或不是涉农法律关系。涉农法律关系是以法律上的权利、义务为纽带而形成的特殊的农村社会关系。涉农法律在当事人之间设定权利和义务，从而使它们之间的行为和要求具有法律意义，可以依法予以肯定或否定评价，被给予肯定评价的行为和要求会得到法律的支持与保护，被给予否定评价的行为和要求则会受到法律的取缔甚至制裁。涉农法律关系是以国家强制力作为保障手段的特殊的农村社会关系。当涉农法律关系受到破坏时，国家强制力是否立即发挥作用，取决于涉农法律关系的性质。依据强制性规则而形成的涉农法律关系是受国家强制力直接保障的；依据任意性规则而形成的涉农法律关系在受到破坏时，则需要经过权利人的请求后，国家强制力才会出现。没有法律事实的出现，不会产生涉农法律关系。涉农法律关系由主体、客体和内容三要素构成。

涉农法律关系的产生、变更和终止，通称为涉农法律关系的变动。涉农法律关系的产生或设立，是指在涉农法律关系主体之间形成一定的权利和义务关系。涉农法律关系的变更是指涉农法律关系主体、内容、客体的变化，但它不能是主体、内容和客体的全部变化，否则就成为现存涉农法律关系消灭和新的涉农法律关系的产生。涉农法律关系的终止是指涉农法律关系主体之间权利和义务的消灭。

（二）涉农法律关系的主体

涉农法律关系主体是指涉农法律关系的参加者，即在涉农法律关系中依法享有权利和负有义务的人，也就是由法律对其行为加以调整的人。法律上使用的人的概念主要包括自然人、法人和其他组织。

自然人是指因自然出生而取得民事主体资格的人。

自然人与公民具有不尽相同的含义，公民仅指具有某国国籍的自然人，并不包括自然人的全部。自然人排除了国籍、民族、宗教、阶级、性别、智力、身份地位和生理缺陷等所产生的差异，强调了人的生理属性和平等人格。

法人是具有民事权利能力和民事行为能力，依法独立享有民事权利和承担民事义务的组织。人在民法中即为民事主体之意。自然人是自然形成的民事主体，法人是由法律创设的民事主体，即社会组织在法律上的人格化，是与自然人相对应的概念。法人具有以下本质特征：一是团体性。它是一个团体、一个组织、一个人的集合体，而不是单个人，这是它有别于自然人的特征。二是独立人格性。它具有独立的民事权利能力和民事行为能力，能够独立享受民事权利，并承担民事义务，因而它具有独立的民事主体资格，这是它有别于非法人团体的特征。我国法人包括企业法人、机关法人、事业单位法人、社会团体法人、捐献法人（基金会法人）等。法人必须依法登记设立，必须有必要的财产或经费，必须有自己的名称、组织机构和场所。

其他组织是指合法成立，具有一定的财产和经费，具有自己的名称、组织机构和场所，具有一定民事权利能力和一定民事行为能力，并依法享有一定民事权利和承担一定民事义务的团体。不具备法人资格的组织包括：依法登记领取营业执照的私营独资企业或合伙组织、依法登记领取营业执照的合伙型联营企业、依法登记领取我国营业执照的中外合作经营企业或外资企业、经民政部门核准登记领取社会团体登记证的社会团体、法人依法设立并领取营业执照的分支机构、中国人民银行各专业银行设在各地的分支机构、中国人民保险公司设在各地的分支机构、经核准登记领取营业执照的乡镇、街道、村办企业等其他组织。

主体是涉农法律关系产生的先决条件，是客体的占有者、使用者和行为的实践者，没有主体的活动，也就不存在客体。主体也是权利和义务的享有者与承担者，失去了主体也就谈不上涉农法律关系的内容。

（三）涉农法律关系的内容和客体

1. 涉农法律关系的内容。它是指涉农法律关系主体依法享有的权利和承担的义务。任何法律关系都是以权利和义务为内容，法律上的权利和义务必须是法律规范所规定的。

涉农法律关系中的权利是指涉农法主体在涉农活动中依法具有的自己为或不为一定行为和要求他人为或不为一定行为，并得到国家强制力保障的权益或利益。

涉农法律关系中的义务是指涉农法主体在涉农活动中，为满足他人合法权益而依法必须为一定行为和不为一定行为的责任或约束。

内容是涉农法律关系的实质，它不仅是联结各主体之间的桥梁，也是联结主体与客体之间的桥梁，有了主体、客体，不通过权利与义务相互联结，也不能构成涉农法律关系。

2. 涉农法律关系的客体。它是指涉农法主体在涉农活动中享有权利和承担义务所指向的对象或目标。它是将涉农法律关系主体间的权利与义务联系在一起的中介，没有客体为中介，就不可能形成涉农法律关系。涉农法主体之间凭借客体彼此联系，联系的内容即为权利义务。

涉农法律关系客体主要包括以下四类：一是法律中所谓的物，即指人体之外，占有一定空间，为人力所能支配，并有一定使用价值或经济价值的物质资料。包括生产和生活资料、固定资产和流动资产、动产和不动产、主物和从物、流通物和限制流通物、特定物和种类物、原物与孳息、可消费物和不可消费物、单一物、结合物与集合物等。二是行为，即涉农法主体为达到一定目的所进行的活动。如国家经济管理行为、提供劳务的行为、转移财产支配关系的行为及其他经济行为等。三是知识产权，即人们通过脑力劳动所创造的，并以一定形式表现出来的非物质化产品。包括文学艺术作品、发明、科学发现、商标及其他科技成果。四是产权，即财产权。如土地承包经营权、公司的股权等。

涉农法律关系的主体、客体和内容三者之间的关系是，没有客体、主体的存在以及主体的活动就失去了意义，权利和义务也失去了目标。所以，涉农法律关系的三个要素是涉农法律关系的三个相互紧密联系、不可分割的有机组成部分，少了其中任何一个，就不能构成涉农法律关系，变动一个或一个以上也不再是原来的涉农法律关系。

（四）涉农法律关系的保护

涉农法律关系的保护，即借助国家的强制手段，保障涉农法主体有效地行使权利和切实地履行义务。对于涉农活动中的违法行为的惩罚，包括追究法律责任和实施法律制裁。追究法律责任由国家专门机关和法律授权的组织依照法定程序认定，按照违法的性质和危害程度不同，法律责任分为刑事法律责任、民事法律责任、行政法律责任和经济法律责任四种。法律制裁是由特定的国家机关对责任主体依其所应负的法律责任而实施的惩罚性或保护性强制措施，包括刑事制裁、行政制裁和经济制裁等手段。追究法律责任和实施法律制裁，都是依靠法律，维护涉农法律主体的合法权益不受侵犯。

|第二章|
农民集体土地

农民集体土地涉及的基本法律是《中华人民共和国物权法》（以下简称《物权法》），涉及的物权主要包括集体土地所有权、土地承包经营权、集体建设用地使用权、宅基地使用权四种基本物权。

第一节　《物权法》的基本理论概述

一、《物权法》和物权的定义

《物权法》是调整因为物的归属和利用而产生的法律关系的基本法律。其中的物是指物权法律关系的客体，即物权所指的对象。物权是指权利人依法对特定的物享有直接支配和排他的权利。物权的性质又称为物权的特性，是作为一项民事权利的物权所固有的、本质的属性，是物权区别于其他民事权利如债权的标志。物权的性质是用来判定某项权利是不是物权，以及它属于何种类型物权的基准。

二、《物权法》的基本原则

（一）物权法定原则

这一原则要求物权的类型、各类物权的内容、效力和创设的方式，都由法律直接规定，不能由当事人任意创设。之所以要实行物权法定原则，首先是因为物权反映的是由特定国家性质决定的所有制关系，如果允许人们随意创设物权，就会危及社会的经济基础，瓦解国家的基本经济制度；其次是物权法定有利于排除对物权的侵犯，保证交易的安全。

（二）一物一权原则

一物是指一个完整的、独立的物，而不是指它的某一部分；一权是指在这个物上只能设一个所有权。但一物一权并不排除在一物之上设立两个以上不同内容的物权或权利主体人数为二人以上的物权行为，如甲将自己的土地承包经营权租给乙经营，就在同一物之上设立了甲的土地承包经营权和乙的土地占有权两个内容不同的物权。确立一物一权原则的目的是为了明确物的归属，确认财产所有权。在明确所有权的基础上，又可利用所有权的权能，通过设定用益物权与担保物权，让所有权人把自己物的使用价值或交换价值转让出去，充分发挥物的作用。

(三) 公示、公信原则

公示原则是要求将物权设立、转移的事实通过一定的方式向社会公开，使其他人知道物权变动的状况，以利于保护第三人的利益，维护交易的安全和秩序。公信原则是物权的设立或转移已经依法公示，进行了登记，其公示就有社会的公信力。假设公示的物权名义人不是真正的物权人，因为相信物权公示而与公示的物权名义人为交易的善意第三人，其交易受到法律的保护。如甲向登记的房屋所有人乙购买房屋，但乙并不是该房屋真正的所有权人，甲不知道这一点，乙也向甲隐瞒了这一事实，那么，即使乙不是真正的所有人，但他是登记的名义人，则甲自办完房屋所有权转移登记之时，即取得购买房的所有权，真正所有人的所有权消灭，其损失只能请求登记名义人乙赔偿，不能请求善意买受人甲返还原物。

三、物权的分类

(一) 不动产物权和动产物权

按照设定物权客体的种类，可分为不动产物权和动产物权。在不动产上设定的物权，称为不动产物权。在动产上设定的物权，称为动产物权。所有权既可在不动产上设定，又可在动产上设定。不动产物权与动产物权的划分，对于物权的设立、行使等，具有重要的意义。

（二）本权和占有权

物权相对占有而言，可称为本权。承租权、借用权、对物的无因管理权，也可称为本权。占有是一种法律事实，指对物有事实上的管领力，而不问占有人在法律上有无支配该物的权限。本权与占有权的划分，在于判别占有物上有无本权的存在，以确定保护方法。

（三）法定物权和意定物权

这是依据物权产生方式的不同而对物权所作的分类。法定物权是指因法律进行直接规定而产生的物权。只要在当事人之间出现了某种法律规定的事实，就可形成这种物权关系，如我国担保法中的留置权。意定物权则是指必须有当事人明确意思表示方可设立的物权形态。如土地承包经营权、建设用地使用权、抵押权和质权等。

四、物权的变动

（一）物权变动的内涵

物权的变动是指物权的产生、变更和消灭的总称。

1. 物权的产生。即民事主体取得了物权。一旦取得物权，该民事主体就进入了物权法律关系，成为物权人，其他民事主体属于义务人，因而产生了对特定物的人与人之间的支配关系。

2. 物权的变更。它是指物权的主体、客体或者内容发生了变更，其中主体变更就是物权的转让。

3. 物权的消灭。即指物权的丧失，包括相对丧失和绝对丧失两种情形。相对丧失是物权的支配关系也就是对特定物的支配效力在民事主体之间发生的转移；绝对丧失是作为客体的特定物的灭失，因为物的灭失导致物权人丧失了支配事实，从而使物权消灭。相对丧失和绝对丧失都会导致物权法律关系发生消灭。

（二）物权的登记

按照物权的设定是否需要登记，可分为必须登记的物权、无需登记的物权和可以登记的物权。物权的设立需经有关部门登记方能设定的，为必须登记的物权，如购买商品房的房屋所有权。物权的设立不需要有关部门办理登记手续的，为无需登记的物权，如普通动产物权的取得。已设立的物权可经有关部门登记也可不经有关部门登记，为可以登记的物权，如土地承包经营权。必须登记的物权未经登记，不能设立。无需登记的物权不经登记，自能设立。可以登记的物权可登记也可不登记，经登记可对抗第三人，未经登记不能对抗第三人。必须登记的物权、无需登记的物权与可以登记的物权的划分，对于物权的变动、效力、管理等，具有重要的意义。

（三）不动产物权的登记程序

不动产登记的一般程序分为申请、受理、审核、核准登记和发证四个步骤。

1. 由当事人向不动产所在地的登记机构提出书面登

记申请，根据不同登记事项提供权属证明和不动产界址、面积等必要材料。

2. 由有登记管辖权的登记机构受理当事人的申请，并收取法定的登记费等费用。

3. 由登记机构审验有关证明、证书、文书等是否真实、合法、齐全，并进行必要的询问，需要补正的，应告知当事人予以补正；不能补正或发现有虚假的，不予登记；必要时，登记机构应派人进行实地调查、核实有关不动产的情况，并了解有无产权争议。

4. 登记机构经审核，认为资料齐全、合法，情况属实的，依法将物权变动的事项登载于特备的登记簿册上，并向当事人颁发权属证书或在有关证件上记载物权变动事项、加盖印章。

第二节　农民集体土地所有权

一、农村土地所有权的变革

当前，我国农村土地所有权制度的基本模式是实行集体所有的家庭联产承包制度。这种模式是新中国成立之后，经过一系列的社会变革形成的。这种变革大体上可分为四个阶段。

（一）农民获得土地所有权

以 1950 年 6 月颁布的《中华人民共和国土地改革

法》为标志，第一次建立起农民土地所有制为主体的社会主义土地制度的雏形，实现了"耕者有其田"，极大地调动了农民的积极性，农村经济得以迅速恢复。

（二）变土地农民私有制为农民私有集体统一经营的土地制度

土地改革完成后，农民成为小块私有土地的所有者和耕种者，但是由于小农经济自身的局限性，农村经济在经过短暂的恢复后，面临着严峻的挑战。这种挑战一是来自农民内部的两极分化，主要通过土地买卖和租佃关系体现出来；二是来自以小农经济为基础的中国农业与工业化的战略矛盾。于是，政府引导农民走合作化的道路。这一道路先后经历了两个发展过程：一是互助组；二是初级农业合作社。

（三）变农民私有集体统一经营为集体所有统一经营的土地制度

1956 年 6 月，第一届全国人民代表大会第三次会议通过《高级农业生产合作社示范章程》，这标志着私有土地向集体所有制转变。在高级社里，土地集体所有，集体经营。土地已不再作为一项私有的财产取得分红。此后，又经历了人民公社化运动，最终将土地私有制改造成为农村集体所有制。在实行这种土地制度期间，土地所有权和使用权高度集中，土地不能出租、买卖。这不利于土地资源的合理流动和优化配置。

（四）实行集体所有，家庭联产承包经营的土地制度

这种变革实现了农村集体土地所有权与经营权的分离，扩大了农民经营自主权。

二、农民集体土地所有权和法律特征

（一）农民集体土地所有权的概念

集体土地所有权是指由农民集体的全体成员共同行使或农村集体组织在法律规定范围内行使，对土地所享有的占有、使用、收益、处分的权利。

（二）农民集体土地所有权的法律特征

1. 集体土地所有权的主体具有特定性。农村集体土地所有权的主体只限于农民集体，私人及其他主体不得成为土地所有人。其主体形式有三种：乡（镇）农民集体、村农民集体和组农民集体。

2. 集体土地所有权的客体具有广泛性。《中华人民共和国民法通则》（以下简称《民法通则》）、《中华人民共和国土地管理法》（以下简称《土地管理法》）和《土地管理法实施细则》规定，集体土地所有权的客体范围包括：农村和城市郊区的土地（法定属于国家的除外），集体所有的耕地，集体所有的森林、山岭、草原、荒地、滩涂等所占用的土地，集体所有建筑物、水库、农田水利设施和教育、科学、文化、卫生、体育设施所占用的

土地，集体所有的农、林、牧、渔场以及工业企业使用的土地，农民使用的宅基地、自留山、自留地。

3. 集体土地所有权的内容具有限制性。在使用权方面，集体所有的土地不能用于房地产开发；在收益权方面，由于集体所有的土地必须先由国家征收转变为国家所有后，方可出让，这就使得本应属于集体所有权的收益权受到限制；在处分权方面，对土地的法律处分本属土地所有权的一项权能，而集体土地所有权的处分权受土地征收制度限制。

4. 集体土地所有权法律保护的相对性。一方面，土地若不能证明为集体所有，即推定为国家所有，显然，国家土地所有权采取绝对保护；另一方面，集体土地所有权的追及力是相对的，即《确定土地所有权和使用权的若干规定》第二十一条规定："农民集体连续使用其他农民集体所有的土地已满二十年的，应视为现使用者所有"；而国有土地所有权的追及力是绝对的。

5. 集体土地所有权转移中的单向流出性。即只能变集体土地转归国家所有，不允许变国家土地转归集体所有，集体土地所有权的客体只减不增。

6. 集体土地所有权行使的特殊性。农民集体的全体成员行使土地所有权存在特定困难，目前，主要由乡（镇）集体经济组织、村集体经济组织、组集体经济组织行使农民集体土地所有权，或由村民委员会和村民小组代行使农民集体土地所有权。

三、农民集体土地所有权的性质

根据《土地管理法》和中央相关文件表述，农村集体土地所有权的性质为农民集体享有的单独所有权。这一性质具有以下五方面的优势。

1. 与我国立法和集体土地所有权发展的历史与现实相符合；

2. 真正体现集体所有制的要求，达到维护土地社会主义公有制的历史使命；

3. 可使农民集体成员成为真正的集体所有制的最终受益者；

4. 有利于壮大和保护农村集体资产，真正维护农民集体和农民集体成员的合法权益；

5. 有利于建立和健全农民集体自身的、制衡的、良好的运行机制，促进农业和农村经济持续、稳定、健康发展。

四、农民集体土地所有权主体及行使主体

《中华人民共和国宪法》第十条第二款规定："农村和城市郊区的土地，除由法律规定属于国家所有的以外，属于集体所有；宅基地和自留地、自留山，也属于集体所有。"

《土地管理法》第十条规定："农民集体所有的土地依法属于村农民集体所有的，由村集体经济组织或者村

民委员会经营、管理；已经分别属于村内两个以上农村集体经济组织的农民集体所有的，由村内各该农村集体经济组织或者村民小组经营、管理；已经属于乡（镇）农民集体所有的，由乡（镇）农村集体经济组织经营、管理。"

《物权法》第六十条规定："对于集体所有的土地和森林、山岭、草原、荒地、滩涂等，依照下列规定行使所有权：（一）属于村农民集体所有的，由村集体经济组织或者村民委员会代表集体行使所有权；（二）分别属于村内两个以上农民集体所有的，由村内各该集体经济组织或者村民小组代表集体行使所有权；（三）属于乡镇农民集体所有的，由乡镇集体经济组织代表集体行使所有权。"

上述法律明确规定：集体土地所有权主体是农民集体，由乡镇集体经济组织、村民集体经济组织或村民委员会、村民小组经济组织代表集体行使所有权。

五、农民集体土地所有权的权能

（一）占有权能

占有权能是指特定的所有人对标的物为管领的事实。占有权是行使物的支配权的基础和前提条件，占有某物意味着所有人有实际掌握、控制物的权利。此处的占有权能是所有权事实上的占有，也是一种独立的权能，并且能与所有权相分离，不一定由所有人所占有，并且这种占有权能受到侵害时，同样受到法律保护。集体土地所有权的占有权能区别于其他动产所有权的占有权能，因为土地作为客体的特性，不易于直接实际控制，集体土地所有权主体更不是单个有机体，农民集体不能事实上占有土地，只能通过政府相关部门以登记土地所有权的方式确定权利归属。

（二）使用权能

使用权能是指依照所有物的性能或用途，在不毁损所有物本体或变更其性质的情形下，对物加以利用，从而满足生产生活需要的权能。使用权能是实现物的价值的一种手段，一般是所有权人通过自己行使而达到收益目的。随着市场经济的发展，所有权人为了追求利益的最大化，只要能使物增值，可亲自使用也可通过别人使用而达到收益目的，即使用权能同占有权能一样，也可同所有权分离。由于集体土地所有权的不可流转性，他人要利用土地，只能通过使用权的他物权的获得或债权的方式，如租赁等进行利用。

（三）收益权能

收益权能是指所有人收取原物产生出来的新增经济价值的权能。收益权能是所有权各项权能中最重要、最基本的权能，收益权体现了人们对物的使用所获得的利益，并且与使用权能相依赖。对物的使用程度决定着物的收益程度，集体土地所有权的收益权能因为使用权能范围的狭小而受到极大的限制。例如，要在集体所有的土地上进行房地产开发，必须先由国家通过征用，将集体所有的土地转变为国家所有后，才可出让，使得本应属于集体所有的土地收益权受到了限制。

（四）处分权能

处分权能是指依法对物进行处置，从而决定物的命运。它通常包括事实上的处分和法律上的处分。处分权能是所有权权能的核心，可使所有人通过处分权能获取物的最大效益。处分权能也能和所有权相分离。但我国集体土地所有权的处分权能是不完整的，只能被动地变为国有土地所有权，即被征用而转让给国家。

（五）排他权能

排他权能是指所有人对其所有物进行占有、使用、收益、处分时，遇到他人的非法干涉和妨害，而依法请求排除妨碍、干涉的权能。由于集体土地所有权客体的特殊性及权能实现方式的有限性，使得一般的民事主体不可能干涉、妨碍它，即使有妨碍，也较易排除。

六、农民集体土地所有权客体

《民法通则》《土地管理法》《土地管理法实施细则》规定，农村集体土地所有权的客体范围包括：

1. 农村和城市郊区的土地；

2. 集体所有的耕地；

3. 集体所有的森林、山岭、草原、荒地、滩涂等所占用的土地；

4. 集体所有建筑物、水库、农田水利设施和教育、科学、文化、卫生、体育设施所占用的土地；

5. 集体所有的农、林、牧、渔场以及工业企业使用的土地；

6. 农民使用的宅基地、自留山、自留地。

第三节　农村集体土地的用益物权

一、用益物权基本理论概述

用益物权是人类在社会实践中，为解决物质资料的所有与需求之间的矛盾而产生并发展起来的，是所有权与其权能相分离的必然结果。这种分离适应了商品经济要求扩大所有权、扩展财产使用价值的需求，对于满足当事人的需求、充分发挥物质资料的效能、促进社会经济的发展，均具有重要的作用。在现代社会，用益物权已成为各国物权制度中的核心内容之一。

（一）用益物权的定义和特征

用益物权是指非所有人对于他人所有的不动产所享有的占有、使用和收益的权利。用益物权的重心在于对不动产使用价值的支配，强调的是对物的利用权，实现物尽其用。《物权法》规定，用益物权类型包括土地承包经营权、建设用地使用权、宅基地使用权和地役权。海域使用权和取水权、采矿权、探矿权、捕捞权、狩猎权等用益物权或准用益物权适用相应的特别法律的规定。其特征主要表现在以下几个方面。

1. 用益物权具有占有性。用益物权的内容在于使用收益的实体，即对物的使用价值的用益，必然以对物的占有为前提。如不转移土地占有权，建设用地使用权人就根本不可能在土地上营造建筑物、种植树木等。

2. 用益物权是他物权、限制物权和有期限物权。他物权是由所有权派生的权利，客体是他人所有之物；用益物权一旦产生，其权利人就在设定的范围内独立地支配其标的物，进行使用和收益。限制物权没有完全的支配权，如建设用地使用权、地役权只限于在特定方面使用他人的土地，而不像所有权那样作为一种完全的权利。此外，用益物权还是有期限物权，如三十年、五十年。

3. 用益物权是不动产物权。它与所有权和担保物权不同，所有权和担保物权的标的物既包括动产，也包括不动产。用益物权的标的物主要是土地，如建设用地使用权、地役权等权利都以土地为其标的物。

4. 用益物权是独立物权。用益物权虽然以所有权的存在为前提，但一经设立，在法律上就具有独立性。即用益物权一旦依照当事人约定或法律直接规定设立，用益物权人便能独立地享有对标的物的使用和收益权，除了能有效地对抗第三人以外，还能对抗标的物所有人对其权利行使的干涉。

5. 用益物权主要以民法为依据，也可以特别法为依据。典型的用益物权是民法上的用益物权，如各国立法的地上权、永佃权、典权、用益权、居住权和地役权等。这些用益物权不仅地位较为重要，而且适用范围也较为广泛。但土地法、自然资源法等特别法上也有一些用益物权形式，如海域使用权、探矿权、采矿权、狩猎权、取水权、从事养殖和捕捞的权利等。这些用益物权在主体、客体或效力范围等方面，都具有一定的特殊性，所以，在法律适用上，应当首先适用特别法，只有在特别法无规定时，才适用民法。

（二）用益物权的取得

用益物权一般源于他人的所有权，故用益物权的取得没有原始取得，只有继受取得。用益物权的继受取得可分为创设取得和转移取得。创设取得是指在他人所有权上设定用益物权，取得的方式主要有：依法确权、行政划拨、内部分配、农村土地承包；转移取得是指以买卖、互易、赠与、继承、遗赠、判决、裁决、没收、分配等方式取得他人的用益物权。

（三）用益物权的种类

《物权法》规定用益物权有 10 种：

1. 土地承包经营权；

2. 建设用地使用权；

3. 宅基地使用权；

4. 地役权；

5. 海域使用权；

6. 探矿权；

7. 采矿权；

8. 取水权；

9. 养殖权；

10. 捕捞权。

二、土地承包经营权

我国《民法通则》《农村土地承包法》《物权法》实施后，促进了土地承包经营权的不断发展和完善，已成为具有中国特色的一种新型用益物权。物权性质的土地承包经营权是指承包方依照家庭承包合同生效或其他方式承包的依法登记取得的，对集体所有和国家所有依法由农民集体使用的耕地、林地、草地、园地、养殖水面，"四荒"等农村土地，进行占有和从事生产经营并获得收益的权利，以及依法承包农村土地所形成的处分权。

三、集体建设用地使用权

（一）集体建设用地的规定

我国现行土地用途管理制度将土地分为农用地、建设用地和未利用地。建设用地又分为国有建设用地和集体建设用地。集体建设用地是指乡（镇）土地利用总体规划确定的村镇建设用地范围内乡（镇）村企业、公共设施、公益事业及其他设施使用并依法办理了使用手续的土地。

（二）集体建设用地使用权的限定和特征

农村集体建设用地使用权是指法定主体依法取得的对集体所有土地进行非农目的的占有、使用和收益的权利，包括营造建筑物、构筑物和其他附属设施建设等。农村集体建设用地使用权人是指依法取得集体建设用地使用权，并持有集体建设用地使用证的自然人、法人或其他组织。其特征包括以下几个方面。

1. 农村集体建设用地使用权是用益物权。农村集体建设用地使用权是由农民集体所有的土地派生出的一种用益物权，由于我国农村土地由农民集体享有所有权，农民个人、乡镇企业等用地主体只能取得对土地的用益物权，可对依法取得使用权的土地进行占有、使用并收益，但不能对土地进行处分。

2. 农村集体建设用地使用权是一种限制物权。建设用地使用权主体不能任意使用土地，必须严格按照批准的土地用途使用。如依法取得使用权的农村公益事业用地不能用于建设乡镇企业。

3. 农村集体建设用地使用权的主体具有社区性。由于我国土地资源相对稀缺，具有社会保障功能，农村集体建设用地使用权的主体主要是本社区内集体组织的成员或集体组织本身。非集体组织成员不能单独成为农村集体建设用地使用权的主体。

4. 农村集体建设用地使用权的种类具有多样性。依照使用目的不同，可将这类使用权细分为不同的种类，每一种类使用权的主体、内容都有所不同。

（三）集体土地建设使用权的取得

集体土地建设使用权的取得要由农村集体经济组织或有资格使用集体土地进行非农建设的使用人，向县级以上地方人民政府提出申请，由县级以上地方人民政府批准，核发证书，确认集体建设用地使用权，作为集体土地所有人的农民集体或农村集体经济组织不能自行与他人设定集体建设用地使用权。取得集体土地建设使用权需要经过以下程序。

1. 农村集体经济组织使用乡（镇）土地利用总体规划的建设用地兴办企业或与其他单位、个人以土地使用权入股、联营等形式共同举办企业的，持设立该企业的有关批准文件，向县级以上地方人民政府土地行政主管部门提出申请，按照《土地管理法》的有关规定办理农用地转用审批手续。

2. 乡村公共设施、公益事业建设需要使用土地的，经乡人民政府审核，向县级以上地方人民政府提出申请，由县级以上地方人民政府按照相应的审批权限批准；涉及占有农用地的，应当办理农用地转用审批手续。

（四）集体土地建设使用权的终止

集体土地建设使用权的终止包括以下四种情形。

1. 为乡村公共设施和公益事业建设，农村集体经济组织经原批准用地的人民政府批准，收回他人已经取得的集体建设用地使用权。

2. 乡镇企业连续闲置两年以上或因停办闲置一年以上，原土地所有者应当收回其集体建设用地使用权。

3. 不按照批准用途使用土地的，土地所有人报经原审批机构批准，收回集体建设用地使用权。

4. 由于撤销、迁移、解散等原因而停止使用土地的，集体建设用地使用权终止。

（五）集体土地建设使用权的流转

现行法律规定了集体土地建设使用权的两种流转情形。

1. 乡镇企业因破产、兼并等导致土地使用权的流转。《土地管理法》第六十三条规定："农民集体所有土地的使用权不得出让、转让或者出租用于非农业建设；但是，符合土地利用总体规划并依法取得建设用地的企业，因破产、兼并等情形致使土地使用权依法发生转移的除外。"

2. 乡镇企业建设用地使用权随厂房同时抵押，债权人实现债权时导致土地使用权的流转。《中华人民共和国担保法》（以下简称《担保法》）第三十六条第三款规定："乡（镇）、村企业的土地使用权不得单独抵押。以乡（镇）、村企业的厂房等建筑物抵押的，其占用范围内的土地使用权同时抵押。"除此之外，人民法院的执行行为也可能导致乡镇企业建设用地使用权的流转。

四、宅基地使用权

（一）宅基地使用权的概念和特征

宅基地使用权是指宅基地使用权人依法享有占有、使用集体所有的土地，在该土地上建造房屋和其他附着物，并排除他人干涉的权利。其特征表现为以下几点。

1. 具有用益物权属性。《土地管理法》明确规定，宅基地使用权的权利人有权在所有权为集体所有的土地上建造房屋、其他附着物，并有权排除他人的干涉，享有对宅基地的独占权。宅基地使用权的客体是农村集体所有的土地。权利属性符合对他人的物在一定范围内的占有、使用、收益和处分的他物权的特征，其根本性质是一种用益物权。是我国特有的一种用益物权形式，是新中国成立以来，在中国土地政策基础上形成的固有制度。

2. 主体具有特定身份性。宅基地使用权是农民生产和生活中的一项重要财产。《物权法》规定的宅基地使用权是针对农村的宅基地使用权，有权取得宅基地使用权的主体只能是农村集体经济组织的村民，其他人或组织不能成为宅基地使用权的主体。因此，宅基地使用权具有福利性，享有这种福利的主体只能是本集体经济组织的成员。

3. 权利行使受限性。《担保法》第三十七条规定，不得抵押的财产包括宅基地使用权。《土地管理法》第六十二条第四款规定："农村村民出卖、出租住房后，再申请宅基地的，不予批准。"这些规定使农民出卖、出租、抵押自己的房屋及宅基地都受到限制，并承担相应的法律后果。另外，宅基地使用权的取得也需要履行相应的程序，大致包括三个步骤，即使用权申请、土地使用权人同意、行政审批。

(二) 宅基地使用权人的权利和义务

宅基地使用权人享有以下权利。

1. 权利人有权在宅基地上建设房屋和附属物。公民对依法审批的宅基地享有长期的使用权，有权在宅基地上建造房屋、其他建筑物及种植树木。建造房屋需要批准的，应当申请批准。

2. 对于宅基地上的房屋和其他附属物等，公民享有完全的所有权。

3. 公民转让房屋所有权，宅基地的使用权随之转让。

4. 宅基地使用权是一种无期限的使用权。

宅基地使用权人需要履行如下义务。

1. 不得非法转让宅基地使用权。

2. 接受政府统一规划的义务。

3. 正当使用宅基地的义务。

（三）宅基地使用权的消灭

《物权法》第一百五十五条规定："已经登记的宅基地使用权转让或者消灭的，应当及时办理变更登记或者注销登记。"主要内容包括：因乡镇村公共设施和公益事业建设需要调整宅基地的，土地的征收，宅基地使用权因长期闲置、权利人抛弃权利等原因，因自然灾害等原因导致宅基地灭失，房屋灭失。

五、地役权

（一）地役权的概念和特征

地役权是地役权人按照合同约定，利用他人的不动产以提高自己的不动产效益的用益物权。他人的不动产为供役地，自己的不动产为需役地。地役权人既可以是土地所有权人，也可以是土地承包经营权、建设用地使用权、宅基地使用权等权利人。地役权的特征有以下几点。

1. 地役权是使用他人土地的权利。这种使用只是部分性使用，而不是对于供役地人的土地进行全方面的使用。即地役权并不排除供役地人对自己土地的使用，只是供役地人对自己土地的使用受到了地役权某种程度上的限制。

2. 地役权是为利用自己土地的便利而利用他人土地的权利。利用自己土地的便利是指为了增加自己土地利用率，增加土地的使用价值而对于供役地加以利用，并非指不利用供役地就无法利用自己的土地。

3. 地役权具有从属性。地役权从属于需役地，地役权作为从权利，不得独立于需役地而单独转让或抵押；需役地所有权或使用权发生转移或抵押的，地役权随之转移、抵押。对此，《物权法》第一百六十四条规定："地役权不得单独转让。土地承包经营权、建设用地使用权等转让的，地役权一并转让，但合同另有约定的除外。"第一百六十五条规定："地役权不得单独抵押。土地承包经营权、建设用地使用权等抵押的，在实现抵押权时，地役权一并转让。"

4. 地役权具有不可分性。主要体现在两个方面：地役权不因需役地的分割或部分转让而受到影响；也不因供役地的分割或部分转让而受到影响。《物权法》第一百六十六条规定："需役地以及需役地上的土地承包经营权、建设用地使用权部分转让时，转让部分涉及地役权的，受让人同时享有地役权。"第一百六十七条规定："供役地以及供役地上的土地承包经营权、建设用地使用权部分转让时，转让部分涉及地役权的，地役权对受让人具有约束力。"

（二）地役权的取得

地役权的取得包括法律行为取得和非法律行为取得；

法律行为取得又包括设定取得和转让取得。

设定取得包括以下两种情形。

1. 以合同设定地役权。即当事人应当采取书面形式订立地役权合同。地役权合同内容包括当事人的姓名或名称和住所，供役地和需役地的位置，利用目的或方法，利用期限，费用及其支付方式，解决争议的办法。

2. 单独行为，如遗嘱设定地役权。需要有设立地役权的遗嘱并经登记，才发生设定地役权。

转让取得就是连同需役地一并转让而取得。

非法律行为取得利用权，如土地承包经营权继承。《中华人民共和国农村土地承包法》第三十一条第二款规定："林地承包的承包人死亡，其继承人可以在承包期内继续承包。"第五十条规定："土地承包经营权通过招标、拍卖、公开协商等方式取得的，该承包人死亡，其应得的承包收益，依照继承法的规定继承；在承包期内，其继承人可以继续承包。"

（三）地役权人的权利和义务

1. 地役权人的权利：

（1）利用供役地；

（2）因行使地役权的需要，有权在被利用的土地上修建必要的附属设施；

（3）物权请求权。

2. 地役权人的义务：

（1）尽可能减少对供役地权利人物权的限制；

（2）维护附属设施的义务；

（3）支付费用的义务。

（四）供役地权利人的权利和义务

1. 供役地权利人的权利：

（1）收取费用的权利；

（2）使用附属设施的权利；

（3）可以请求变更利用其土地的方式。

2. 供役地权利人的义务：按照合同约定，容许地役权人利用其土地，不得妨害地役权人行使权利。

（五）地役权的消灭

有以下情形之一的，地役权消灭：

1. 地役权期间届满的；

2. 供役地因自然变化不能实现地役权目的的；

3. 抛弃地役权的；

4. 供役地或需役地灭失的。

已登记的地役权变更、转让或消灭的，应及时申请变更或注销登记。

六、集体土地其他用益物权

（一）特许物权的概念

特许物权是指自然人、法人或其他组织依法通过特别行政许可方式取得的对特定空间内的自然资源进行开发和利用的权利，包括海域使用权、探矿权、采矿权、取水权、养殖权、捕捞权等。由于这些权利的设定、流转、内容和效力等多通过《中华人民共和国海域使用管理法》（以下简称《海域使用管理法》）、《中华人民共和国矿产资源法》（以下简称《矿产资源法》）、《中华人民共和国渔业法》（以下简称《渔业法》）、《中华人民共和国水法》（以下简称《水法》）等特别法加以规定，因此也被称为特别法上的物权。在《物权法》中规定特许物权，意义在于明确了特许物权也是物权，适用物权规则；明确了特许物权的私权性质，有利于对其保护。

（二）农民集体土地上特许物权

《海域使用管理法》《矿产资源法》《渔业法》《水法》等特别法规定，农民集体土地上只可创设养殖权，国家所有土地上可创设海域使用权、探矿权、采矿权、取水权、养殖权、捕捞权等。

第四节　农民集体土地的担保物权

一、担保物权基本理论概述

（一）担保物权的定义和特征

担保物权是与用益物权相对应的他物权，为确保债权的实现而设定的，以直接取得或支配特定财产的交换价值为内容的权利。担保物权是传统民法上典型的物权形式。在我国社会主义经济条件下，实行担保物权制度的目的是维护社会主义市场经济秩序和保护当事人的合法权益。担保物权是以确保债务履行为目的，在债务人或第三人所有的特定财产上设定的一种物权。其具有以下特征。

1. 担保物权以确保债务的履行为目的。担保物权的设立是为了保证主债务的履行，使得债权人对于担保财产享有优先受偿权，它是对主债权效力的加强和补充。

2. 担保物权是在债务人或第三人的特定财产上设定的权利。担保物权的标的物必须是特定物，否则无法从其价值中优先受清偿。

3. 担保物权以支配担保物的价值为内容。担保物权属于物权的一种，与一般物权具有同一性质。所不同的是，一般物权以对标的物实体的占有、使用、收益、处分为目的；而担保物权则以标的物的价值确保债权的清偿为目的，以对标的物取得一定价值为内容。

4. 担保物权具有从属性和不可分性。从属性是指担保物权以主债的成立为前提，随主债的转移而转移，并随主债的消灭而消灭。如抵押权人处分债权时，不得将抵押权让与他人而自己保留债权；也不得将债权让与他人而自己保留抵押权，更不得将债权与抵押权分别让与两人。担保物权的不可分性是指担保物权所担保的债权人得到担保物的全部行使权利。体现在以下三个方面：

一是债权一部分消灭，如清偿、让与，债权人仍就未清偿债权部分对担保物全部行使权利；二是担保物一部分灭失，残存部分仍担保债权全部；三是分期履行的债权，已到履行期的部分未履行时，债权人对全部担保物有优先受偿权。

（二）担保物权的类型

1. 担保物权以担保形式为标准，可分为抵押权、质权、留置权三种；

2. 以担保财产的种类为标准，可分为动产担保物权、不动产担保物权和权利担保物权；

3. 以是否转移占有为标准，可分为转移占有的担保物权（质权、留置权）和不转移占有的担保物权（抵押）；

4. 以是否需要登记为标准，可分为登记的担保物权和不需要登记的担保物权；

5. 以债权额特定与否，可分为一般担保物权和最高额担保物权；

6. 以担保物权发生原因为标准，可分为约定担保物权和法定担保物权。

（三）担保合同的从属性

担保合同的从属性是指担保物权从属于主债权债务关系，没有主债权债务关系的存在，担保关系也就没有存在和实现的可能与价值。所以，设立担保物权，应依法订立担保合同。担保合同是主债权债务合同的从合同。主债权债务合同无效,担保合同无效,但法律另有规定的除外。担保合同被确认无效后,债务人、担保人、债权人有过错的,应当根据其过错,各自承担相应的民事责任。

(四)担保物权的担保范围

担保物权的担保范围包括:主债权及其利息、违约金、损害赔偿金、保管担保财产和实现担保物权的费用。当事人另有约定的,按照约定。

(五)物的担保与人的担保关系

物的担保是以物担保债务的履行,包括抵押权、质权和留置权;人的担保是以人的信誉担保债务的履行,指担保法规定的保证。债务人不履行到期债务时,债权人应按照约定实现债权;没有约定或约定不明确,债务人自己提供物的担保的,债权人应先对该物的担保实现债权;第三人提供物担保的,债权人可对物的担保实现债权,也可要求保证人承担保证责任;提供担保的第三人承担担保责任后,有权向债务人追偿。

(六)担保物权的消灭

有下列情形之一的,担保物权消灭:

1. 主债权消灭;

2. 担保物权实现;

3. 债权人放弃担保物权;

4. 法律规定担保物权消灭的其他情形。

二、农民集体土地上担保物权

(一) 农民集体土地上担保物权只有抵押权

担保物权有三种，即抵押权、质权、留置权。抵押权的客体为动产、不动产和权利；质权的客体为动产和权利；留置权的客体为动产。可见，集体土地上担保物权只有抵押权。

(二) 农民集体土地抵押权的标的为土地使用权

土地使用权与抵押权是两种不同的权利，但土地抵押权必须基于土地使用权（主权利）才能成立，并以土地使用权作为实现抵押权的标的。出让土地使用权是使用者以出让金钱为代价而取得的，因此，土地使用权可以成为抵押标的物。目前，我国尚无法律明确规定其他土地他项权利可以作为抵押，故土地抵押权的标的仅是土地使用权而非其他。

(三) 农民集体土地抵押权附属于土地使用权

农民集体土地抵押权附属于土地使用权，但两者又有着密切的联系，土地抵押权的效力对土地使用权有着重大影响。一是它的发生要以土地使用权的存在和行使为条件，当主权利的土地使用权因行政机关依法作出收回土地使用权的处罚而消灭时，在该土地使用权上设定的抵押权随之消灭。二是它的实现必然导致土地使用权归属的变动。

（四）农民集体土地上抵押权的法律规定

《物权法》第一百八十三条规定："乡镇、村企业的建设用地使用权不得单独抵押。以乡镇、村企业的厂房等建筑物抵押的，其占用范围内的土地使用权一并抵押。"第二百零一条规定："以乡镇、村企业的厂房等建筑物占用范围内的建设用地使用权抵押的，实现抵押权后，未经法定程序，不得改变土地所有权的性质和土地用途。"也就是说，即使乡镇、村企业的建设用地使用权随其厂房等建筑物被拍卖了，受让的土地仍然属于农村集体所有。如果该土地原为工业用途，未经有关部门批准，买受人不能将该土地用于商业、旅游和住宅建设。

（五）集体土地上抵押权政策上的规定

《中共中央、国务院关于全面推进集体林权制度改革的意见》明确指出："在不改变林地用途的前提下，林地承包经营权人可依法对拥有的林地承包经营权和林木所有权进行转包、出租、转让、入股、抵押或作为出资、合作条件，对其承包的林地、林木可依法开发利用"。可见，该政策规定林地承包经营权可以抵押。

（六）集体土地抵押权的登记属于要件

设立土地抵押权必须订立书面的抵押合同，并进行土地抵押权抵押登记，抵押合同自登记之日起生效。我国对土地抵押权登记实行强制登记制度，抵押权登记应作为抵押合同生效的要件，当事人订立书面抵押合同后未办理登记的，视为效力未定，效力未定的书面抵押合同，其效力经登记而确定。

（七）集体土地上抵押应注意的问题

《物权法》规定，集体土地上抵押应注意的问题是：乡镇、村企业的建设用地使用权不得单独抵押；乡镇、村企业的厂房等建筑物抵押的，其占用范围内的建设用地使用权一并抵押。可见，《物权法》禁止的是以乡镇、村企业的建设用地使用权单独设立抵押，但并不反对根据"房地一致"原则，在以乡镇、村企业厂房等建筑物抵押时，将其占有范围内的建设用地使用权一并抵押。

|第三章|
村民基层组织和农民专业合作社

村民基层组织机构主要包括村民会议、村民代表会议和村民委员会。2010 年 10 月 28 日第十一届全国人民代表大会常务委员会第十七次会议修订通过了《中华人民共和国村民委员会组织法》（以下简称《村民委员会组织法》），用法律规范农村基层组织的设立和开展活动。

第一节　村民基层组织

一、村民会议

（一）村民会议的概念

《村民委员会组织法》明确规定：村民会议是由本村十八周岁以上的村民组成，讨论决定涉及村民利益的重大事项的一种组织形式，是村民行使民主权利的前提，是村民自我管理的根本途径。村民会议是村民组织的最高权力机构。

（二）村民会议的召集和决定通过

村民会议由村民委员会召集。有十分之一以上的村民或者三分之一以上的村民代表提议，应当召集村民会议。召集村民会议，应当提前十天通知村民。

召开村民会议，应当有本村十八周岁以上村民的过半数，或者本村三分之二以上户的代表参加，村民会议所作决定应当经到会人员的过半数通过。法律对召开村民会议及作出决定另有规定的，依照其规定。召开村民会议，根据需要可以邀请驻本村的企业、事业单位和群众组织派代表列席。

（三）村民会议的职权

村民会议每年审议村民委员会的年度工作报告，评议村民委员会成员的工作；有权撤销或者变更村民委员会不适当的决定；村民会议可以授权村民代表会议审议村民委员会的年度工作报告，评议村民委员会成员的工作，撤销或者变更村民委员会不适当的决定。

《村民委员会组织法》还规定，下列涉及村民利益的事项，必须经村民会议讨论决定方可办理：

1. 本村享受误工补贴的人员及补贴标准；

2. 从村集体经济所得收益的使用；

3. 本村公益事业的兴办和筹资筹劳方案及建设承包方案；

4. 土地承包经营方案；

5. 村集体经济项目的立项、承包方案；

6. 宅基地的使用方案；

7. 征地补偿费的使用、分配方案；

8. 以借贷、租赁或者其他方式处分村集体财产；

9. 村民会议认为应当由村民会议讨论决定的涉及村民利益的其他事项。

村民会议可以制定和修改村民自治章程、村规民约，并报乡、民族乡、镇的人民政府备案。村民会议可以授权村民代表会议讨论决定上述规定的事项。

法律对讨论决定村集体经济组织财产和成员权益的事项另有规定的，依照其规定。

二、村民代表会议

（一）村民代表会议的概念

村民代表会议的设置条件是人数较多或者居住分散的村，可以设立村民代表会议，讨论决定村民会议授权的事项。《村民委员会组织法》规定：村民代表会议由村民委员会成员和村民代表组成，村民代表应当占村民代表会议组成人员的五分之四以上，妇女村民代表应当占村民代表会议组成人员的三分之一以上。

（二）村民代表会议代表的产生

村民代表由村民按照每五户至十五户推选一人，或者由各村民小组推选若干人。村民代表的任期与村民委员会的任期相同。村民代表可以连选连任。村民代表应当向其推选户或者村民小组负责，接受村民监督。

（三）村民代表会议的召集和决定通过

村民代表会议由村民委员会召集。村民代表会议每季度召开一次。有五分之一以上的村民代表提议，应当召集村民代表会议。村民代表会议有三分之二以上的组成人员参加方可召开，所作决定应当经到会人员的过半数同意。

三、村民委员会

（一）村民委员会的概念

村民委员会不是一级国家权力机关或行政机关，而是群众性自治组织。村民委员会是由村民自己组织起来，在国家的宪法、法律和法规的范围内，通过自愿的方式，对本居住区的基层社会生活实行直接民主管理的组织形式。村民通过自己或自己的代表，就可以直接参与管理社会事务，实现当家做主的权利。村民委员会是村民自我管理、自我教育、自我服务的基层群众性自治组织，实行民主选举、民主决策、民主管理、民主监督。

村民委员会与乡镇人民政府的关系在性质上是社会组织与政府机关的关系，它们之间不具有行政上的隶属关系。乡镇人民政府和村民委员会之间是指导与被指导、协助与被协助的关系。

《村民委员会组织法》具体规定了村民委员会的组织形式、工作方式。

（二）村民委员会的设置

村民委员会根据村民居住状况、人口多少，按照便于群众自治，有利于经济发展和社会管理的原则设立。村民委员会的设立、撤销、范围调整，由乡、民族乡、镇的人民政府提出，经村民会议讨论同意，报县级人民政府批准。

（三）村民委员会的主要任务和作用

村民委员会的任务和作用包括如下几个方面。

1. 办理本村的公共事务和公益事业，调解民间纠纷，协助维护社会治安，向人民政府反映村民的意见、要求和提出建议；

2. 协助乡、民族乡、镇的人民政府开展工作；

3. 支持和组织村民依法发展各种形式的合作经济和其他经济，承担本村生产的服务和协调工作，促进农村生产建设和经济发展；

4. 依照法律规定，管理本村属于村农民集体所有的土地和其他财产，引导村民合理利用自然资源，保护和改善生态环境；

5. 尊重并支持集体经济组织依法独立进行经济活动的自主权，维护以家庭承包经营为基础、统分结合的双层经营体制，保障集体经济组织和村民、承包经营户、联户或者合伙的合法财产权和其他合法权益；

6. 宣传宪法、法律、法规和国家的政策，教育和推动村民履行法律规定的义务、爱护公共财产，维护村民的合法权益，发展文化教育，普及科技知识，促进男女平等，做好计划生育工作，促进村与村之间的团结、互助，开展多种形式的社会主义精神文明建设活动；

7. 支持服务性、公益性、互助性社会组织依法开展活动，推动农村社区建设；

8. 多民族村民居住的村，村民委员会应当教育和引导各民族村民增进团结、互相尊重、互相帮助。

（四）村民委员会的执行机构

村民委员会由主任、副主任和委员共三至七人组成。村民委员会成员中，应当有妇女成员，多民族村民居住的村应当有人数较少的民族的成员。对村民委员会成员，根据工作情况，给予适当的补贴。村民委员会主任、副主任和委员由村民直接选举产生。村民委员会每届任期三年，届满应当及时举行换届选举。村民委员会成员可以连选连任。

村民委员会可以根据村民居住状况、集体土地所有权关系等，分设若干村民小组。村民小组组长由村民小组会议推选。村民小组组长任期与村民委员会的任期相同，可以连选连任。村民委员会根据需要设人民调解、治安保卫、公共卫生与计划生育等委员会。村民委员会成员可以兼任下属委员会的成员。人口少的村的村民委员会可以不设下属委员会，由村民委员会成员分工负责人民调解、治安保卫、公共卫生与计划生育等工作。

（五）村民委员会的职责

村民委员会依法产生，并享有一定的职权，依照其职权，组织村民开展自治活动。负责村务的日常管理。村民委员会享有以下权利或职权。

1. 召集村民会议、村民代表会议，并向村民会议、村民代表会议报告工作；

2. 执行村民会议、村民代表会议的决定；

3. 负责办理本村的公共事务和公益事业；

4. 制订本村的公益事业的筹资筹劳方案；

5. 制订本村的公益事业建设项目的投资预算方案、决算方案；

6. 制订本村的公共事务的管理方案；

7. 制订村民自治章程、村规民约等村民自治规范的方案；

8. 制订村民委员会合并、分立、范围调整、撤销的方案；

9. 决定村委会下属委员会的设置；

10. 组织实施村民自治章程、村规民约；

11. 组织实施本村的公共事务管理，负责本村的人民调解、治安保卫、公共卫生、计划生育等工作；

12. 组织实施本村公益事业建设项目的招投标和管理工作；

13. 制定村民委员会的基本民主管理制度；

14. 决定对村委会下属委员会委员的补贴标准；

15. 本社区性的村集体经济组织不存在时，依法代行使村集体经济组织及其执行机构的管理委员会法定职权；

16. 行使村民自治章程规定和村民会议授予的其他职权。

（六）村民委员会的义务

村民委员会有以下义务。

1. 向村民会议负责并报告工作。村民委员会向村民会议、村民代表会议负责并报告工作。

2. 村民委员会决定问题，采取少数服从多数的原则。村民委员会应当实行少数服从多数的民主决策机制。

3. 建立健全各种工作制度。村民委员会应当实行少数服从多数的民主决策机制和公开透明的工作原则，建立健全各种工作制度。

4. 村民委员会实行村务公开制度。

5. 村民委员会从事重要事项依法接受村民监督。村民委员会应当及时公布下列事项，接受村民的监督。一般事项至少每季度公布一次；集体财务往来较多的，财务收支情况应当每月公布一次；应当随时公布涉及村民利益的重大事项。村民委员会应当保证所公布事项的真实性，并接受村民的查询。

6. 村民委员会依法办事，热心为村民服务。村民委员会及其成员应当遵守宪法、法律、法规和国家的政策，遵守并组织实施村民自治章程、村规民约，执行村民会议、村民代表会议的决定、决议，办事公道，廉洁奉公，热心为村民服务，接受村民监督。

7. 村民委员会和村务监督机构应当建立村务档案。

8. 其他依法应承担的义务。

四、村民委员会的选举

村民委员会的选举由村民选举委员会主持。

（一）村民选举委员会

1. 村民选举委员会委员的产生。由村民会议、村民代表会议或者各村民小组会议推选产生。

2. 村民选举委员会组成。村民选举委员会由主任和委员组成。

3. 村民选举委员会成员缺额补选。村民选举委员会成员被提名为村民委员会成员候选人，应当退出村民选举委员会。村民选举委员会成员退出村民选举委员会或者由于其他原因出缺的，按照原推选结果依次递补，也可以另行推选。

4. 村民选举委员会成员免职。村民选举委员会成员不履行职责的，经村民会议、村民代表会议或者各村民小组会议讨论同意，予以免职，缺额按照原推选结果依次递补，也可以另行推选。

5. 村民选举委员会地位。村委会的选举由村民选举委员会主持。

（二）选民资格确认和选民登记

1. 选民资格确认。年满十八周岁的村民，不分民族、种族、性别、职业、家庭出身、宗教信仰、教育程度、财产状况、居住期限，都有选举权和被选举权；但是，依照法律被剥夺政治权利的人除外。

2. 选民登记。村民委员会选举前，应当对下列人员进行登记，列入参加选举的村民名单。

（1）户籍在本村，并且在本村居住的村民。

（2）户籍在本村，不在本村居住，本人表示参加选举的村民。

（3）户籍不在本村，在本村居住一年以上，本人申请参加选举，并且经村民会议或者村民代表会议同意参加选举的公民。

（4）已在户籍所在村或者居住村登记参加选举的村民，不得再参加其他地方村民委员会的选举。

3. 村民名单异议与处理。登记参加选举的村民名单应当在选举日的二十日前由村民选举委员会公布。对登记参加选举的村民名单有异议的，应当自名单公布之日起五日内向村民选举委员会申诉，村民选举委员会应当自收到申诉之日起三日内作出处理决定，并公布处理结果。

（三）村民委员会成员的产生

1. 候选人的确立。选举村民委员会，由登记参加选举的村民直接提名候选人。村民提名候选人，应当从全体村民利益出发，推荐奉公守法、品行良好、公道正派、热心公益、具有一定文化水平和工作能力的村民为候选人。候选人的名额应当多于应选名额。村民选举委员会应当组织候选人与村民见面，由候选人介绍履行职责的设想，回答村民提出的问题。村委会成员由村民直接选举产生。任何组织或者个人不得指定、委派或者撤换村委会成员。村民直接提名候选人，候选人名额应多于应选名额。候选人应当是遵纪守法、热心为村民服务、有能力带领村民办理公共事务和公益事业的人。候选人中应有妇女，多民族居住的村应有人数较少民族的村民。

2. 选举办法和村民委员会成员产生条件。选举村民委员会，有登记参加选举的村民过半数投票，选举有效；候选人获得参加投票的村民过半数的选票，始得当选。当选人数不足应选名额的，不足的名额另行选举。另行选举的，第一次投票未当选的人员得票多的为候选人，候选人以得票多的当选，但是所得票数不得少于已投选票总数的三分之一。选举实行无记名投票、公开计票的方法，选举结果应当场公布。选举时，应当设立秘密写票处。登记参加选举的村民，选举期间外出不能参加投票的，可以书面委托本村有选举权的近亲属代为投票。村民选举委员会应当公布委托人和受委托人的名单。具体选举办法由省、自治区、直辖市的人民代表大会常务委员会规定。

3. 村民委员会成员的无效当选。以暴力、威胁、欺骗、贿赂、伪造选票、虚报选举票数等不正当手段当选村民委员会成员的，当选无效。对以暴力、威胁、欺骗、贿赂、伪造选票、虚报选举票数等不正当手段，妨害村民行使选举权、被选举权，破坏村民委员会选举的行为，村民有权向乡、民族乡、镇的人民代表大会和人民政府或者县级人民代表大会常务委员会和人民政府及其有关主管部门举报，由乡级或者县级人民政府负责调查并依法处理。

4. 村民委员会成员的任期。村民委员会每届任期三年，成员可以连选连任。

（四）村民委员会成员的罢免与缺额补选

本村五分之一以上有选举权的村民或者三分之一以上的村民代表联名，可以提出罢免村民委员会成员的要求，并说明要求罢免的理由。被提出罢免的村民委员会成员有权提出申辩意见。罢免村民委员会成员，须有登记参加选举的村民过半数投票，并须经投票的村民过半数通过。村民委员会成员丧失行为能力或者被判处刑罚的，其职务自行终止。

村民委员会成员出缺，可以由村民会议或者村民代表会议进行补选。补选的村民委员会成员的任期到本届村民委员会任期届满时止。

五、民主管理和民主监督

(一) 民主管理的概念

民主管理，就是依据党的方针政策和国家的法律法规，结合各地的实际情况，由全体村民讨论制定村民自治章程或村规民约、民主决定涉及村民利益的重大事项，加强村民的自我管理、自我教育和自我服务。村民委员会实行民主管理和民主监督，由国家法律所规定，因此，必须严格执行。

(二) 民主管理的内容和形式

1. 民主管理的主体是全体村民，村民主要依靠村民委员会、村民会议和村民代表会议代表自己管理村务。在坚持和完善村民会议与村民代表会议制度的前提下，村民通过依法行使选举权和表决权，实现对村务的自主管理。

2. 民主管理的客体是村务，民主管理的实现依赖于科学合理地建立并完善相关的规章制度，村民依法参与制定、完善《村民自治章程》《村规民约》，村民以此表达自己对管理村务的意愿。

3. 村民委员会实行少数服从多数和公开透明的决策机制，实行集体领导和分工负责的民主集中制工作原则。

4. 村民委员会每年至少向村民会议报告一次工作，每半年向村民代表会议报告一次工作。

5. 村民委员会实行村务公开制度。

6. 村民委员会和村务监督机构实行村务档案制度。村务档案包括：选举文件和选票，会议记录，土地发包方案和承包合同，经济合同，集体财务账目，集体资产登记文件，公益设施基本资料，基本建设资料，宅基地使用方案，征地补偿费使用及分配方案等。村务档案应当真实、准确、完整、规范。

（三）民主监督的概念

民主监督是指由民主监督的主体对村民委员会的工作和村内的各项事务实行民主监督。民主监督的主体包括：村务监督机构、村民会议和村民代表会议、村民、其他监督主体，如乡、民族乡、镇人民政府等。

村务监督机构是民主监督的主要主体。《村民委员会组织法》第三十二条规定："村应当建立村务监督委员会或者其他形式的村务监督机构，负责村民民主理财，监督村务公开等制度的落实，其成员由村民会议或者村民代表会议在村民中推选产生，其中应有具备财会、管理知识的人员。村民委员会成员及其近亲属不得担任村务监督机构成员。村务监督机构成员向村民会议和村民代表会议负责，可以列席村民委员会会议。"

（四）民主监督的内容和形式

1. 村民委员会由村民选举产生，受村民监督，本村五分之一以上有选举权的村民或者三分之一以上的村民代表联名，可以要求罢免村民委员会成员。

2. 村民会议每年审议村民委员会的工作报告，并评议村民委员会成员的工作。村民委员会成员连续两次被评议不称职的，其职务终止。

3. 村民会议、村民代表会议讨论决定的事项及村民委员会所公布的其他事项，接受村民的监督。村民委员会应当保证所公布事项的真实性，并接受村民的查询。

4. 村务监督机构负责村民民主理财和村务公开等制度的落实与监督。

5. 村民有权对村民委员会不及时公布应当公布的事项或者公布的事项不真实实行监督。《村民委员会组织法》第三十一条规定："村民委员会不及时公布应当公布的事项或者公布的事项不真实的，村民有权向乡、民族乡、镇的人民政府或者县级人民政府及其有关主管部门反映，有关人民政府或者主管部门应当负责调查核实，责令依法公布；经查证确有违法行为的，有关人员应当依法承担责任。"

6. 村民会议或者村民代表会议对村民委员会成员、村务监督机构成员评议监督。《村民委员会组织法》第三十三条规定："村民委员会成员以及由村民或者村集体承担误工补贴的聘用人员，应当接受村民会议或者村民代表会议对其履行职责情况的民主评议。民主评议每年至少进行一次，由村务监督机构主持。"

7. 对村民委员会成员任期和离任经济责任进行审计监督。审计包括：本村财务收支情况，本村债权债务情况，政府拨付和接受社会捐赠的资金及物资管理使用情况，本村生产经营和建设项目的发包管理以及公益事业建设项目招标投标情况，本村资金管理使用以及本村集体资产、资源的承包、租赁、担保、出让情况，征地补偿费的使用、分配情况，本村五分之一以上的村民要求审计的其他事项。村民委员会成员的任期和离任经济责任审计，由县级人民政府农业部门、财政部门或者乡、民族乡、镇的人民政府负责组织，审计结果应当公布，其中离任经济责任审计结果应当在下一届村民委员会选举之前公布。

8. 受侵害的村民对村民委员会或者村民委员会成员作出侵害自己合法权益的决定进行监督。《村民委员会组织法》第三十六条第一款规定："村民委员会或者村民委员会成员作出的决定侵害村民合法权益的，受侵害的村民可以申请人民法院予以撤销，责任人依法承担法律责任。"

9. 村民委员会不依照法律、法规的规定履行法定义务的，由乡、民族乡、镇的人民政府责令改正。乡、民族乡、镇的人民政府干预依法属于村民自治范围事项的，由上一级人民政府责令改正。

民主选举和民主监督是村民行使民主权利的两个不同侧面，选举是选举人向被选举人授权或委托权利，监督则是选举人为了授权或者委托权不被滥用而直接行使的一种权利。

第二节　农民专业合作社

2006 年 10 月 31 日，第十届全国人民代表大会常务委员会第二十四次会议通过了《中华人民共和国农民专业合作社法》（以下简称《农民专业合作社法》），于 2007 年 7 月 1 日起施行。

一、农民专业合作社的概念和设立条件

（一）农民专业合作社的概念

农民专业合作社是在农村家庭承包经营基础上，同类农产品生产经营者或同类农业生产经营服务的提供者、利用者，自愿联合、民主管理的互助性经济组织。农民专业合作社依法登记后，取得法人资格，具备独立法人权利能力和行为能力，享有法人的法律地位。

农民专业合作社以农民为主体。《农民专业合作社法》规定，农民至少应占其成员总数的百分之八十，并

对农民专业合作社中企业、事业单位、社会团体成员的数量进行了限制。农民可以自愿加入一个或多个农民专业合作社，实行入社自愿、退社自由。

农民专业合作社以其成员为主要服务对象，向其提供农业生产资料的购买，农产品的加工、储藏、运输、销售及有关的技术、信息等服务。农民专业合作社设立的目的是积聚整体能量、提高规模效益、谋求全体成员的共同利益。

（二）农民专业合作社设立条件

1. 成员要求。有五名以上符合《农民专业合作社法》规定的成员。其成员条件是：具备民事行为能力的公民，以及从事与农民专业合作社义务直接有关的生产经营活动的企业、事业单位或社会团体，能够利用农民专业合作社提供的服务，承认并遵守农民专业合作社章程，履行章程规定的入社手续的，可以成为农民专业合作社的成员。但是，具有管理公共事务职能的单位不得加入农民专业合作社。农民专业合作社应当置备成员名册，并报登记机关。农民专业合作社的成员中，农民至少应当占成员总数的百分之八十。成员总数二十人以下的，可以有一个企业、事业单位或者社会团体成员；成员总数超过二十人的，企业、事业单位或者社会团体成员不得超过成员总数的百分之五。

2. 农民专业合作社章程。农民专业合作社章程是农民专业合作社内部的法律，农民专业合作社必须制定本合作社章程。《农民专业合作社法》第十二条规定了农民专业合作社章程应当载明以下事项：

（1）名称和住所；

（2）业务范围；

（3）成员资格及入社、退社和除名的规定；

（4）成员的权利和义务；

（5）组织机构及其产生办法、职权、任期、议事规则；

（6）成员的出资方式和出资额；

（7）财务管理和盈余分配、亏损处理；

（8）章程修改程序；

（9）解散事由和清算办法；

（10）公告事项及发布方式；

（11）需要规定的其他事项。

3. 召开农民专业合作社设立大会。《农民专业合作社法》规定，设立农民专业合作社必须召开设立大会。设立时，自愿成为该社成员的人为设立人，设立大会应由全体设立人参加。设立大会应履行以下程序：

（1）通过本农民专业合作社章程；

（2）选举本社理事会、理事长；

（3）审议其他重大事项。

4. 注册登记。设立农民专业合作社应当在当地工商行政管理部门注册登记，申请注册登记时，应当提交以下文件：

(1) 登记申请书；

(2) 全体设立人签名盖章的设立大会纪要；

(3) 全体设立人签名盖章的合作社章程；

(4) 法定代表人、理事的任职文件及身份证明；

(5) 出资人签名盖章的出资清单；

(6) 住所使用证明；

(7) 法律、行政法规规定的其他文件。

登记机关自受理登记申请之日起二十日内办理完毕，向符合登记条件的申请者颁发营业执照。

二、农民专业合作社组织结构

(一) 农民专业合作社成员

1. 成员的资格。具备民事行为能力的公民，以及从事与农民专业合作社义务直接相关的生产经营活动的企业、事业单位或者社会团体，能够利用农民专业合作社提供的服务，承认并遵守农民专业合作社章程，履行章程规定的入社手续的，可以成为农民专业合作社的成员。具有管理公共事务职能的单位不得加入农民专业合作社。

2. 成员的权利。

(1) 参加成员大会，享有表决权、选举权和被选举权，按照合作社章程规定对本社实行民主管理。

(2) 利用本社提供的服务和生产经营设施。

（3）按照章程规定或者成员大会决议分享盈余。

（4）查阅本社的章程、成员名册、成员大会或者成员代表大会记录、理事会会议决议、监事会会议决议、财务会计报告和会计账簿。

（5）成员入社自愿，退社自由，但退社要求应当在本财务年度终了前三至六个月向理事会提出。

（6）本社章程规定的其他权利。

3. 成员的义务。

（1）执行成员大会、成员代表大会和理事会的决议。

（2）按照章程规定向本社出资。

（3）按照章程规定与本社进行交易。

（4）按照章程规定承担本社亏损。

（5）合作社章程规定的其他义务。

（二）农民专业合作社成员大会

农民专业合作社成员大会由农民专业合作社的全体成员组成，成员大会是农民专业合作社的最高权力机构，负责就合作社的重大事项作出决议。成员大会以会议的形式行使权利，不设常设机构。

1. 成员大会的职权。

（1）修改章程。

（2）选举和罢免理事长、理事、执行监事或者监事会成员。

（3）决定重大财产处置、对外投资、对外担保和生产经营活动中的其他重大事项。

（4）批准年度业务报告、盈余分配方案、亏损处理方案。

（5）对合并、分立、解散、清算作出决议。

（6）决定聘用经营管理人员和专业技术人员的数量、资格和任期。

（7）听取理事长或者理事会关于成员变动情况的报告。成员变动情况关系到合作社的规模、资产和成员获得收益与分担亏损等诸多因素，成员大会有必要及时了解成员的变动情况。

（8）章程规定的其他职权。

2. 成员大会决议方法。

农民专业合作社成员大会每年至少召开一次，会议的召集由章程规定。农民专业合作社召开成员大会，出席人数应当达到成员总数的三分之二以上方可召开。

（1）一般决议方法。对选举或者作出决议的一般事项，只需要本社成员表决权的简单多数通过，出席人数应当达到成员总数三分之二以上；成员大会选举或者作出决议，应当由本社成员表决权总数过半数通过。

（2）特殊决议方法。修改章程或者合并、分立、解散等重大决议事项，应当由本社成员表决权总数的三分之二以上通过。章程对表决权数有较高规定的，从其规定。农民专业合作社应当召开由全体设立人参加的设立大会，章程应当由全体设立人一致通过。

（三）临时成员大会

有下列情形之一的，应当在二十日内召开临时成员大会：

1. 百分之三十以上的成员提议；
2. 执行监事或者监事会提议；
3. 章程规定的其他情形。

（四）成员代表大会

农民专业合作社成员超过一百五十人的，可以按照章程规定设立成员代表大会。按照章程规定，成员代表大会可以行使成员大会的部分或者全部职权。

（五）理事会（理事长）

农民专业合作社设理事会，设理事长一名。理事长为本社的法定代表人。合作社规模较小、成员人数很少、没有必要设立理事会的，可以不设理事会，可选举一名理事长来负责合作社的经营管理工作。合作社理事的人数由合作社章程规定。理事长、理事会由成员大会从本社成员中选举产生，对成员大会负责，其产生办法、职权、任期、议事规则由章程规定。农民专业合作社的理事长、理事不得兼任业务性质相同的其他农民专业合作社的理事长、理事、监事。执行与农民专业合作社业务有关公务的人员，不得担任农民专业合作社的理事长、理事、监事、经理或者财务会计人员。

（六）监事会（执行监事）

执行监事或者监事会是农民专业合作社的监督机关，对合作社的财务和业务执行情况进行监督。执行监事或者监事会成员由成员大会从本社成员中选举产生，对成员大会负责。理事长、理事、经理和财务会计人员不得兼任监事。

执行监事或者监事会不是农民专业合作社的必设机构。执行监事是指仅由一人组成的监督机关，监事会是指由多人组成的团体担任的监督机关。如果成员大会认为需要提高监督效率，可以根据实际情况，选择设执行监事或者监事会。是否设执行监事和监事会，由合作社在章程中规定。合作社设执行监事的，一般不再设监事会。

执行监事或监事会通常具有下列职权。

1. 监督、检查合作社的财务状况和业务执行情况，包括对本社的财务进行内部审计。

2. 对理事长或者理事会、经理等管理人员的职务行为进行监督。

3. 提议召开临时成员大会。

理事会会议、监事会会议的表决实行一人一票。理事长、理事、执行监事或监事会成员，由成员大会从本社成员中选举产生。召开成员大会应当有成员总数三分之二以上成员出席，大会选举理事长、理事、执行监事或监事会成员，应当由本社成员表决权总数过半数通过，章程对表决权数有较高规定的，从其规定。

（七）经理和财务会计人员

农民专业合作社的理事长或者理事会可以按照成员大会的决定聘任经理和财务会计人员，理事长或者理事可以兼任经理。

经理按照章程规定或者理事会的决定，可以聘任其他人员。经理按照章程规定和理事长或者理事会授权，负责具体的生产经营活动。

三、农民专业合作社财务管理

（一）设立成员账户

农民专业合作社应当为每个成员设立成员账户，主要记载成员的出资额、量化的公积金份额和成员与本社的交易量（额）。

（二）农民专业合作社与其成员和非成员的交易要分别核算

在农民专业合作社的经营过程中，成员享受合作社服务的表现形式就是与合作社进行交易。这种交易既可以是通过合作社共同购买生产资料、销售农产品，也可以是使用合作社的农业机械、享受合作社的技术、信息等方面的服务。将合作社与成员和非成员的交易分别核算，也是为了向成员返还盈余的需要。合作社的可分配盈余应当按照成员与本社的交易量（额）比例返还，返还总额不得低于可分配盈余的百分之六十。返还的依据是成员与合作社的交易量(额)比例，在确定比例时，首先要确定所有成员与合作社交易量(额)的总数，以及每个成员与合作社的交易量(额)；然后才能计算出每个成员所占的比例。因此，只有将合作社与成员和非成员的交易分别核算，才能为按照交易量(额)向成员返还盈余提供依据。由于合作社是成员之间的互助性经济组织，因此作为合作社的实际拥有者，成员与合作社交易时的价格、交易方式往往与非成员不同，将两类交易分别核算也是合作社正常经营的需要。合作社为每个成员设立单独账户进行核算，就可以清晰地反映出与成员的交易情况。与非成员的交易则通过另外的账户进行核算。

（三）农民专业合作社提取的公积金

农民专业合作社可以按照章程规定或者成员大会决议，从当年盈余中提取公积金。公积金用于弥补亏损、扩大生产经营或者转为成员出资。每年提取的公积金按照章程规定，量化为每个成员的份额。

（四）农民专业合作社盈余分配

在弥补亏损、提取公积金后的当年盈余，为农民专业合作社的可分配盈余。可分配盈余按照下列规定返还或者分配给成员。

1. 按照成员与本社的交易量（额）比例返还，返还总额不得低于可分配盈余的百分之六十。

2. 按照前项规定返还后的剩余部分，以成员账户中记载的出资额和公积金份额，以及本社接受国家财政直接补助和他人捐赠形成的财产平均量化到成员的份额，按照比例分配给本社成员。

（五）农民专业合作社应当每年向其成员报告财务情况

农民专业合作社的理事长或者理事会应当按照章程规定，组织编制年度业务报告、盈余分配方案、亏损处理方案和财务会计报告，于成员大会召开的十五日前，置备于办公地点，供成员查阅。

（六）财务审计

设立执行监事或者监事会的农民专业合作社，由执行监事或者监事会负责对本社的财务进行内部审计，审计结果应当向成员大会报告。成员大会也可以委托审计机构对本社的财务进行审计。

四、农民专业合作社合并、分立、解散和清算

（一）农民专业合作社合并

农民专业合作社合并，应当自合并决议作出之日起十日内通知债权人。合并各方的债权、债务应当由合并后存续或者新设的组织承继。

（二）农民专业合作社分立

农民专业合作社分立，其财产作相应的分割，并应

当自分立决议作出之日起十日内通知债权人。分立前的债务由分立后的组织承担连带责任。但是，在分立前与债权人就债务清偿达成的书面协议另有约定的除外。

（三）农民专业合作社解散和清算

农民专业合作社由于章程规定的解散事由出现、成员大会决议解散、合并或者分立需要解散、依法被吊销营业执照或者被撤销等原因需要解散的，应当在解散事由出现之日起十五日内，由成员大会推举成员组成清算组，开始解散清算。逾期不能组成清算组的，成员、债权人可以向人民法院申请指定成员组成清算组进行清算，人民法院应当受理该申请，并及时指定成员组成清算组进行清算。

清算组自成立之日起，接管农民专业合作社，负责处理与清算有关未了结业务，清理财产和债权、债务，分配清偿债务后的剩余财产，代表农民专业合作社参与诉讼、仲裁或者其他法律程序，并在清算结束时，办理注销登记。清算组应当自成立之日起十日内通知农民专业合作社成员和债权人，并于六十日内在报纸上公告。债权人应当自接到通知之日起三十日内，未接到通知的自公告之日起四十五日内，向清算组申报债权。如果在规定期间内全部成员、债权人均已收到通知，免除清算组的公告义务。债权人申报债权，应当说明债权的有关事项，并提供证明材料。清算组应当对债权进行登记。在申报债权期间，清算组不得对债权人进行清偿。

|第四章|
农村土地承包

　　《中华人民共和国农村土地承包法》（以下简称《农村土地承包法》）于 2002 年 8 月 29 日第九届全国人民代表大会常务委员会第二十九次会议通过，2003 年 3 月 1 日起正式施行。并经 2009 年 8 月 27 日第十一届全国人民代表大会常务委员会第十次会议修正。农村土地承包法是调整农村土地承包关系的法律规范的总称。

第一节　农村土地承包概述

　　《中华人民共和国土地管理法》规定：我国实行土地的社会主义公有制，即全民所有制和劳动群众集体所有制。全民所有就是国家所有土地的所有权由国务院代表国家行使；劳动群众集体所有土地的所有权由该土地所有权主体的农民集体行使。国家实行土地用途管理制度，编制土地利用总体规划，规定土地用途，将土地分为农用地、建设用地和未利用地。农用地指直接用于农业生产的土地，包括耕地、林地、草地、养殖水面等；建设用地是指建造建筑物、构筑物的土地，包括城乡住宅和公共设施用地、工矿用地、交通水利设施用地等；未利用地是指农用地和建设用地以外的土地。

一、农村土地承包的概念

农村土地承包是指将农民集体所有和国家所有依法由农民集体使用的耕地、林地、草地，以及其他依法用于农业的土地采取农村集体经济组织内部的家庭承包方式，不宜采取家庭承包方式的荒山、荒沟、荒丘、荒滩等农村土地，可以采取招标、拍卖、公开协商等方式承包。这里的农村土地包括：耕地、林地、草地、园地（果园、桑园等用地）、养殖水面、"四荒"（荒山、荒沟、荒丘、荒滩）地等。其性质属用于农业的土地，是指从事种植业、林业、畜牧业、渔业生产而使用的农村土地。不包括建设用地和"四荒"外的未利用地，也不包括国有农场实行承包经营的农用土地。

二、农村土地承包的方式和特征

农村土地承包方式主要有两类，即家庭承包和其他方式承包。

（一）家庭承包

家庭承包是指以农村集体经济组织内的每一个农户家庭全体成员为一个生产经营单位，并作为承包人承包农民集体的耕地、林地、草地等农业用地，按照本集体经济组织成员人人平等的原则享有一份承包权。家庭承包具有如下特征。

1. 承包双方当事人不是平等的民事主体之间的关系，发包方是集体经济组织，承包方是本集体经济组织内部的农户。

2. 承包对象主要是耕地、林地和草地，具有福利和社会保障功能。

3. 根据公平分配和人人有份的原则承包，集体经济组织统一发包。

4. 承包期较长。《农村土地承包法》规定，耕地的承包期为三十年；草地的承包期为三十至五十年；林地的承包期为三十至七十年；特殊林木的林地承包期，经国务院林业行政主管部门批准可以延长。而且上述承包期届满，由土地承包经营权人按照国家有关规定继续承包。

5. 承包双方当事人的权利义务是法定的。《物权法》规定，土地承包经营权人依法对其承包经营的耕地、林地、草地等享有占有、使用和收益的权利，有权从事种植业、林业、畜牧业等农业生产。

6. 土地承包经营权自土地承包合同生效时设立。《物权法》规定，县级以上地方人民政府应当向土地承包经营权人发放土地承包经营权证、林权证、草原使用权证，并登记造册，确认土地承包经营权。

7. 土地承包经营权人依照《农村土地承包法》的规定，有权将土地承包经营权采取转包、互换、转让等方式流转。流转的期限不得超过承包期的剩余期限。未经依法批准，不得将承包地用于非农建设。

8. 取得的土地承包经营权按照物权方式予以保护，土地承包经营权人有权提出停止侵害、返还原物、恢复原状、排除妨害、消除危险、赔偿损失等要求。

9. 承包收益可以继承，耕地、草地的承包经营权不能继承，林地的承包经营权可以继承。

（二）其他方式承包

其他方式承包是指集体经济组织按照效益优先、兼顾公平的原则，通过招标、拍卖、公开协商等方式，将"四荒"地、养殖水面等承包给本集体经济组织成员或集体经济组织以外的单位和个人的一种承包方式。其他承包方式具有如下特点。

1. 承包双方当事人是平等的民事主体之间的关系，发包方是集体经济组织，承包方可以是本集体经济组织内部的农户、联户和成员，也可以是经本集体经济组织大部分成员同意的外部企事业单位和个人，甚至是城市企事业单位和职工。

2. 承包对象主要是"四荒"地、养殖水面及其他零星土地，没有福利和社会保障功能。

3. 根据效益优先、兼顾公平的原则承包，采用招标、拍卖、公开协商等市场化方式运作。

4. 承包期有长有短，由承包双方协商确定，既有长期承包，也有短期、临时承包。

5. 承包双方当事人的权利义务由承包双方协定。

6. 土地承包经营权需要依法登记，取得土地承包经营权证或林权证后，才能流转。

7. 土地承包经营权流转可采取转让、出租、入股、抵押等方式。

8. 取得的土地承包经营权按照债权方式予以保护，通常只享有债权请求权，请求损害赔偿。

9. 承包收益可以继承，土地承包经营权也可以继承。

三、农村土地承包应遵循的基本原则

《农村土地承包法》第七条规定："农村土地承包应当坚持公开、公平、公正的原则，正确处理国家、集体、个人三者的利益关系。"

（一）公开原则

1. 农村土地承包的内容应当公开。主要包括有关土地承包的法律、法规和国家政策；土地的名称、坐落、面积、质量等级等信息。

2. 农村土地承包的程序应当公开。农村土地承包的程序主要是指在土地承包过程中，所有土地承包参与者都必须遵守的顺序、阶段和步骤。

3. 农村土地承包方案和承包结果应当公开。承包方案经村民会议讨论通过后，应及时公布。

（二）公平原则

农村土地承包的公平原则主要体现在，农村土地承包方案的确定应当在民主协商的基础上，公平合理地确定发包方、承包方的权利义务。特别是发包方不得滥用权力，土地承包合同的订立及其内容不得有对承包方权利不合理的限制，发包方不得干涉承包方的生产经营自主权，土地承包合同中不得给承包方增加不合理的负担。

（三）公正原则

农村土地承包中的公正原则，是指在承包过程中，承包各方应当严格遵守法定的条件和程序，发包方应当同等地对待每一个承包方。发包方及其成员不得利用权力，为自己或者亲属谋求不当的利益。在农村土地承包中，禁止搞暗箱操作。承包方应当以正当的手段和方式参加承包活动，不得通过行贿或者亲属关系来获得有利的承包条件。

四、农村土地经营权的保护

（一）依法保护农村土地承包关系长期不变

1. 赋予农户长期而稳定的承包经营权。第一，《农村土地承包法》对土地的承包规定了一个比较长的期限。第二，赋予农户对承包土地的使用权。农村土地属于集体所有，从土地所有权上分离出来的土地使用权具有物权的性质，是一种法定化的权利。它最大的特点是除依法收回、调整外，任何人不能侵犯。本法规定，承包合同一经生效，即取得土地承包经营权，并由县级以上人民政府颁发土地承包经营权证或者林权证等证书，确认土地承包经营权，从而赋予农户稳定的土地使用权。第三，明确规定承包合同生效后，发包方不得因为承办人或者负责人的变动而变更或者解除，也不得因为集体经济组织的分立或者合并而变更或者解除。还规定，国家机关及其工作人员不得利用职权干涉农村土地承包或者变更、解除承包合同。

2. 确定发包方和承包方的权利和义务。

3. 加强对土地承包经营权的保护。

一是规定了在承包期内，发包方不得收回承包地。只有在承包方全家迁入设区的市转为非农业户口，在不主动交回承包地的情况下，发包方才可以收回承包的耕地和草地。

二是规定了在承包期内，发包方不得调整承包地。只有在因为自然灾害严重毁损承包地等特殊情形下，才能对个别农户之间承包的耕地和草地作适当的调整。但也不是由村干部决定，必须经本集体经济组织成员的村民会议三分之二以上成员或者三分之二以上村民代表的同意，并报乡（镇）人民政府和县级人民政府农业等行政主管部门批准，才能调整承包的耕地和草地。

三是特别强调了对妇女承包经营权的保护。在承包期内，妇女结婚，在新居住地未取得承包地的，发包方不得收回其原承包地；妇女离婚或者丧偶，仍在原居住地生活或者不在原居住地生活但在新居住地未取得承包地的，发包方不得收回其原承包地。

四是对承包经营权的继承做出了规范。首先明确规定，对所有应得的承包收益继承人都可以继承。其次，林地承包以及通过拍卖、招标等方式取得承包经营权的承包人死亡，其继承人可以在承包期内继续承包。需要说明的是，土地承包是以农户家庭为单位，承包人是指承包土地的农户家庭，而不是指家庭中的某个成员。承包人死亡是指承包户家庭成员均已死亡的情况。承包耕地、草地的家庭中某一个人死亡，其他成员还在，不发生继承问题，仍由其他成员承包；家庭成员均已死亡的，其承包经营权终止，承包经营权不再由该承包户以外的其他亲属继承。由于林地的承包具有收益慢、周期长、风险大等特点，因此，林地承包的承包人死亡，承包户以外的继承人可以在承包期内继续承包。

4. 规定承包方有权依法流转土地承包经营权。农村土地承包法赋予承包方享有土地承包经营权流转的权利，并对流转的方式、流转的原则和程序作出规定。承包方有权依照法律规定，自主决定土地承包经营权是否流转及如何流转。任何组织和个人不得强迫或者阻碍承包方进行土地承包经营权流转。在承包期内，发包方不得以单方面解除合同或者假借少数服从多数强迫承包方放弃或者变更土地承包经营权而进行土地承包经营权流转，不得以划分"口粮田"和"责任田"等为理由，收回承包地，搞招标承包，不得将承包地收回抵顶欠款。

5. 规定侵犯土地承包经营权的法律责任。《农村土地承包法》规定，任何组织和个人侵害承包方的土地承包经营权的，都应当承担法律责任。

此外，还规定了一些其他侵害承包经营权的法律责任和土地承包经营权发生争议的解决办法。

（二）农村土地承包后土地所有权性质不变

我国农村实行的是以家庭承包为基础、统分结合的双层经营体制，土地等生产资料仍归农民集体所有，农户通过承包取得的是对集体土地的使用权。这种从集体土地所有权中分离出来的土地使用权，使承包户对所承包的土地有了经营自主权，农民真正成为自主经营、自负盈亏的市场主体，自己决定如何生产，决定种什么及如何种植等；有了依照法律规定进行土地经营权合理流转的权利，包括转包、出租、互换、转让或者以其他方式流转；有了对承包土地的收益权，除了依法缴纳的税费外，剩余的都由自己支配。承包经营权与土地所有权是不同的，它不具有所有权所具备的占有、使用、收益和处分四种权能中的处分权。比如，承包户转让其土地承包经营权，是在不得改变土地所有权的性质前提下进行的。土地承包经营权转让，一是需要经过发包方同意；二是只能转让给从事农业生产经营的农户；三是原承包方与发包方的土地承包关系终止，受让方需要与发包方签订新的承包合同，重新进行登记和领取承包经营权证书。而集体土地转为国有土地的，需要按照《土地管理法》的规定进行，先通过国家对土地的征用，将其变更为国家所有的土地，再由国家对土地的使用权进行出让。所以说，第一，农民对土地承包不是私有化，农民对所承包的土地不具有独立的土地所有权，所有权仍属于农民集体，没有改变土地所有权的性质。第二，农民对其所承包的土地不得买卖，只能依照本法的规定，对其土地承包经营权进行流转。

五、农村土地承包主管部门及责任

国务院农业、林业行政主管部门，即农业部、国家林业局，依据法律、行政法规的规定，组织和指导全国的农村土地承包工作，制定并监督执行有关农村土地承包政策和规章，指导各地的农村土地承包合同管理等。

县级以上地方人民政府农业、林业等行政主管部门，是指负责地方农业、林业、牧业和水利等行政管理的地方政府行政主管部门，如主管农村土地承包的农业局、林业局、畜牧局、水产局等。其职责主要是宣传贯彻有关农村土地承包的政策、法律法规，具体指导农村土地承包合同的订立，颁发土地承包经营权证和林权证，监督承包合同的履行，解决承包合同纠纷等。

乡（镇）人民政府主要负责本行政区域内农村土地承包及承包合同管理。乡（镇）人民政府一般设有负责土地承包合同管理的专门人员，具体指导土地承包合同的签订、履行和其他合同管理，并由乡（镇）人民政府负责。此外，中央和县级以上地方人民政府行政主管部门有关土地承包及承包合同的具体管理工作，大都由乡（镇）人民政府具体落实。

第二节　家庭承包

一、发包方的权利与义务

发包方是指依法有权对农村土地行使发包权的当事人。

发包权是指发包方发包本集体经济组织农民集体所有或者国家所有依法由本集体经济组织农民集体使用的农村土地和委托发包农村土地的权利。《农村土地承包法》第十二条规定，发包方为农村集体经济组织、村民委员会或者村民小组。

1. 农村集体经济组织发包。农民集体所有的农村土地，如果有村民集体经济组织，则由村民集体经济组织发包。

2. 村民委员会发包。村农民集体所有的农村土地，如果没有村集体经济组织的，则应由村民委员会发包。

3. 村民小组发包。农村集体所有的农村土地，如果没有农村集体经济组织的，则应由村民小组发包。如果没有农村集体经济组织的，且村民小组不具备发包的条件或者由其发包不方便的，依法由村集体经济组织或者村民委员会代发包。

4. 国家所有依法由农民集体使用的农村土地，由使用该土地的农村集体经济组织、村民委员会或者村民小组发包。

发包方的权利：发包本集体所有的或者国家所有依法由本集体使用的农村土地；监督承包方依照承包合同约定的用途，合理利用和保护土地；制止承包方损害承包地和农业资源的行为；法律、行政法规规定的其他权利。

《物权法》第五条明确规定："物权的种类和内容，由法律规定。"地方性法规、行政规章不能为发包方规定新的权利。

发包方的义务：维护承包方的土地承包经营权，不得非法变更、解除承包合同；尊重承包的生产经营自主权，不得干涉承包方依法进行正常的生产经营活动；依照承包合同约定为承包方提供生产、技术、信息等服务；执行县、乡（镇）土地利用总体规划，组织本集体经济组织内的农业基础设施建设；法律、行政法规规定的其他义务。

二、承包方的权利和义务

家庭承包的承包方只能是发包主体内部的农户。

承包方的权利：依法享有承包地使用、收益和土地承包经营权流转的权利，有权自主组织生产经营和处置产品；承包地被依法征收、占用的，有权依法获得相应的补偿；法律、行政法规规定的其他权利。

承包方的义务：维护土地的农业用途，不得用于非农建设；依法保护和合理利用土地，不得给土地造成永久性损害；法律、行政法规规定的其他法定义务。

三、农村土地家庭承包应遵循的原则和程序

（一）农村土地家庭承包应遵循的原则

1. 平等合理的原则。按照规定统一组织承包时，本集体经济组织成员依法平等地行使承包土地的权利，也可以自愿放弃承包土地的权利。本集体经济组织的成员无论男女老少、体弱病残，都平等地享有承包本集体经济组织农村土地的权利，在承包过程中，都平等地行使承包本集体经济组织农村土地的权利，发包方应当平等地对待每一个本集体经济组织成员的承包权。"合理"既包括承包程序上的公平合理，也包括承包在实质上的公平合理。承包程序的确定不能照顾某个农户或一些农户，而应选择大多数农户都能接受的方式进行。承包实质上公平合理要做到本集体经济组织成员之间所承包的土地在土质的好坏，离居民点距离的远近、离水源的远近等方面不能有太大的差别。即使有差别，也应当在合理的范围内。

享有承包权的本集体经济组织成员可以不行使承包本集体经济组织的农村土地，从而放弃取得物权性质的土地承包经营权。

2. 民主协商的原则。承包方案在拟定过程中，应当由承包工作小组成员共同协商讨论；承包工作小组在拟定承包方案过程中，应当充分听取和征求本集体经济组织成员的意见，在集思广益的基础上，完成承包方案；发包方在发包过程中，应当与作为承包方的本集体经济组织成员民主协商，不得搞暗箱操作或强迫本集体经济组织成员接受承包方案；承包方案应当依法经本集体经济组织成员的村民会议的三分之二以上成员或者三分之二以上的村民代表同意。

（二）农村土地家庭承包的程序

1. 选举产生承包工作小组。承包工作小组一般由村党支部、村集体经济组织、村民委员会的部分成员和村民代表组成。具体推选办法可视情况和根据群众意见确定。

2. 拟订并公布承包方案。承包工作小组依法拟订土地承包方案，予以公布，并征求本集体经济组织成员意见。

3. 讨论通过承包方案。依法召开集体经济组织成员的村民会议，承包方案依法经本集体经济组织的村民会议三分之二以上成员或者三分之二以上的村民代表同意，才能获得通过。

4. 公布组织实施承包方案。承包方案经过村民会议讨论通过后，应当及时公布。按照承包方案，具体确定每户和每个集体经济组织成员承包的土地的具体情况。

5. 签订承包合同。发包方和承包方应当签订书面的土地承包合同，确定双方的权利和义务。县级以上人民政府应当向承包方颁发土地承包经营证或者林权证，并登记造册，确认土地承包经营权。

四、农村土地家庭承包期限和承包合同

农村土地家庭承包期限是法律明确要求家庭承包应当达到的期限。承包期限应当遵循法律规定。《农村土地承包法》第二十条规定："耕地的承包期为三十年。草地的承包期为三十年至五十年。林地的承包期为三十年至七十年；特殊林木的林地承包期，经国务院林业行政主管部门批准可以延长。"

同时，《农村土地承包法》第六十二条规定："本法实施前已经按照国家有关农村土地承包的规定承包，包括承包期限长于本法规定的，本法实施后继续有效，不得重新承包土地。未向承包方颁发土地承包经营权证或

者林权证书等的，应当补发证书。"

承包合同是明确发包方、承包方权利义务关系并具有法律效力的文书，是承包方依法承包集体所有土地的合法凭证，也是解决承包合同纠纷的重要依据。发包方应当与承包方签订书面承包合同。

承包合同一般包括以下条款：发包方、承包方的名称，发包方负责人和承包方代表的姓名、住所；承包土地的名称、坐落、面积、质量等级；承包期限起止日期；承包土地的用途；发包方和承包方的权利和义务；违约责任。

《农村土地承包法》第二十一条规定，土地承包合同应当采用书面形式，承包合同成立的时间一般应当是当事人签字或者盖章之时。

《农村土地承包法》第二十二条规定，承包合同应自依法成立之日起生效，承包合同的生效一般不应附条件或期限，也没有必要经过批准、登记。

五、土地承包经营权的变更与灭失

（一）土地承包经营权的变更

土地承包经营权的变更指农村土地承包经营权客体与内容的变更，不包括土地承包经营权主体的变更。土地承包经营权客体的变更指土地承包经营权客体（农村土地）在数量上的增减，土地承包经营权内容的变更指土地承包经营权在内容上发生的某些改变。

1. 土地承包经营权可以变更的种类包括：①农村土地农业用途依约合理变更的。②农村承包地部分依法实行调整的。③家庭承包的承包户因依法分户，或承包方是夫妻因解除婚姻关系，引起土地承包经营权量的分割的。④发包方和承包方的约定权利，经双方协商同意变更的。

2. 土地承包经营权不可以变更的种类包括：①承包合同生效后，发包方不得因承办人或者负责人的变动而变更或者解除。②承包合同生效后，发包方也不得因集体经济组织的分立或者合并而变更或者解除。③国家机关及其工作人员不得利用职权干涉农村土地承包或者变更、解除承包合同。

（二）土地承包经营权的灭失

土地承包经营权的灭失是指现存的有效土地承包经营权因某种法律行为或者法律事实的发生而使土地承包经营权在法律上不复存在。主要包括以下几种情况。

1. 承包期限届满。

2. 发包方依法收回承包地。如承包期内，承包方全家迁入设区的市，转为非农业户口，不交回承包地的，发包方可以依法收回承包的耕地、草地；承包期内，妇女结婚、离婚或者丧偶，在新居住地取得承包地的，原发包方可以依法收回原承包地。

3. 发包方依法调整承包地，使原土地承包法律关系部分或全部灭失。

4. 承包方依法或自愿交回承包地的，如承包期内，承包方全家迁入设区的市，转为非农业户口的，应依法向发包方交回承包的耕地和草地。承包期内，承包方可以自愿将承包地交回发包方，如承包方全家迁入小城镇落户，依法自愿交回承包地给发包方的。

5. 承包地被依法征收的。

6. 承包地被依法占用的。

7. 耕地和草地承包，农户家庭全部成员死亡的。

8. 林地承包，承包方家庭成员最后一个死亡的成员继承人放弃继续承包的。

9. 林地承包，承包方家庭成员最后一个死亡的成员无继承人的。

10. 因农村承包地灭失的。

11. 由于其他法定原因而灭失的。

第三节　其他方式的承包

其他方式的承包是指对不宜采取家庭承包方式的荒山、荒沟、荒丘、荒滩等土地，通过招标、拍卖、公开协商等方式进行承包。

一、其他方式承包的特点

1. 承包方可以是本集体经济组织成员，也可以是本集体经济组织以外的单位和个人。

2. 承包合同的形式包括书面合同与口头合同。

3. 承包合同的主要内容包括当事人的权利和义务、承包期限等，由双方协商确定。以招标、拍卖方式承包的，承包费通过公平竞标、竞价确定；以公开协商等方式承包的，承包费由双方议定。

4. 承包合同属于双务合同。

5. 承包合同属于要式合同。

二、其他方式承包应遵循的原则和程序

1. 坚持公开、公平、公正的原则。

2. 防止水土流失，保护生态环境的原则。

3. 本集体经济组织成员的优先承包权原则。以其他方式承包农村土地，在同等条件下，本集体经济组织成员享有优先承包权。

应遵循的程序。发包方将农村土地发包给本集体经济组织以外的单位或者个人承包，应当事先经本集体经济组织成员的村民会议三分之二以上成员或者三分之二以上村民代表的同意，并报乡（镇）人民政府批准，并应当对承包方的资信情况和经营能力进行审查后，再签订承包合同。

第四节　农村土地承包经营权流转

一、农村土地承包经营权流转的概念和特征

(一) 农村土地承包经营权流转的概念

农村土地承包经营权流转是指在农村土地承包中的物权性质土地承包经营权有效存在前提条件下, 在不改变农村土地所有权权属性质和主体种类与农村土地农业用途的基础上, 原承包方 (流出方) 依法将该物权性质土地承包经营权或者从该物权性质土地承包经营权中分离出来的部分权能转移给他人 (流进方) 的行为。

农村土地承包经营权流转既不是农村土地使用权出让, 也不是物权性质的土地承包经营权变更, 更不是物权性质的土地承包经营权灭失。农村土地承包经营权流转有流出方和流入方。

1. 流出方。土地承包经营权流转的流出方是土地承包经营权人, 一般是农村土地承包中依法原始取得物权性质的土地承包经营权的原承包方和通过土地承包经营权初次流转后依法继受型取得物权性质的土地承包经营权的土地承包经营权人。

2. 流进方。除受到个别流转形式限制外 (如土地承包经营权转让或者互换等), 是一切农业生产经营者, 实

际上除农户外，还包括法人、其他组织、自然人。

（二）农村土地承包经营权流转的特征

1. 以物权性质的土地承包经营权有效存在为前提。承包方未依法登记取得土地承包经营权证等证书，即以转让、出租、入股等方式流转土地承包经营权，该流转无效。只有物权性质的土地承包经营权才能依法流转。

2. 不发生农村土地所有权权属性质和主体种类的变化。农村土地所有权无论是国有土地，还是农民集体土地，农村土地承包经营权不管以何类性质和何种形式流转，都不会改变土地所有权的权属性质，也不会引起土地所有权主体种类的变化。

3. 不改变承包地的农业用途。农业用途是指承包地用于种植农作物、林木或者从事畜禽养殖、养鱼、特种养殖用途。承包地不得用于非农建设。

4. 承包方有权依法自主决定土地承包经营权是否流转。

5. 土地承包经营权流转具有一定的期限。流转的期限不得超过承包期的剩余期限。

6. 物权性质的土地承包经营权按照流出方的物权是否丧失或是否保留，土地承包经营权流转分为让渡型流转和保留型流转。

土地承包经营权让渡型流转主要包括：土地承包经营权转让、土地承包经营权互换等。流进方依法移转继受取得部分或者全部承包地上的物权性质的土地承包经营权。

土地承包经营权保留型流转主要包括：土地承包经营权转包、土地承包经营权出租等。流出方仍保留物权性质的土地承包经营权。

7. 对农村承包地投入的合理补偿性。承包方对其在承包地上投入而提高土地生产能力的，土地承包经营权依法流转时有权获得相应的补偿。

8. 不管以何种形式实施土地承包经营权流转，其流进方享有的权利都不能超过原土地承包经营权人（原承包方）享有的权利。

二、农村土地承包经营权流转的种类

（一）家庭承包土地承包经营权流转与其他方式承包物权性质的土地承包经营权流转

《农村土地承包法》将土地承包经营权流转分为家庭承包土地承包经营权流转与其他方式承包物权性质的土地承包经营权流转两大类。

家庭承包的土地承包经营权流转是指通过家庭承包取得的土地承包经营权，依法采取转包、出租、互换、转让或者其他方式的流转。

其他方式承包的物权性质的土地承包经营权流转，是指通过招标、拍卖、公开协商等方式承包农村土地，

经依法登记取得土地承包经营权证或者林权证等证书的，其土地承包经营权依法采取转让、出租、入股、抵押或者其他方式的流转。

（二）农村土地承包经营权流转主要方式

1. 农村土地承包经营权转让。它是指转让方（原土地承包经营权人）在通过农村土地承包方式取得物权性质的土地承包经营权有效存在前提下，在承包期限内，依法将部分或者全部承包地上物权性质的土地承包经营权转移给受让方（新土地承包经营权人）的行为。转让后，转让方丧失部分或者全部承包地上物权性质的土地承包经营权，受让方依法移转继受取得部分或者全部承包地上物权性质的土地承包经营权；同时，转让方与发包方之间部分或者全部承包地上的承包关系终止，确立受让方与发包方之间部分或者全部承包地上的法律关系，如转让方依法将全部承包地上物权性质的承包经营权转移给受让方，其原土地承包经营权人法律资格和原拥有的物权性质的土地承包经营权同时消灭。

2. 农村土地承包经营权转包。它是指转包方（土地承包经营权人）在通过家庭承包方式取得物权性质的土地承包经营权有效存在，以及承包期内并保留物权性质的土地承包经营权的前提下，以一定期限依法将部分或者全部承包地上从物权性质的土地承包经营权中分离出来的部分权能，转移给同一集体经济组织的其他农户

（受转包方）的行为。转包从物权性质的土地承包经营权中分离出部分权能（包括物权性质土地承包经营权中的占有权、使用权和收益权，但不包括处分权）给受转包方，受转包方取得的不是物权性质的土地承包经营权，而是债权性质的土地承包经营权，原承包方与发包方的承包关系不变，新确立转包方与受转包方转包关系的期限不得超过原承包期的剩余年限。

3. 农村土地承包经营权出租。它是指出租方（土地承包经营权人）在通过农村土地承包方式取得物权性质的土地承包经营权有效存在前提下，在承包期内并保留物权性质的土地承包经营权下，以一定期限依法将部分或者全部承包地转移给承租方占有和使用的行为。承租方取得的不是物权性质的土地承包经营权，而是债权性质的农村承包地租赁权，原承包方与发包方的承包关系不变，新确立出租方与承租方租赁关系的期限不得超过原承包期的剩余年限。

4. 农村土地承包经营权互换。它是指在存在两个通过家庭承包方式取得有效的物权性质的土地承包经营权前提下，并限于同一发包方的农村土地的两个物权性质的土地承包经营权基础上，土地承包经营权人之间依法互相调换物权性质的土地承包经营权和承包地块的行为。土地承包经营权互换发生了物权性质的土地承包经营权让渡流转。例如，甲承包方丧失原物权性质的土地承包经营权，同时移转继受取得乙承包方的物权性质的土地承包经营权；而乙承包方丧失原物权性质的土地承包经营权，同时移转继受取得甲承包方的物权性质的土地承包经营权。

5. 农村土地承包经营权入股。它是指入股者（土地承包经营权人）在通过农村土地承包方式取得物权性质的土地承包经营权有效存在前提下，以土地承包经营权作为股权或者量化为股权，依法将承包地转移给有农业经营能力的合作社等企业占有和使用的行为。

6. 农村土地承包经营权继承。它是指土地承包经营权人在通过农村土地承包方式取得物权性质的土地承包经营权有效存在前提下，在土地承包经营权人的农户或非农户最后一个家庭成员死亡和承包期内，由最后一个死亡的家庭成员的继承人依法继承物权性质的土地承包经营权的行为。

7. 农村土地承包经营权代耕。它是指土地承包经营权人在通过农村土地承包方式取得物权性质的土地承包经营权有效存在前提下，在承包期内并保留物权性质的土地承包经营权下依法将承包地委托给第三人（代耕方）暂时代为经营的行为。

三、土地承包经营权流转遵循的原则

土地承包经营权流转应当遵循以下原则。

1. 平等协商、自愿、有偿的原则。

2. 不得改变土地所有权的性质和土地的农业用途的

原则。

3. 流转的期限不得超过承包期的剩余期限。

4. 在同等条件下，本集体经济组织成员享有优先权的原则。

四、土地承包经营权流转合同

土地承包经营权流转合同是双方当事人就土地承包经营权流转的相关事项，依法进行平等协商而达成的协议。为保障当事人双方的权利，土地承包经营权采取转包、出租、互换、转让、入股等方式流转的，当事人双方应当签订书面合同。

土地承包经营权流转合同包括以下条款。

1. 双方当事人的姓名、住所。

2. 流转土地的名称、坐落、面积、质量等级。

3. 流转的期限和起止日期。

4. 流转土地的用途。

5. 双方当事人的权利和义务。

6. 流转价款及支付方式。

7. 违约责任。

五、土地承包经营权流转登记

《农村土地承包法》第三十八条规定："土地承包经营权采取互换、转让方式流转，当事人要求登记的，应当向县级以上地方人民政府申请登记。未经登记，不得对抗善意第三人。"

所谓土地承包经营权流转登记，是指流转土地承包经营权的当事人依法申请国家有关登记部门将土地承包经营权互换、转让的事项记载于不动产登记簿上的法律制度。

登记的法律效力各国规定不同：一是有登记生效主义，即土地权利的变更只有经过登记机关依法登记，才能生效，当事人必须登记；二是登记对抗主义，即土地权利的变动依照当事人意思表示而产生效力，交易完成，土地权利即发生转移，当事人可以登记也可以不登记，但不登记的，其权利不得对抗善意第三人。

《农村土地承包法》采取的是登记对抗主义，即登记与否并不是土地承包经营权流转的生效要件。但当事人采取互换或转让方式流转土地承包经营权的，未经登记，因土地承包经营权流转而发生的物权变动不具有对抗善意第三人的法律效力。善意第三人是指不知道且不应当知道转让人已经将土地承包经营权转让给他人，因此与转让人交易，支付价款并进行土地承包经营权变更登记的第三人。如果未登记且存在第三人，则善意第三人就取代了原受让人获得土地承包经营权，原受让人不能获得土地承包经营权。

第五节 土地承包经营纠纷的解决和法律责任

一、土地承包经营纠纷的解决途径

(一) 土地承包经营纠纷的概念

土地承包经营纠纷是指当事人之间因承包土地的使用、收益、流转、调整、收回和承包合同的履行等事项发生的争议。发生在承包土地的农民之间、发生在承包土地的农民与发包方 (农村集体经济组织、村民委员会或者村民小组) 之间或发生在农民与企事业单位之间,因订立、履行、变更、解除和终止农村土地承包合同发生的纠纷;因农村土地承包经营权转包、出租、互换、转让、入股等流转发生的纠纷;因收回、调整承包地发生的纠纷;因确认农村土地承包经营权发生的纠纷;因侵害农村土地承包经营权发生的纠纷;法律、法规规定的其他农村土地承包经营纠纷。

(二) 农村土地承包经营纠纷的解决途径

土地承包经营发生纠纷,双方当事人可以通过协商解决,也可以请求村民委员会、乡 (镇) 人民政府等调解解决。当事人不愿协商、调解或者协商、调解不成的,可以向农村土地承包仲裁机构申请仲裁,也可以直接向人民法院起诉。这是解决土地承包经营纠纷的途径。

1. 协商。它是指当土地承包经营纠纷发生后，在无第三人参与的情况下，仅由双方当事人就争议的有关问题依据法律规定直接进行磋商，双方都作出一定的让步，在完全自愿的基础上，达成彼此都认可的和解协议，从而解决争议。但和解协议无法律效力。

2. 调解。它是在当事人自愿选择彼此信得过的第三人的主持下，通过查明事实、分清是非、依法说服教育，使当事人双方自愿达成调解协议，从而解决争议。这里，第三人可以是村民委员会、乡（镇）人民政府等组织，也可以是自然人。调解必须在双方当事人自愿的基础上进行，达成调解协议，同时应当帮助和督促当事人自觉地履行调解协议。农村土地承包经营纠纷经村民委员会或者乡（镇）人民政府调解达成协议的，调解协议书由双方当事人签名、盖章或者按指印，经调解人员签名并加盖调解组织印章后生效。其他民间或行政调解达成的调解协议无法律效力。

3. 仲裁。当事人之间不愿协商、调解，或者通过协商、调解方式不能解决纠纷时，可以向农村土地承包仲裁机构申请仲裁。当事人对农村土地承包仲裁机构的仲裁裁决不服的，可以在收到裁决书之日起三十日内向人民法院起诉。逾期不起诉的，裁决书即发生法律效力。

4. 诉讼。如果当事人不愿协商、调解，或者通过协商、调解方式不能解决纠纷，也不愿进行仲裁时，可以选择直接向人民法院起诉，通过诉讼方式依法保护自己的土地承包经营权。

二、法律责任

(一) 侵害承包方的土地承包经营权的民事责任

1. 侵害承包方土地承包经营权行为的特点:

(1) 侵权主体包括任何组织和个人;

(2) 侵害的客体是承包方的土地承包经营权。

2. 侵害土地承包经营权的范围。侵害承包方对承包地的使用、收益的权利,侵害其生产经营自主权,侵害其将土地承包经营权流转的权利,侵害其对承包地被征收、占用时获得相应补偿的权利,侵害其依法继承的权利,以及侵害其依法享有的其他权利。

3. 侵权行为表现形式。侵害土地承包经营权的行为既可以表现为对承包土地的侵占、毁损,也可以表现为对土地承包经营权的非法剥夺以及土地承包经营权行使的非法干预、阻碍、妨害等。《农村土地承包法》第五十四条列举了发包方侵害承包方土地承包经营权的八种典型行为。

4. 侵害承包方的土地承包经营权的民事责任。侵害土地承包经营权是一种侵害财产权的行为,民事责任有六种形式,即停止侵害,排除妨碍,消除危险,返还财产,恢复原状,赔偿损失。

（二）发包方侵害承包方土地承包经营权的民事责任

1. 发包方侵害承包方土地承包经营权的行为：

（1）强制规定承包方种植品种、指定使用农业投入品、指定产品销售渠道、截留产品销售收入等；

（2）违反《农村土地承包法》规定，收回、调整承包地；

（3）强迫或者阻碍承包方进行土地承包经营权流转；

（4）将承包地收回抵顶欠款；

（5）擅自截留、扣缴承包方的土地承包经营权流转收益；

（6）剥夺、侵害妇女依法享有的土地承包经营权；

（7）其他侵害土地承包经营权的行为。

2. 发包方侵害承包方土地承包经营权的法律责任：

（1）停止侵害。土地承包经营权被发包方侵害，承包方有权请求发包方或者请求农村土地承包仲裁机构、人民法院责令发包方停止正在实施的侵害土地承包经营权的行为。

（2）返还原物。发包方非法占有承包方的承包土地或者其他财产，承包方有权请求发包方或者请求农村土地承包仲裁机构、人民法院责令发包方将非法占有的承包方的承包土地或者其他财产返还承包方。

（3）恢复原状。土地承包经营权受到发包方的侵害，承包方有权请求发包方或者请求农村土地承包仲裁机构、人民法院责令发包方将受到损坏的财产恢复到原来状态。

（4）排除妨害。发包方非法干涉、阻碍、妨害承包方行使其土地承包经营权，承包方有权请求发包方或者请求农村土地承包仲裁机构、人民法院责令发包方排除对承包方权利行使的障碍。

（5）消除危险。因发包方侵害土地承包经营权的行为对承包方的财产安全造成威胁，或者存在损害承包方财产的可能，承包方有权请求发包方或者请求农村土地承包仲裁机构、人民法院责令发包方采取有效措施，停止具有危险因素的行为或者消除损害可能。

（6）赔偿损失。因发包方侵害土地承包经营权的行为给承包方造成了财产上的损失时，承包方有权请求发包方或者请求农村土地承包仲裁机构、人民法院责令发包方以其财产赔偿承包方所受的损失。

（三）土地承包经营中的其他法律问题

1. 承包合同中的无效条款。《农村土地承包法》第五十五条规定，在承包合同中，有以下两种约定是无效的：

（1）承包合同中违背承包方意愿的约定无效；

（2）违反法律、行政法规有关不得收回、调整承包地等强制性规定的约定无效。

对承包合同中无效条款的规定，是指部分合同条款不符合法律规定而承包合同这部分条款无效，并不影响承包合同其他条款的效力。承包方依然可以依据承包合同取得土地承包经营权。

2. 农村土地承包合同的违约责任。当事人一方不履行合同义务或者履行义务不符合约定的，应当依照《中华人民共和国合同法》（以下简称《合同法》）的规定承担违约责任。在《合同法》第七章"违约责任"中，规定了继续履行、采取补救措施、赔偿损失、违约金、定金五种承担违约责任的方式，还对不可抗力的免责、受害方规定所指"依照《中华人民共和国合同法》的规定承担违约责任"，即按照《合同法》的上述规定确定，并承担违约责任。

3. 违反土地管理法规非法征收、占用承包土地的法律责任。《农村土地承包法》第五十九条规定，违反土地管理法规，非法征收、征用、占用土地，构成犯罪的，依法追究刑事责任；造成他人损害的，应当承担损害赔偿等责任。

4. 贪污、挪用土地征收补偿费用的法律责任。贪污、挪用土地征收补偿费用，是指将农村集体经济组织或土地承包方应得的土地征收补偿费用，不按照法律规定发放给应得的组织和个人，而非法据为己有或者挪作其他用途。根据《土地管理法》的有关规定，土地征收补偿费用包括：土地补偿费、安置补助费、地上附着物补偿费、青苗补偿费、道路和农田水利设施改建费、误工费等其他费用。《农村土地承包法》第五十九条规定，贪污、挪用土地征收补偿费用，构成犯罪的，依法追究刑事责任；造成他人损害的，应当承担损害赔偿等责任。

5. 承包方违法将承包地用于非农业建设的法律责任。《农村土地承包法》第六十条第一款规定："承包方违法将承包地用于非农建设的，由县级以上地方人民政府有关部门依法予以处罚。"

6. 承包方对承包地造成永久性损害的法律责任。《农村土地承包法》第六十条第二款规定："承包方给承包地造成永久性损害的，发包方有权制止，并有权要求承包方赔偿由此造成的损失。"

7. 国家机关及其工作人员违法干预农村土地承包、侵害土地承包经营权的法律责任。《农村土地承包法》第六十一条规定了国家机关及其工作人员滥用职权损害农村集体经济组织土地所有权和侵害承包方土地承包经营权应当承担法律责任的行为包括：

（1）利用职权干涉农村土地承包，变更、解除承包合同；

（2）干涉承包方依法享有生产经营自主权；

（3）强迫、阻碍承包方进行土地承包经营权流转；

（4）其他侵害土地承包经营权的行为。

《农村土地承包法》第六十一条规定，国家机关及其工作人员因滥用职权的行为给承包方造成损失的，应当承担损害赔偿等责任；情节严重的，由上级机关或者所在单位给予直接责任人行政处分；构成犯罪的，依照《中华人民共和国刑法》第三百九十七条的规定，追究直接责任人的刑事责任。

|第五章|
农业生产经营

我国于 1993 年颁布了《农业法》，并分别于 2002 年和 2009 年进行了修订和修改。

第一节　《农业法》概述

一、农业的概念

自农业这个概念产生以来，它的内涵和外延就在不断地发生变化。农业经济学界、农业法学界等对农业的概念都有不同的表述。我国 1993 年施行的《农业法》第二条规定："本法所称农业，是指种植业、林业、畜牧业和渔业。"2002 年修订的《农业法》第二条第一款规定："本法所称农业，是指种植业、林业、畜牧业和渔业等产业，包括与其直接相关的产前、产中、产后服务。"

农业和农村是密切联系但又有着本质区别的两个概念。农村是与城市相对而言的地域概念，是以农业为主要产业，以农业生产者为主要人口的生产和生活聚集程度较低的地域。而农业则是相对于工业、服务业而言的一个产业。因此，在理论上，应把农业与农村界定清楚。我国1993年修订的《农业法》主要规定了农业方面的相关内容，而2002年修订的《农业法》不仅规范了农业经济活动，而且对农民（第九章农民权益保护）、农村（第十章农村经济发展）的基本问题也作了相应的规定。因此，严格地说，我国现行的农业基本法应当称之为"农业、农村、农民基本法"。

随着社会、经济的发展，农业一词的内涵及外延是不断丰富和扩大的。不同国家社会经济发展程度不同，对农业的认识就不同，农业的含义也不一样。即使在同一个国家，在不同的历史时期，对农业也赋予了不同的含义。但农业与农村是两个密切联系但却有着本质区别的概念，既无法相互替代，也无法相互兼容。

就我国现阶段而言，现行《农业法》第二条对"农业"一词的内涵及外延的界定得到专家、学者的普遍认同，即指种植业、林业、畜牧业和渔业等产业，包括与其直接相关的产前、产中、产后服务。这一含义不仅概括了农业的本质属性和范围，而且反映了农业的发展趋势。随着传统农业向现代农业的转变，农业与相关产业部门相互依赖的程度不断地加深，农业生产同产前部门（农用生产资料的供应）和产后部门（农产品的加工、贮存和销售）以及科技、咨询服务、涉农知识产权的保护等依存关系日益紧密，这些产前、产中、产后的环节已经成为影响和制约农业发展的主要因素，因此，应从整体上理解并掌握农业的含义。

二、《农业法》的内涵及外延

何为农业法？我国法学理论界在不同时期也有着不同的认识。各种观点尽管对农业法定义的表述不同，但是都有一些共同的认识：①农业、农村中的一些特定社会关系需要专门法律进行调整；②农业法调整的特定农业、农村的社会关系在农业、农村经济发展的不同阶段是不同的；③农业法调整对象的范围不能仅局限在农业产业方面，还应包括与之相关的其他社会、经济关系。

现在被广大专家、学者所普遍接受的定义是：《农业法》是调整国家在干预和支持保护农业经济过程中所发生的各种社会关系的法律规范的总称。这一定义反映了《农业法》的基本属性，揭示了《农业法》的调整范围，凸显了《农业法》的特殊性。

1.《农业法》的内涵突出了国家干预与国家支持、保护农业经济活动的基本属性。农业不仅是国民经济的基础，而且是社会安定、国家自立的基础。国家对农业生产活动及经济关系进行规范时，不仅要适度干预，而且要支持、保护。这里所说的"干预"一词包括介入、协调、调控、管理等含义，它主要解决的是"市场失灵"问题，是市场经济下政府对一切经济活动都必须采取的手段；而支持和保护则是基于农业产业自身的特殊性。

农业不仅为社会成员提供必需的食物，而且提供良好的生态环境，因此，它是一个兼具经济性和公益性的基础产业。

2.《农业法》的外延揭示了农业法调整对象的范围。首先，农业法调整的是农业经济关系，而不是其他经济关系；其次，《农业法》不是调整所有的农业经济关系，而是调整因国家干预和支持、保护农业所形成的经济关系。

3.《农业法》的定义体现了该法具有综合性的形式特征。《农业法》的形式是由其内容决定的，由于《农业法》所调整的农业经济关系具有多样性，所以，它不可能由一个或者几个法律规范组成，而是由许许多多不同形式的法律法规以及规范性文件构成的一个制度体系。

三、《农业法》的调整对象

《农业法》的调整对象是国家在干预、支持和保护农业经济过程中所发生的各种经济关系，包括国家在干预农业经济过程中所发生的经济关系和国家在支持、保护农业经济过程中所发生的经济关系。

随着传统农业朝着现代农业的发展，农业产业化愈来愈成为农业发展的必然趋势。农业产业化要求农业朝着生产专业化、产品市场化、管理企业化、服务社会化等方向发展。在市场经济条件下，农业生产经营活动主要依靠市场机制进行调节，在市场调节的过程中，经常出现"市场失灵"现象，而市场失灵是市场本身所不能解决的，因此，必须由国家进行干预，从而产生了国家干预农业经济的关系，这是农业作为一个产业，在市场经济条件下必然要发生的一种关系。同时，农业又是一个具有公益性的产业，并且受到自然因素影响很大，因此，在其发展过程中，必然需要国家的支持和保护，从而又产生了国家支持、保护农业的关系。

四、《农业法》的基本原则

（一）保障粮食安全原则

保障粮食安全原则是指国家相关农业立法、执法和农业司法，都必须有利于保障国家主要农产品的自给自足。这一基本原则主要是对国家的要求，而且主要体现为对国家立法及执法行为的要求，具体包括保障粮食生产能力、粮食供应能力和国家对粮食必要的控制三项内容。保障粮食生产能力是指国家必须通过相关法律规范的制定、执行和相应项目、计划的实施，保障和提高主要农产品的生产能力和生产水平，《农业法》第三十一条第一款规定："国家采取措施保护和提高粮食综合生产能力，稳步提高粮食生产水平，保障粮食安全。"保障粮食供应能力是指国家必须通过相关法律、规划的制定和实施，采取各种措施保障主要农产品进入市场流通的数量和质量，并稳定农产品供应价格。保障国家对粮食必要的控制是指国家必须制定相关的法律规范，并通过规范的执行和实施，保障国家控制有一定数量和种类的主要农产品，以用于重大自然灾害、突发事件发生时的应急供应和平衡主要农产品的市场价格。《农业法》第三十三条规定了对主要农产品实行保护价收购制度的原则性内容，第三十四条规定的粮食安全预警制度和国家粮食储备制度，第三十五条规定的粮食风险基金制度等，也是这一原则的具体内容。

（二）国家扶持、促进农业生产经营原则

国家扶持、促进农业生产经营原则是指基于特定的农业产业政策目标，国家采取各类倾斜式保护的手段和方法，提高农业产业比较利益，促进农业生产发展。这一基本原则涉及对农业立法、执法和司法的全面要求，具体内容包括以下几个方面。

1. 国家立法机关必须制定以保护和促进农业生产经营为内容的各项农业专门性法律规范。《农业法》第六章规定了国家对农业支持保护的基本内容，涉及财政投入、税收、价格、信贷贴息等扶持措施，农业社会化服务、农业金融、政策性农业保险、防灾、抗灾和灾害救济与扶持等制度内容，这为其他农业专项性法律、法规和规章的制定指明了范围。

2. 国家行政机关为具体实施农业法律规范内容所设计、推行的计划、项目和措施必须体现国家倾斜式保护

农业生产经营的理念。

3. 国家司法机关在处理与农业生产经营有关的法律纠纷时，在法无明文规定时，必须以倾斜式保护农业的理念为其利益衡量和自由裁量的标准。国家扶持、促进农业生产经营原则是经济发展到一定的水平，国家基于农业发展的需要才确定的《农业法》基本原则，它是特定时期国家农业产业政策的具体体现。

（三）稳定农业基本生产经营体制原则

稳定农业基本生产经营体制原则是指国家在农业立法、执法和司法等活动中，都要体现以家庭承包经营为基础、统分结合的双层经营体制，确认和保护双层经营体制中各主体权利的原则。以家庭承包经营为基础，统分结合的双层经营体制是我国农民在农村经济体制改革过程中，逐渐探索并经实践验证适合中国国情的生产经营体制。它能够充分容纳各种发展水平的农业生产经营方式，是现阶段农民集体土地所有权最有效的实现形式。《农业法》第五条第二款规定，国家长期稳定农村以家庭承包经营为基础、统分结合的双层经营体制。稳定农业基本生产经营体制基本原则的主要内容有如下几个方面。

1. 国家必须以法律明确界定农业基本生产经营体制中各主体所享有的权利内容、界线和相互作用时应当遵循的法律规则和发生冲突时所应遵循的基本准则（集体土地所有权和土地承包经营权何者优先）。

2. 相关国家机关必须以发证、登记等法定公示方式确认农业基本生产经营体制中各主体所享有的权利，对社会产生公信力。

3. 司法机关在涉农纠纷的裁处中，以法律判决的形式认可并保护为法律所确认的农业基本生产经营体制中各主体权利的内容和效力。

由于农业基本生产经营体制涉及农业生产经营者最基本的权利，是开展农业生产经营必备的法律前提，因此，稳定农业基本生产经营体制原则应当作为《农业法》基本原则中的长期稳定性原则加以贯彻。

第二节　《种子法》概述

2000 年 7 月 8 日，第九届全国人民代表大会常务委员会第十六次会议通过的《中华人民共和国种子法》（以下简称《种子法》）自 2000 年 12 月 1 日起施行（2004 年 8 月 28 日第十届全国人民代表大会常务委员会第十一次会议修正）。

一、《种子法》的内涵和外延

《种子法》是调整在品种选育和种子生产、经营、使用、质量、管理等活动中所发生的社会关系的法律规范的总称。现行生效的种子方面的规范性文件除《种子法》外，还有《农作物良种仓储管理暂行办法》《中华人民共和国农业部农作物种子检验管理办法（试行)》《果树种子苗木管理暂行办法（试行)》《中华人民共和国种子管理条例农作物种子实施细则》《中华人民共和国种子管理条例林木种子管理实施细则》《农作物种子生产经营管理暂行办法》《中华人民共和国植物新品种保护条例》《进出口农作物种子（苗）管理暂行办法》《林木良种推广使用管理办法》《关于设立外商投资农作物种子企业审批和登记管理的规定》《全国农作物品种审定委员会章程》《全国农作物品种审定办法》等。

二、种子的内涵和我国种子管理体制

种子是指农作物和林木的种植材料或者繁殖材料，包括籽粒、果实和根茎、苗、芽、叶等。《种子法》第三条规定，我国对种子工作实行统一管理的体制。国务院农业、林业行政主管部门分别主管全国农作物种子和林木种子工作；县级以上地方人民政府农业、林业行政主管部门分别主管本行政区域内农作物种子和林木种子工作。

三、种质资源保护的措施

种质资源是指选育新品种的基础材料，包括各种植物的栽培种、野生种的繁殖材料，以及利用上述繁殖材料人工创造的各种植物的遗传材料。经过自然演化和人工创造而形成的种质资源，蕴藏着丰富的特征和物性，是开展育种工作的物质基础。种质资源越丰富，就越容易找到育种者所需要的原始材料，从而培养出优良的新品种。

国家依法保护种质资源，任何单位和个人不得侵占和破坏种质资源。保护种质资源的措施有以下几项。

1. 禁止采集或采伐国家重点保护的天然种质资源。因科研等特殊情况需要采集或采伐的，应当经国务院或者省、自治区、直辖市人民政府的农业、林业行政主管部门批准。

2. 国家有计划地收集、整理、鉴定、登记、保存、交流和利用种质资源，定期公布可供利用的种质资源目标。

3. 国务院农业、林业行政主管部门应当建立国家种质资源库，省、自治区、直辖市人民政府农业、林业行政主管部门可以根据需要建立种质资源库、种质资源保护区或者种质资源保护地。

4. 国家对种质资源享有主权，任何单位和个人向境外提供种质资源的，应当经国务院农业、林业行政主管部门批准。

5. 从境外引进种质资源的，依照国务院农业、林业行政主管部门的有关规定办理。

四、品种选育与审定的若干规定

品种是指经过人工选育或者发现，并经过改良，形态特征和生物学特性一致，遗传性状相对稳定的植物群体。品种主要包括农作物品种和林木品种两类。尤为重要的是主要农作物和林木良种。主要农作物是指稻、小麦、玉米、棉花、大豆以及国务院农业行政主管部门和省、自治区、直辖市人民政府农业行政主管部门各自分别确定的其他一种至二种农作物。林木良种是指通过审定的林木种子，在一定区域内，其产量、适应性、抗性等方面明显优于当前主栽材料的繁殖材料和种植材料。

《种子法》规定，国务院农业、林业、科技、教育等行政主管部门和省、自治区、直辖市人民政府应当组织有关单位进行品种选育理论、技术和方法的研究。

国家鼓励和支持单位和个人从事良种选育与开发，实行植物新品种保护制度，对经过人工培育的或者发现的野生植物加以开发的植物品种，具备新颖性、特异性、一致性和稳定性的，授予植物新品种权，保护植物新品种权所有人的合法权益。选育的品种得到推广应用的，育种者依法获得相应的经济利益。单位和个人因林业行政主管部门为选育林木良种建立测定林、试验林、优树收集区、基因库而减少经济收入的，批准建立的林业行政主管部门应当按照国家有关规定给予经济补偿。

为保证农作物新品种和林木良种的质量，在新品种推广应用之前，必须由有关机关对新品种进行审定。所谓品种审定，是对新育成和引进的品种，由专门的审定组织根据品种区域试验、生产试验结果，审查和评定其推广价值和适应范围的活动。

《种子法》第十五条规定，主要农作物品种和主要林木品种在推广应用前，应当通过国家级或者省级审定，申请者可以直接申请省级审定或者国家级审定。由省、自治区、直辖市人民政府农业、林业行政主管部门确定的主要农作物品种和主要林木品种实行省级审定。

五、关于种子生产的相关问题

我国对主要农作物和主要林木的商品种子生产实行许可制度。主要农用物杂交种子及其亲本种子、常规种原种种子、主要林木良种的种子生产许可证，由生产所在地县级人民政府农业、林业行政主管部门审核，省、自治区、直辖市人民政府农业、林业行政主管部门核发；其他种子的生产许可证由生产所在地县级以上人民政府农业、林业主管部门核发。

申请领取种子生产许可证的单位和个人应当具备下列条件：

1. 具有繁殖种子的隔离和培育条件；

2. 具有无检疫性病虫害的种子生产地点或者县级以上人民政府林业行政主管部门确定的采种林；

3. 具有与种子生产相适应的资产和生产、检验设施；

4. 具有相应的专业种子生产和检验技术人员；

5. 法律、法规规定的其他条件。

申请领取具有植物新品种权的种子生产许可证的，

应当征得品种权人的书面同意。种子生产许可证应当注明生产种子的品种、地点和有效期限等项目。如《农作物种子生产许可证》的有效期为该作物的一个生育周期，种子收获后，自行失效。

国家在种子生产方面规定有如下几个方面。

1. 禁止任何单位和个人无证或者未按照许可证的规定生产种子。

2. 商品种子生产应当执行种子生产技术规程和种子检验、检疫规程。

3. 在林木种子生产基地内采集种子的，由种子生产基地的经营者组织进行，采集种子应当按照国家有关标准进行。禁止抢采掠青、损坏园树，禁止在劣质林内、劣质园树上采集种子。

4. 商品种子生产者应当建立种子生产档案，载明生产地点、生产地块环境、前茬作物、亲本种子来源和质量、技术负责人、田间检验记录、产地气象记录、种子流向等。

六、关于种子经营的相关问题

国家鼓励和支持科研单位、学校、科技人员研究开发和依法经营、推广农作物新品种与林木良种。

种子经营实行许可制度。种子经营许可证实行分级审批发放制度。种子经营者必须取得种子经营许可证后，方可凭种子经营许可证向工商行政管理机关申请办理或者变更营业执照。但农民个人自繁、自用的常规种子有剩余的，可以在集贸市场上出售、串换，不需要办理种子经营许可证。

申请领取种子经营许可证的单位和个人应当具备下列条件：

1. 具有与经营种子种类和数量相适应的资金及独立承担民事责任的能力；

2. 具有能够正确识别所经营的种子、检验种子质量、掌握种子贮藏、保管技术的人员；

3. 具有与经营种子的种类、数量相适应的营业场所及加工、包装、贮藏保管设施和检验种子质量的仪器设备；

4. 法律、法规规定的其他条件。

种子经营者专门经营不再分装的包装种子的，或者受具有种子经营许可证的种子经营者以书面委托代销其种子的，可以不办理种子经营许可证。种子经营许可证的有效区域由发证机关在其管辖范围内确定。种子经营者按照经营许可证规定的有效区域设立分支机构的，可以不再办理种子经营许可证，但应当在办理或者变更营业执照后十五日内，向当地农业、林业行政主管部门和原发证机关备案。

种子经营许可证应当注明种子经营范围、经营方式及有效期限、有效区域等项目。

我国关于种子经营的法律规定的主要内容有以下几

点。

1. 禁止任何单位和个人无证或者未按照许可证的规定经营种子。

2. 种子经营者应当遵守有关法律、法规的规定，向种子使用者提供种子的简要性状、主要栽培措施、使用条件的说明与有关咨询服务，并对种子质量负责。

3. 国务院或者省、自治区、直辖市人民政府的林业行政主管部门建立的林木种子生产基地生产的种子，由上述林业行政主管部门指定的单位有计划地统一组织收购和调剂使用。未经上述林业行政主管部门批准，不得收购珍贵树木种子和同级人民政府规定限制收购的林木种子。

4. 销售的种子应当加工、分级、包装，但是，不能加工、包装的除外。大包装或者进口种子可以分装；实行分装的，应当注明分装单位，并对种子质量负责。

5. 销售的种子应当附有标签。标签标注的内容应当与销售的种子相符。

6. 种子经营者应当建立种子经营档案。

7. 种子广告的内容应当符合种子法和有关广告的法律、法规，主要性状描述应当与审定公告一致。

8. 调运或邮寄出县的种子应当附有检疫证书。

七、种子使用的相关规定

关于种子使用，《种子法》作出如下规定。

1. 种子使用者有权按照自己的意愿购买种子，任何单位和个人不得非法干预。

2. 国家投资或者国家投资为主的造林项目和国有林业单位造林，应当根据林业行政主管部门制定的计划使用林木良种。国家对推广使用林木良种营造防护林、特种用途林给予扶持。

3. 种子使用者因种子质量问题遭受损失的，出售种子的经营者应当予以赔偿，赔偿额包括购种价款、有关费用和可得利益损失。经营者赔偿后，属于种子生产者或者其他经营者责任的，经营者有权向生产者或者其他经营者追偿。

4. 因使用种子发生民事纠纷的，当事人可以通过协商或者调解解决。当事人不愿通过协商、调解解决或者协商、调解不成的，可以根据当事人之间的协议向仲裁机构申请仲裁。当事人也可以直接向人民法院起诉。

八、种子质量监管的若干规定

种子质量是指种子的生产、加工、包装、贮藏、运输等经营的质量。农业、林业行政主管部门负责对种子质量的监督，可以委托种子质量检验机构对种子质量进行检验。种子检验是指种子检验人员依照法定的程序、方法和标准，对种子的质量进行检验、分析和鉴定，以判断种子的优劣，并给予具有法律效力的证明的活动。承担种子质量检验的机构应当具备相应的检测条件和能力，并经省级以上人民政府有关主管部门考核合格。

《种子法》第四十六条规定，禁止生产、经营假、劣种子。

假种子的范围是：以非种子冒充种子或者以此种品种种子冒充他种品种种子的，种子种类、品种、产地与标签标注的内容不符的。

劣种子的范围是：质量低于国家规定的种用标准的，质量低于标签标注指标的，因变质不能作种子使用的，杂草种子的比率超过规定的，带有国家规定检疫对象的有害生物的。

国家对种子实行检疫制度。种子检疫包括边境检疫、出境检疫、过境检疫、携带、邮寄植物种子检疫等。从事品种选育和种子生产、经营、管理的单位与个人，应当遵守有关植物检疫法律、行政法规的规定，防止植物危险性病、虫、杂草及其他有害生物的传播和蔓延。禁止任何单位和个人在种子生产基地从事病虫害接种试验。

九、关于种子进出口和对外合作的若干规定

我国对种子进出口和对外合作的规定如下。

1. 进出口种子实施检疫。

2. 从事商品种子进出口业务的法人和其他组织，除具备种子经营许可证外，还应当依照有关对外贸易法律、行政法规的规定，取得从事种子进出口贸易的许可。

3. 进口商品种子的质量应当达到国家标准或者行业

标准。没有国家标准或者行业标准的，可以按照合同约定的标准执行。

4. 禁止进出口假、劣种子以及属于国家规定不得进出口的种子。

十、关于违反《种子法》的若干规定

1. 生产、经营假、劣种子的，由县级以上人民政府农业、林业行政主管部门或者工商行政管理机关责令停止生产、经营，没收种子和违法所得，吊销种子生产许可证、种子经营许可证或者营业执照，并处以罚款；有违法所得的，处以违法所得五倍以上十倍以下罚款；没有违法所得的，处以二千元以上五万元以下罚款；构成犯罪的，依法追究刑事责任。

2. 违反《种子法》有关种子生产或经营许可证规定，有下列行为之一的，由县级以上人民政府农业、林业行政主管部门责令改正，没收种子和违法所得，并处以违法所得一倍以上三倍以下罚款；没有违法所得的，处以一千元以上三万元以下罚款；可以吊销违法行为人的种子生产许可证或者种子经营许可证；构成犯罪的，依法追究刑事责任。

未取得种子生产许可证或者伪造、变造、买卖、租借种子生产许可证，或者未按照种子生产许可证的规定生产种子的；未取得种子经营许可证或者伪造、变造、买卖、租借种子经营许可证，或者未按照种子经营许可

证的规定经营种子的。

3.违反《种子法》其他行为的法律责任。

（1）违反《种子法》规定，有下列行为之一的，由县级以上人民政府农业、林业行政主管部门责令改正，没收种子和违法所得，并处以违法所得一倍以上三倍以下罚款；没有违法所得的，处以一千元以上二万元以下罚款；构成犯罪的，依法追究刑事责任。

为境外制种的种子在国内销售的，从境外引进农作物种子进行引种试验的收获物在国内作商品种子销售的，未经批准私自采集或者采伐国家重点保护的天然种质资源的。

（2）违反《种子法》规定，有下列行为之一的，由县级以上人民政府农业、林业行政主管部门或者工商行政管理机关责令改正，处以一千元以上一万元以下罚款。

经营的种子应当包装而没有包装的，经营的种子没有标签或者标签内容不符合《种子法》规定的，伪造、涂改标签或者试验、检验数据的，未按照规定制作、保存种子生产、经营档案的，种子经营者在异地设立分支机构，未按照规定备案的。

（3）违反《种子法》规定，向境外提供或者从境外引进种质资源的，由国务院或者省、自治区、直辖市人民政府的农业、林业行政主管部门没收种质资源和违法所得，并处以一万元以下罚款。未取得农业、林业行政主管部门的批准文件携带、运输种质资源出境的，海关应当将种质资源扣留，并移送省、自治区、直辖市人民政府农业、林业行政主管部门处理。

（4）违反《种子法》规定，经营、推广应当审定而未经审定通过的种子的，由县级以上人民政府农业、林业行政主管部门责令停止种子的经营、推广，没收种子和违法所得，并处以一万元以上五万元以下罚款。

（5）违反《种子法》规定，抢采掠青、损坏母树或者在劣质林内和劣质母树上采种的，由县级以上人民政府林业行政主管部门责令停止采种行为，没收所采种子，并处以采林木种子价值一倍以上三倍以下的罚款；构成犯罪的，依法追究刑事责任。

（6）违反《种子法》规定，非法收购珍贵树木种子和同级人民政府规定限制收购的林木种子的，由县级以上人民政府林业行政主管部门没收所收购的种子，并处以收购林木的种子价款二倍以下的罚款。

（7）违反《种子法》规定，在种子生产基地进行病虫接种试验的，由县级以上人民政府农业、林业行政主管部门责令停止试验，处以五万元以下罚款。

第三节　《农产品质量安全法》概述

2006 年 4 月 29 日，全国人民代表大会常务委员会审议通过了《中华人民共和国农产品质量安全法》（以下简称《农产品质量安全法》），这是我国第一部全面规范农产品质量安全的法律。

一、农产品与《农产品质量安全法》

(一) 农产品的定义

通常意义的农产品是指农作物、畜产品、水产品和林产品。《农产品质量安全法》将农产品明确界定为"来源于农业的初级产品，即在农业活动中获得的植物、动物、微生物及其产品。"

(二) 农产品质量安全法的内涵和外延

《农产品质量安全法》是规范农产品质量安全保障和农产品质量责任的法律规范的总称。就《农产品质量安全法》具体规范的行为主体而言，既包括农产品生产者和销售者，如农产品生产企业、农民专业合作经济组织，以及从事农产品流通的经济组织和个人，如农产品批发市场，也包括农产品质量安全管理者和相应的检测机构和人员等。由于农产品从田间到餐桌，要经过生产、流通、消费等诸多环节，因此，《农产品质量安全法》规范的范畴包括农产品的产地、农产品的生产和产后处理等一系列环节。

二、农产品质量安全标准

农产品质量安全标准是指规定农产品固有质量和安全要求的标准，以及与农产品质量和安全有关的标准的统称，是依照有关法律、行政法规制定和发布的强制性技术规范。

农产品的固有质量要求包括外观、内在品质，即农产品的使用价值、商品性能，如营养成分、色香味和口感、加工特性、包装标识等方面的要求。

农产品的安全要求包括诸如农药残留、兽药残留、重金属污染等对人体健康、动植物安全和环境的危害与潜在危害因素方面的要求。

农产品质量安全标准是一个体系，这个体系是农业标准体系中涉及农产品安全和质量中强制性的技术规范的有机系统。我国现行的农产品卫生标准、无公害食品系列标准等有关的强制性国家标准和行业标准，都属于农产品质量安全标准体系。

农产品质量安全标准是政府依法监管、依法行政的主要技术支撑，事关人体健康和生命安全，事关农业的发展。建立健全农产品质量安全标准体系，是确立农产品标准在《农产品质量安全法》中重要地位的关键。目前，我国初步形成了由国家标准、行业标准、地方标准、企业标准构成的农业技术标准体系框架。

农产品质量安全标准具有法律约束力，其强制性表现在农产品质量安全标准是实施农产品质量安全管理的重要依据。从一般意义上讲，农业行政主管部门不仅熟悉农产品生产和农业科学技术，而且负责农产品质量安全管理，因此，农产品质量安全标准应由农业行政主管部门和相关部门组织实施。其实施的具体方式主要包括依据农产品质量安全标准监督、抽查农产品质量，禁止不符合农产品质量安全标准的农产品生产、销售和进口等。

三、农产品产地管理

农产品产地是影响农产品质量安全的重要因素之一。因此，良好的产地环境是保证农产品质量安全的必备条件。2006年9月30日农业部通过的《农产品产地安全管理办法》规定，农产品产地是指植物、动物、微生物及其产品生产的相关区域。农产品产地安全是指农产品产地的土壤、水体和大气环境质量等符合农产品生产质量安全要求。基于农产品在自然环境下成长的特性，农产品产地环境状况攸关农产品质量安全。通过强化农产品产地管理，可以从源头上控制污染物进入农产品生产过程，防止因农产品产地污染而危及农产品质量安全。农产品产地管理制度，即规范农产品产地基本要求、农产品基地建设和农产品保护的法律制度，其目的在于改善产地条件，保障产地安全。

四、农产品生产管理

（一）农产品生产中的政府职责

1. 制定保障农产品质量安全的生产技术要求和操作

规程。生产技术要求是规定产品、过程或服务应满足技术要求的文件，对农业活动的原则性要求。操作规程是对具体生产技术要求的落实，是农业生产的程序性规定，涉及农业资源与环境保护要求、病虫害测报、动植物疫病防治、种子种苗繁育、种植养殖过程的操作与管理等方面，与农产品的地域范围、品种特点、生产条件、生产方式有着密切的关系。严格按照生产技术要求和操作规程进行农业生产，有利于农业生产的标准化，从而实现农产品质量安全。国务院农业行政主管部门和省、自治区、直辖市人民政府农业行政主管部门应当制定保障农产品质量安全的生产技术要求和操作规程。

2. 农产品生产的指导。由于我国农业多为分散化经营，农业生产技术水平比较低，农业生产知识获得渠道相对狭窄。因此，农业行政主管部门应加强对农业生产的指导，强化技术推广和服务。具体的指导方式主要有良种推广使用、农业机械化水平提高、农业投入品合理使用等。这里农业行政主管部门提供的生产指导，从本质上讲，应理解为农业行政主管部门提供的服务。

(二) 农业投入品管理制度

农业投入品是指在农产品生产过程中使用或添加的物质，包括农药、兽药、农作物种子、水产苗种、种畜禽、饲料添加剂、肥料、兽药器械、植保机械等农用生产资料产品。农业投入品的使用是影响农产品质量安全的重要因素。为规范农业投入品质量监管,《农产品质量安全法》第二十一条第一款规定:"对可能影响农产品质量安全的农药、兽药、饲料和饲料添加剂、肥料、兽医器械,依照有关法律、行政法规的规定实行许可制度。"《兽药管理条例》第十一条和第二十二条规定,兽药的生产和经营企业应申请许可。《农药管理条例》第十四条第一款规定:"国家实行农药生产许可制度。"《饲料和饲料添加剂管理条例》第十条第一款规定:"生产饲料添加剂、添加剂预混合饲料的企业,经省、自治区、直辖市人民政府饲料管理部门审核后,由国务院农业行政主管部门颁发生产许可证。"

农业投入品许可申请人一般为从事农业投入品的生产企业、销售企业,许可主体一般为农业行政主管部门或相应行业行政主管部门。农业投入品许可以是一种事前预防,而对农业投入品监督抽查则属于事后监管方式。有权监督抽查主体为国务院农业行政主管部门和省、自治区、直辖市人民政府农业行政主管部门,监督抽查的对象是对可能危及农产品质量安全的农药、兽药、饲料和饲料添加剂、肥料等农业投入品,应当公布监督抽查的结果。

(三) 农产品生产记录制度

农产品生产记录是指农产品生产者在生产过程中,对使用农业投入品,动物疫病,植物病、虫、草害的发生和防治、收获屠宰或捕捞的日期等情况进行记录，并依法将记录进行保存的制度。《农产品质量安全法》第二十四条规定，农产品生产记录义务主体是农产品生产企业和农民专业合作经济组织。没有将该义务的主体扩及全部的农产品生产者，这主要考虑我国农业生产的实际情况，农产品生产企业和农民专业合作经济组织一般具有一定的规模，拥有履行该义务的专业能力。同时，国家鼓励其他农产品生产者建立农产品生产记录。

五、农产品包装和标识管理

（一）农产品包装和标识义务

1. 农产品包装义务。农产品包装是指对农产品实施装箱、装盒、装袋、包裹、捆扎等。农产品包装可有效地防止农产品在运输、销售或购买时被污染和损害，保障农产品质量安全。义务主体主要是农产品生产企业、农民专业合作经济组织和从事农产品收购的单位或者个人，对于一家一户、农民自产自销的农产品，没有提出包装和标识要求。

农产品包装义务的主要内容是农产品生产企业、农民专业合作经济组织和从事农产品收购的单位或者个人，用于销售的农产品包装必须遵守以下规定。

（1）获得无公害农产品、绿色食品、有机农产品等认证的农产品，但鲜活畜、禽、水产品除外。

（2）省级以上人民政府农业行政主管部门规定的其他需要包装销售的农产品。此外，《农产品包装和标识管理办法》还规定，农产品包装应当符合农产品储藏、运输、销售及保障安全的要求，便于拆卸和搬运。包装农产品的材料和使用的保鲜剂、防腐剂、添加剂等物质必须符合国家强制性技术规范要求。包装农产品应当防止机械损伤和二次污染。但是，符合规定包装的农产品拆包后直接向消费者销售的，可以不再另行包装。

2. 农产品标识义务。农产品标识是用来表达农产品生产信息、质量安全信息和消费信息的所有标示行为和结果的总称，可以用文字、符号、数字、图案及相关说明物进行表达和标示。通过对农产品标识，有利于建立健全农产品可追溯制度，保障消费者的知情权和选择权。农业部通过的《农产品包装和标识管理办法》规定，农产品生产企业、农民专业合作经济组织和从事农产品收购的单位或者个人包装销售的农产品，应当在包装物上标注或者附加标识标明品名、产地、生产者或者销售者名称、生产日期。有分级标准或者使用添加剂的，还应当标明产品质量等级或者添加剂名称。未包装的农产品应当采取附加标签、标识牌、标识带、说明书等形式标明农产品的品名、生产地、生产者或者销售者名称等内容。农产品标识所用文字应当使用规范的中文，标识标注的内容应当准确、清晰、显著。

3. 转基因农产品标识。《农业转基因生物安全管理条例》第三条规定，农业转基因生物是指利用基因工程技术改变基因组构成，用于农业生产或者农产品加工的动植物、微生物及其产品；第八条规定，国家对农业转基因生物实行标识制度。农业部为加强农业转基因生物标识的管理，还于 2002 年发布了《农业转基因生物标识管理办法》，对农业转基因生物标注方法作了具体规定。

（二）附具检疫合格标志、检疫合格证明

《中华人民共和国动物防疫法》（以下简称《动物防疫法》）、《中华人民共和国进出境动植物检疫法》（以下简称《进出境动植物检疫法》）及其实施条例、《植物检疫条例》等法律规范，为保障动植物及其产品的消费安全，对检疫实施主体、检疫对象和检疫措施分别作了规定。2007 年修订的《动物防疫法》第四十三条第一款规定，屠宰、经营、运输及参加演出和比赛的动物，应当附有检疫证明；经营和运输的动物产品应当附有检疫证明、检疫标志。动物卫生监督机构可以查验检疫证明、检疫标志。《进出境动植物检疫法》规定，国家动植物检疫机关和口岸动植物检疫机关对进出境动植物、动植物产品实行检疫监督。《植物检疫条例》规定，农业、林业部门所属的植物检疫机构根据应检疫对象名单，对植物及其产品实施检疫。对经过法定检疫合格的动植物及其产品，应加贴检疫合格标志或者附上检疫合格证明。

（三）农产品质量安全认证制度

1. 农产品质量标志。它是指由国家有关部门制定并发布，加施于获得特定质量认证的农产品的证明性标志。农产品质量标志是国家监督农产品质量安全的有效手段，有利于规范农业生产者行为，也便于农产品消费者的识别和选择。我国现有的农产品质量标志主要涉及无公害农产品、绿色食品、有机农产品的标志。

2. 无公害农产品标志。它是加施于获得无公害农产品认证的产品或者其包装上的证明性标记。无公害农产品执行的是强制性标准，符合标准的产品理应实施全加贴标志的管理制度，但考虑到我国的国情，农业生产方式以小规模农户分散经营为主，要求所有用于销售的农产品都实施加贴标志管理的时机还不成熟，而且这种情况要持续相当长的一段时期，所以，《农产品质量安全法》第三十二条规定，对无公害农产品的标志管理实施非强制性加贴标志的管理制度，即达到无公害农产品质量安全标准的产品可以申请加贴无公害农产品标志。

3. 绿色食品标志。根据农业部发布的《绿色食品标志管理办法》，绿色食品标志是经国家工商行政管理局注册的质量证明商标，用以标识、证明无污染的安全、优质、营养类食品及与此类食品相关的事物。《绿色食品标志管理办法》规定，使用绿色食品标志须按照规定的程序提出申请，由农业部审核批准其使用权。未经农业部批准，任何单位和个人无权使用绿色食品标志。获得绿色食品标志使用权的产品，必须同时符合下列条件：

（1）产品或产品原料的产地必须符合绿色食品的生态环境标准；

（2）农作物种植、畜禽饲养、水产养殖及食品加工必须符合绿色食品的生产操作规程；

（3）产品必须符合绿色食品的质量和卫生标准；

（4）产品的标签必须符合《绿色食品标志设计标准手册》的有关规定。使用绿色食品标志的单位和个人须严格履行"绿色食品标志使用协议"。绿色食品标志使用权自批准之日起三年有效。要求继续使用绿色食品标志的，须在有效期满前九十天内重新申报。

六、农产品质量监督检查制度

农产品质量监督检查制度是农产品质量安全监督机关依据农产品质量安全法规和农产品质量安全标准，对农产品质量安全情况进行规范和查处的措施、方法与程序等法律规范的总称。农产品质量监督检查制度的主要内容有以下几个方面。

（一）市场禁入制度

农产品市场禁入制度，即为保障农产品消费者的消费安全，通过所设置的农产品质量安全标准和技术规范，将不符合其要求的农产品阻挡于市场之外。《农产品质量安全法》第三十三条规定，有下列情形之一的农产品，不得销售：

1. 含有国家禁止使用的农药、兽药或者其他化学物质的；

2. 农药、兽药等化学物质残留或者含有的重金属等有毒有害物质不符合农产品质量安全标准的；

3. 含有的致病性寄生虫、微生物或者生物毒素不符合农产品质量安全标准的；

4. 使用的保鲜剂、防腐剂、添加剂等材料不符合国家有关强制性的技术规范的；

5. 其他不符合农产品质量安全标准的。

（二）农产品质量安全监测制度

1. 农产品质量安全监测计划的制定和实施。农产品质量安全监测是指由县级以上人民政府农业行政主管部门组织有关农产品质量安全管理机构和农产品质量安全检测机构，对生产中或者在批发市场、农贸市场、配送中心、超市等销售的农产品进行监督管理时所开展的抽样检测，并按照规定对检测结果进行处理和信息公布的活动。《农产品质量安全法》规定，县级以上人民政府农业行政主管部门应当按照保障农产品质量安全的要求，遵循各自的职责分工，制定并组织实施农产品质量安全检测计划。

2. 农产品质量监督抽查。

(1) 农产品质量监督抽查工作的组织。县级以上人民政府农业行政主管部门应当对生产中或者在批发市场、农贸市场、配送中心、超市等销售的农产品依法组织实施定期或不定期的质量安全监督抽查工作。农业部负责组织和实施农产品质量安全国家监督抽查工作；县级以上地方人民政府农业行政主管部门负责组织和实施本行政区域内农产品质量安全监督抽查工作。

(2) 监督抽查的检测工作。《农产品质量安全法》第三十五条第二款规定："从事农产品质量安全检测的机构，必须具备相应的检测条件和能力，由省级以上人民政府农业行政主管部门或者其授权的部门考核合格。"

(3) 农产品质量监督抽查要求。各级农业行政主管部门组织的监督抽查所需要的费用在各级财政安排的农产品质量安全经费中列支，不得向被抽查人收取费用。抽取的样品不得超过国务院农业行政主管部门规定的数量。农业部公布的《农产品质量安全监督抽查实施细则》规定，监督抽查的样品由抽样单位向被抽查人购买。

(4) 农产品质量监督抽查结果的公布。《农产品质量安全法》规定，监督抽查结果由国务院农业行政主管部门或者省、自治区、直辖市人民政府农业行政主管部门按照权限予以公布。任何个人和其他部门不得对外公布农产品质量安全监督抽查结果。

（三）事故报告制度

发生农产品质量安全事故时，有关单位和个人应当

采取控制措施，及时向所在地乡级人民政府和县级人民
政府农业行政主管部门报告；收到报告的机关应及时处
理，并报上一级人民政府和有关部门。发生重大农产品
质量安全事故时，农业行政主管部门应当及时通报同级
食品药品监督管理部门。

七、农产品质量安全责任追究制度

建立并落实农产品责任追究制度，是提高农产品质
量安全水平和农产品质量安全监管水平的重要手段。一
般意义上的农产品质量安全责任追究，仅指农产品质量
安全监管部门对农产品生产经营者违法生产经营不符合
农产品质量安全标准农产品的行为实施的责任追究。广
义的还包括对农产品质量安全监管部门及其人员不履行
法定职责实施的行政责任追究。

（一）对农产品生产经营违法行为的责任追究

《农产品质量安全法》完善了农产品质量安全责任追
究制度，确立了生产记录制度、包装标识制度、生产企
业和农民专业合作经济组织自行检验检测、销售企业和
农产品批发市场进货验收制度，以及农产品质量安全违
法行为法律责任的规定，为实施农产品质量安全责任追
究奠定了基础和提供了重要依据。广大农民生产的、直
接进入市场的农产品很难追溯和追究责任。目前，责任
追究主要针对农产品生产经营企业、农民专业合作经济

组织、农产品批发市场和从事农产品收购的单位或者个人等特定的农产品生产经营主体。

（二）对监管部门不履行法定职责的责任追究

《农产品质量安全法》明确规定，农产品质量安全监督管理人员不依法履行监督管理职责，或者滥用职权的，应当依法给予行政处分。《国务院关于加强食品等产品安全监督管理的特别规定》进一步加重了监管部门不作为的责任，农业行政主管部门对不按照法定条件、要求从事生产经营活动，或者生产、销售不符合法定要求产品等违法行为，不纠正、不处罚，造成后果的，由监察机关或者任免机关对其主要负责人、直接负责的主管人员和其他直接责任人员给予记大过或者降级的处分；造成严重后果的，对其主要负责人、直接负责的主管人员和其他直接责任人员给予撤职或者开除的处分；其主要负责人、直接负责的主管人员和其他直接责任人员构成渎职罪的，要依法追究刑事责任。

第四节　《植物新品种保护条例》概述

一、植物新品种与植物新品种权

（一）植物新品种的含义

植物新品种是指经过人工培育的或者对发现的野生

植物加以开发，具备新颖性、特异性、一致性和稳定性，并有适当命名的植物品种，如袁隆平院士培育出的杂交水稻品种。

植物新品种保护制度中的"植物新品种"与品种审定上的"新品种"是有差异的，其差异表现在以下几个方面。

1. 从范围来看。品种审定的新品种既可以是新育成的品种，也可以是新引进的品种。具有品种权的新品种，既可以是新育成的新品种，也可以是对发现的野生品种加以开发所形成的新品种。

2. 从判定特异性所选的品种来看。审定所选的品种仅是当地主要推广品种，而品种保护所选的则是世界范围内至少是全国范围内的已知品种。

3. 从品种构成的要素来看。品种保护，除要求新品种具有相对稳定的遗传特性，在生物学、形态学性状方面，具有相对一致性，并与同种植物的其他品种在特征、特性上有所区别，以及拥有适当的名称外，还必须具备新颖性，即该申请保护的新品种在申请日以前不能在市场上销售或者在市场上销售不能超过规定的期限；而作为审定的品种，对新颖性则不做要求。

4. 从特异性的要求来看。品种审定突出品种的产量和抗性，要求新品种的产量水平一般要高于当地同类主推品种的5%以上，或者产量与当地主推品种的原种相近，但在品质、成熟期和抗性等方面，有一项乃至多项性状表现突出。申请品种权的新品种主要要求被保护的新品种在植物学形态上至少有一个特征、特性明显区别于已知品种，并不要求高于已知品种的产量或抗性。

5. 从使用价值来看。审定通过的新品种，一定可以在生产上推广应用，而申请品种权的品种有些可以通过审定在生产上推广应用，有些则可以作为科研育种材料加以开发。

（二）植物新品种权

作为农业科学技术的重要载体，植物新品种是最重要的农林生产资料，也是农业技术创新活动中最活跃的因素。为了保护育种者的知识产权，激发其科研积极性和创造力，发达国家自 20 世纪初就开始以专利法或专门法的形式对植物新品种进行保护，以法律的形式确认育种者的投资和创造性劳动，授予育种者生产、使用和销售新品种繁殖材料的专有权利。

（三）植物新品种保护制度的作用

1. 界定产权归属，激励农业科技创新。植物新品种的选育是一个非常复杂的创造性劳动过程，需要投入大量的人力、物力和财力，并具有风险大、周期长和机会成本高等特点。然而，由于农业生产的"田间公示性"特点，育种者付出艰辛劳动培育的新品种很容易被他人获取，被无偿繁育或商家利用，出现所谓的"搭便车"问题。对这些问题，育种者靠自身的力量很难解决。如果任由他人任意、无偿地利用其育种成果，育种者的积极性无疑会受到挫伤，农业育种创新活动就会因此受到损害，进而影响到农业技术的进步和农业经济的发展。因此，有效保护育种者的合法利益，激励其从事培育新品种的积极性，对促进农业科技创新、推动农业经济发展至关重要。

植物新品种权保护制度首先是一种产权界定制度，它以法律的形式确认育种者的创造性劳动，授予育种者生产、使用和销售新品种繁殖材料的专有权利。新品种产权归属的确定，使育种成果的权利人得以在法定的期限内独占其创造的育种成果，并可以通过自己实施或转让、许可实施品种权等形式，从市场上获得相应的经济回报，最大限度地发挥育种成果的价值，实现利益的最大化。

2. 提高农产品市场竞争力，为我国农业企业走向世界保驾护航。现代农业的竞争实质上是农业生产力的竞争，又主要表现为农产品的竞争。现实中影响农产品竞争力的因素是多元的，其中产量、质量、安全性、差异性、多样化等是重要且关键的因素。扩大品种的差异性，实现品种的多样化，提高农产品的产量、质量和安全性能，是提高农产品市场竞争力的重要途径。而所有这些都离不开农业科技的进步，离不开新品种的培育和开发。植物新品种保护制度正是通过创新激励机制和利益保障机制，将育种收益与市场价值直接挂钩，激励农业科研育种人员根据市场需求，培育出具有高产、优质、安全等性状的农产品，以提高农产品的市场竞争力。

作为知识产权制度的重要组成部分，植物新品种权制度是保护农业育种成果最有力的法律武器。只有当育种成果获得了法律的承认和保护，权利人才能对育种成果实现真正意义上的独占。可以说，植物新品种保护制度是农业生产经营企业在农业市场竞争中取得竞争优势的重要手段，在激烈的市场竞争中，只要种子生产经营企业拥有受到法律保护的植物新品种，就取得了进军市场的通行证和市场竞争的主动权。

二、植物新品种保护制度

《中华人民共和国专利法》（以下简称《专利法》）对植物新品种的生产方法授予专利权，但对植物新品种本身不授予专利权。1997年4月30日，《中华人民共和国植物新品种保护条例》（以下简称《植物新品种保护条例》）颁布，对植物新品种实施专门保护。1999年4月23日，我国正式加入了《国际植物新品种保护公约》（UPOV）1978年文本，成为国际植物新品种保护联盟的第39个成员国。2000年，《种子法》颁布，进一步确定在我国实行植物新品种保护制度。

我国的植物新品种保护工作主要由农业部和国家林业局两个部门进行。在具体分工方面，农业部负责粮食、棉花、油料、麻类、糖料、蔬菜（含西甜瓜）、烟草、桑

树、茶树、果树（干果除外）、观赏植物（木本除外）、
草类、绿肥、草本药材、食用菌、藻类和橡胶树等植物
的新品种保护工作；国家林业局则负责林木、竹、木质
藤本、木本观赏植物（包括木本花卉）、果树（干果部
分）及木本油料、饮料、调料、木本药材等植物新品种
保护工作。国家农业部和国家林业局先后发布了《植物
新品种保护条例实施细则》的农业部分和林业部分、《植
物新品种复审委员会审理规定》、《农业植物新品种权侵
权案件处理规定》。目前，我国植物新品种保护制度框架
体系已初步形成。

（一）授予植物新品种权的条件

植物新品种权的获得除了申请品种权的植物新品种
应当属于国家植物品种保护名录中列举的植物属或者种
外，应具有如下五个条件。

1. 新颖性。它是指申请品种权的植物新品种在申请
日前，该品种繁殖材料未被销售，或者经育种者许可，
在中国境内销售该品种繁殖材料未超过一年；在中国境
外销售藤本植物、林木、果树和观赏树木品种繁殖材料
未超过六年，销售其他植物品种繁殖材料未超过四年。

对于植物新品种保护条例规定的"销售""许可销
售"，《植物新品种保护条例实施细则（农业部分)》作
出了明确解释。

"销售"是指以下几种情况：

（1）以买卖方式将申请品种的繁殖材料转移他人；

（2）以易货方式将申请品种的繁殖材料转移他人；

（3）以入股方式将申请品种的繁殖材料转移他人；

（4）以申请品种的繁殖材料签订生产协议；

（5）以其他方式销售的情形。

许可销售是指：

（1）育种者自己销售；

（2）育种者内部机构销售；

（3）育种者的全资或者参股企业销售；

（4）农业部规定的其他情形。

2. 特异性。它是指申请品种权的植物新品种应当明显区别于在递交申请以前已知的植物品种。特异性条件强调的是申请品种与现有品种之间的差异。例如，与现有品种相比，申请品种具有早熟、抗病能力，就是具备了特异性条件。

3. 一致性。它是指申请品种权的植物新品种经过繁殖，除可以预见的变异外，其相关的特征或者特性一致。所谓可以预见的变异，主要是指受到外界环境因素的影响，植物品种的某些特征特性会发生一定的变化，例如，植物的株高和生育期的变化等。这些变化就是可以预见的变异，是允许的。

4. 稳定性。它是指申请品种权的植物新品种经营反复繁殖后或者在特定繁殖周期结束时，其相关的特征或者特性保持相对不变。也就是说，经过多代繁殖或者特定繁殖期，申请品种权的植物新品种的有关特性相对稳定，没有发生变化。

5. 具备适当的名称。授予品种权的植物新品种应当具备适当的名称，并与相同或者相近的植物属或者种中已知品种的名称相区别。该名称经注册登记后即为该植物新品种的通用名称。

《植物新品种保护条例实施细则（农业部分)》规定，有下列情形之一的，不得用于新品种命名。

（1）仅以数字组成的。

（2）违反国家法律或者社会公德或者带有民族歧视性的。

（3）以国家名称命名的。

（4）以县级以上行政区划的地名或者公众知晓的外国地名命名的。

（5）同政府间国际组织或者其他国际国内知名组织及标识名称相同或者近似的。

（6）对植物新品种的特征、特性或者育种者的身份等容易引起误解的。

（7）属于相同或相近植物属或者种的已知名称的。

（8）夸大宣传的。

（二）植物新品种权的内容

植物品种权是一种具有排他性的专有权利，即任何单位或者个人未经品种权所有人（以下称品种权人）许可，不得为商业目的生产或者销售该授权品种的繁殖材料，不得为商业目的将该授权品种的繁殖材料重复使用于生产另一品种的繁殖材料。品种权与专利权一样，都是一种排他性的独占权。两者的相同点在于：权利人都有权禁止他人未经许可而对受保护对象进行商业性的生产、销售和使用，经权利人同意使用受保护对象要向权利人支付使用费，同一对象只能授予一项权利，权利的授予实行先申请原则；两者的差异表现在保护对象上：专利权保护的对象是构成发明创造的技术方案和设计，而非依照技术方案和设计生产的产品，品种权保护的对象是籽种、苗树、块根、块茎等特定植物品种的繁殖材料。

植物新品种的申请权和品种权可以依法转让。中国的单位或者个人就其在国内培育的植物新品种向外国人转让申请权或者品种权的，应当经审批机关批准。转让申请权或者品种权的，当事人应当订立书面合同，并向审批机关登记，由审批机关予以公告。

考虑到公共利益的需要，各国及有关国际条约均对品种权作出了一定的限制。植物新品种权的限制主要体现为对新品种的合理使用和强制许可。对新品种的合理使用是指：利用授权品种进行育种及其他科研活动，或者农民自繁自用授权品种的繁殖材料的行为，可以不经品种权人许可，不向其支付使用费，但是不得侵犯品种权人享有的其他权利。

为了国家利益或者公共利益，审批机关可以作出强制许可实施植物新品种的决定，并予以登记和公告。取得强制实施许可的单位或者个人应当付给品种权人合理的使用费，其数额由双方商定；双方不能达成协议的，由审批机关裁决。品种权人对强制许可决定或者强制许可使用费的裁决不服的，可以自收到通知之日起三个月内向人民法院提起诉讼。

（三）植物新品种权的归属

品种权的主体即有权获得品种权的人。申请品种权的单位或者个人统称为品种权申请人；获得品种权的单位或者个人统称为品种权人。

1. 职务育种品种权的归属

《植物新品种保护条例》规定，执行本单位的任务或者主要利用本单位的物质条件所完成的职务育种，植物新品种的申请权属于该单位。"执行本单位任务"所完成的植物育种包括以下内容。

（1）在本职工作中完成的育种。

（2）履行本单位交付的本职工作之外的任务所完成的育种。

（3）退职、退休或者调动工作后三年内完成的与其在原单位承担的工作或者原单位分配的任务有关的育种；"主要利用本单位物质条件"所完成的植物育种是指主要利用本单位资金、仪器设备、试验场地，以及单位所有或者持有的尚未允许公开的育种材料和技术资料等完成的育种。职务育种情况下，植物新品种的申请权属于该单位，但单位应当给予培育人相应的物质和精神奖励。

2. 非职务育种品种权的归属

非职务育种是指单位职工完成的育种不属于本职工作范围，不是单位交付的任务，也不是主要利用单位的资金、设备实验室、材料及不对外公开的资料、资源等条件完成的育种。《植物新品种保护条例》第七条明确规定，非职务育种，植物新品种的申请权属于完成育种的个人。申请被批准后，品种权属于申请人。属于共同非职务育种所完成的新品种，必须由所有完成育种的人共同提出品种权申请，不能单独提出申请。

3. 委托育种、合作育种品种权的归属

委托育种或者合作育种，品种权的归属由当事人在合同中约定；没有合同约定的，品种权属于受委托完成或者共同完成育种的单位或者个人。一个植物新品种只能授予一项品种权。两个以上的申请人分别就同一个植物新品种申请品种权的，品种权授予最先申请的人；同时申请的，品种权授予最先完成该植物新品种育种的人。主张权利的单位或者个人负有举证的责任。

（四）植物新品种权的授予

中国的单位和个人申请植物新品种权的，可以直接或者委托代理机构向审批机关提出申请。中国的单位和个人申请品种权的植物新品种涉及国家安全或者重大利益需要保密的，应当按照国家有关规定办理。外国人、外国企业或者外国其他组织在中国申请品种权的，应当按照其所属国和中华人民共和国签订的协议或者共同参加的国际条约办理，或者根据互惠原则，委托代理机构办理。申请人委托代理机构申请品种权或者办理其他品种权事务的，应当同时提交委托书，明确委托权限。申请人有两个以上而未委托代理机构的，应当明确一方为代表人。

1. 初步审查。申请人缴纳申请费后，审批机关对品种权申请的下列内容进行初步审查。

（1）是否属于植物品种保护名录列举的植物属或者种的范围。

（2）是否符合《植物新品种保护条例》第二十条的规定。

（3）是否符合新颖性的规定。

（4）植物新品种的命名是否适当。

审批机关自受理品种权申请之日起六个月内完成初步审查。对经初步审查合格的品种权申请，审批机关予以公告，并通知申请人在三个月内缴纳审查费。对经初步审查不合格的品种权申请，审批机关通知申请人在三个月内陈述意见或者予以修正；逾期未答复或者修正后仍然不合格的，驳回申请。

2. 实质审查。申请人按照规定缴纳审查费后，审批机关对品种权申请的特异性、一致性和稳定性进行实质审查。申请人未按照规定缴纳审查费的，品种权申请视为撤回。审批机关认为必要时，可以委托指定的测试机构进行测试或者考察业已完成的种植或者其他试验的结果。因审查需要，申请人应当根据审批机关的要求提供必要的资料和该植物新品种的繁殖材料。对经实质审查符合条例规定的品种权申请，审批机关应当作出授予品种权的决定，颁发品种权证书，并予以登记和公告。对经实质审查不符合条例规定的品种权申请，审批机关予以驳回，并通知申请人。

3. 复审。对审批机关驳回品种权申请的决定不服的，申请人可以自收到通知之日起三个月内，向植物新品种复审委员会请求复审。植物新品种复审委员会应当自收到复审请求书之日起六个月内作出决定，并通知申请人。申请人对植物新品种复审委员会的决定不服的，可以自接到通知之日起十五日内向人民法院提起诉讼。

4. 授予品种权。修订后的《植物新品种保护条例实施细则（农业部分）》规定，品种保护办公室发出办理授予品种权手续的通知后，申请人应当自收到通知之日起二个月内办理相关手续和缴纳第一年年费。对按期办理的，农业部授予品种权，颁发品种权证书，并予以公告。品种权自授权公告之日起生效。期满未办理的，视为放弃取得品种权的权利。

品种权被授予后，在自初步审查合格公告之日起至被授予品种权之日止的期间，对未经申请人许可，为商业目的生产或者销售该授权品种的繁殖材料的单位和个人，品种权人享有追偿的权利。

（五）植物新品种权的保护期限

我国植物新品种权的保护期限自授权之日起，藤本植物、林木、果树和观赏树木为二十年，其他植物为十五年。品种权人应当自被授予品种权的当年开始缴纳年费，并且按照审批机关的要求提供用于检测的该授权品种的繁殖材料。

（六）植物新品种权的终止

有下列情形之一的，品种权在其保护期限届满前终止。

1.品种权人以书面声明放弃品种权的。

2.品种权人未按照规定缴纳年费的。

3.品种权人未按照审批机关的要求提供检测所需的该授权品种的繁殖材料的。

4.经检测该授权品种不再符合被授予品种权时的特征和特性的。品种权的终止由审批机关登记和公告。

（七）植物新品种权的无效

自审批机关公告授予品种权之日起，植物新品种复审委员会可以依据职权或者依据任何单位或者个人的书面请求，对不符合新颖性、特异性、一致性和稳定性规定的，宣告品种权无效；对不符合名称规定的，予以更名。宣告品种权无效或者更名的决定，由审批机关登记和公告，并通知当事人。对植物新品种复审委员会的决定不服的，可以自收到通知之日起三个月内向人民法院提起诉讼。

被宣告无效的品种权视为自始不存在。宣告品种权无效的决定，对在宣告前人民法院作出并已执行的植物新品种侵权的判决、裁定，省级以上人民政府农业、林业行政部门作出并已执行的植物新品种侵权处理决定，以及已经履行的植物新品种实施许可合同和植物新品种权转让合同，不具有追溯力；但是，因品种权人的恶意给他人造成损失的，应当给予合理赔偿。品种权人或者品种权转让人不向被许可实施人或者受让人返还使用费或者转让费，明显违反公平原则的，品种权人或者品种权转让人应当向被许可实施人或者受让人返还全部或者部分使用费或者转让费。

（八）植物新品种权的行政保护

植物新品种权的行政保护是指通过行政法律程序，由农业或林业行政管理机关运用行政手段，依法对品种权进行保护。根据条例规定，对侵权行为，品种权人或者利害关系人可以请求省级以上人民政府的农业、林业行政部门进行处理，也可以直接向人民法院提出诉讼；属于假冒授权品种的，由县级以上人民政府的农业、林业行政部门查处，对查处不服的，可以向人民法院起诉。

　　植物新品种侵权行为是指未经植物新品种权人的许可，以商业目的生产或者销售授权新品种的繁殖材料的行为。省级以上人民政府农业、林业行政部门依据各自职权处理植物新品种权侵权案件时，可以根据当事人自愿原则，对侵权所造成的损害赔偿进行调解，调解达成协议的，当事人应当履行。为维护社会公共利益，可以责令侵权人停止侵权行为，没收违法所得，并处违法所得五倍以下的罚款。

　　假冒授权新品种是指非法印制、使用或者销售伪造的、已被驳回、撤回、终止或者宣告无效的植物新品种权证书、植物新品种权申请号或者其他植物新品种权标志的行为。对于假冒授权品种的行为，县级以上人民政府农业、林业行政部门可依据各自的职权责令停止假冒行为，没收违法所得和植物品种繁殖材料，并处违法所得一倍以上五倍以下的罚款；情节严重，构成犯罪的，依法追究刑事责任。

　　农业、林业行政部门依据各自的职权查处前述案件时，可根据需要查封或者扣押与案件有关的植物品种的繁殖材料，查阅、复制或者封存与案件有关的合同、账册及有关文件。被处罚人对行政部门的行政处罚不服的，可以向人民法院提出行政诉讼。

第五节 《农业技术推广法》概述

1993 年 7 月 2 日，第八届全国人民代表大会常务委员会第二次会议审议通过了《中华人民共和国农业技术推广法》（以下简称《农业技术推广法》），对于加强农业技术推广工作，促使农业科研成果和实用技术尽快应用于农业生产，保障农业的发展，提供了明确的法律依据，使我国技术推广事业纳入法制化、规范化轨道。

一、农业技术推广的内涵和原则

农业技术推广是指通过示范、培训、指导和咨询服务等，把农业技术普及应用于农业生产的产前、产中、产后过程的所有活动。农业技术推广是科研与生产之间的中介环节，科学技术是一种知识形态的、潜在的生产力，只有经过推广应用于生产，才能转化为生产力。农业技术推广是农业科研、教育的继续和延伸。推广是手段，科研是关键，教育是基础，它们是有机的综合体，缺一不可。

《农业技术推广法》所称农业技术，是指应用于种植业、畜牧业、渔业的科研成果和实用技术，包括良种繁育、施用肥料、病虫害防治、栽培和养殖技术，农副产品加工、保鲜、贮运技术，农业机械技术和农用航空技术，农田水利、土壤改良与水土保持技术，农村供水、农村能源利用和农业环境保护技术，农业气象技术，农业经营管理技术等。

农业技术推广应当遵循下列原则。

1. 有利于农业的发展。

2. 尊重农业劳动者的意愿。

3. 因地制宜，经过试验、示范。

4. 国家、农村集体经济组织扶持。

5. 实行科研单位、有关学校、推广机构与群众性科技组织、科技人员、农业劳动者相结合。

6. 讲求农业生产的经济效益、社会效益和生态效益。

国家鼓励支持科技人员开发、推广应用先进的农业技术，鼓励和支持农业劳动者和农业生产经营组织应用先进的农业技术。国家鼓励和支持引进国外先进的农业技术，促进农业技术推广的国际合作与交流。各级人民政府应当加强对农业技术推广工作的领导，组织有关部门和单位采取措施，促进农业技术推广事业的发展。国务院农业、林业、畜牧、渔业、水利等行政部门（以下统称"农业技术推广行政部门"）按照各自的职责，负责全国范围内有关的农业技术推广工作。县级以上地方各级人民政府农业技术推广行政部门在同级人民政府的领导下，按照各自的职责，负责本行政区域内有关的农业技术推广工作。同级人民政府科学技术行政部门对农业技术推广工作进行指导。乡、民族乡、镇以上各级国家农业技术推广机构的职责是：①参与制订农业技术推广计划并组织实施；②组织农业技术的专业培训；③提供农业技术、信息服务；④对确定推广的农业技术进行试验、示范；⑤指导下级农业技术推广机构、群众性科技组织和农民技术人员的农业技术推广活动。

国家鼓励农业集体经济组织、企事业单位和其他社会力量在农村开展农业技术教育。农业科研单位和有关学校的科技人员从事农业技术推广工作的，在评定职称时，应当将他们从事农业技术推广工作的实绩作为考核的重要内容。国家鼓励和支持发展农村中的群众性科技组织，发挥它们在推广农业技术中的作用。

建立农业技术推广体系要实现三个结合。

1. 政府扶持和市场引导相结合。国家要扶持农业技术推广事业的发展，使先进技术尽快应用于农业生产。但政府扶持要注意市场因素，进行市场引导，以调动各方面的积极性，加快农业技术推广的步伐。

2. 有偿与无偿服务相结合。对于这一问题，《农业技术推广法》第二十二条规定："国家农业技术推广机构向农业劳动者推广农业技术，除本条第二款另有规定外，实行无偿服务。""农业技术推广机构、农业科研单位、有关学校以及科技人员，以技术转让、技术服务和技术承包等形式提供农业技术的，可以实行有偿服务，其合法收入受法律保护。"

3. 国家农业技术推广机构和社会力量相结合，以调动各方面的力量，促进农业技术推广。

二、农业技术的推广与应用

推广农业技术应当制订农业技术推广项目。重点农业技术推广项目应当列入国家和地方有关科技发展的计划，由农业技术推广行政部门和科学技术行政部门按照各自的职责，相互配合，组织实施。农业科研单位和有关学校应当把农业生产中需要解决的技术问题列为研究课题，其科研成果可以通过农业技术推广机构推广，也可以由该农业科研单位、学校直接向农业劳动者和农业生产经营组织推广。

向农业劳动者推广的农业技术，必须在推广地区经过试验证明具有先进性和适用性。向农业劳动者推广未在推广地区经过试验证明具有先进性和适用性的农业技术，给农业劳动者造成损失的，应当承担民事赔偿责任，直接负责的主管人员和其他直接责任人员可以由其所在单位或者上级机关给予行政处分。

农业劳动者根据自愿原则应用农业技术。任何组织和个人不得强制农业劳动者应用农业技术。强制农业劳动者应用农业技术，给农业劳动者造成损失的，应当承担民事赔偿责任，直接负责的主管人员和其他直接责任人员可以由其所在单位或者上级机关给予行政处分。县、乡农业技术推广机构应当组织农业劳动者学习农业科学技术知识，提高他们应用农业技术的能力。农业劳动者在生产中应用先进的农业技术，有关部门和单位应当在技术培训、资金、物资和销售等方面给予扶持。国家鼓励和支持农业劳动者参与农业技术推广活动。

进行农业技术转让、技术服务和技术承包，当事人各方应当订立合同，约定各自的权利和义务。国家农业技术推广机构推广农业技术所需的经费，由政府财政拨给。

三、农业技术推广的保障措施

国家逐步提高对农业技术推广的投入。各级人民政府在财政预算内应当保障用于农业技术推广的资金，并应当使该资金逐年增长。各级人民政府通过财政拨款以及从农业发展基金中提取一定比例的资金的渠道，筹集农业技术推广专项资金，用于实施农业技术推广项目。任何机关或者单位不得截留或者挪用农业技术推广资金。各级人民政府应当采取措施，保障和改善从事农业技术推广工作的专业科技人员的工作条件和生活条件，改善他们的待遇，依照国家规定给予补贴，保持农业技术推广机构和专业科技人员的稳定。

四、社会推广

依照法律的规定，国家鼓励农民、农民专业合作经济组织、供销合作社、企事业单位等参与农业技术推广工作，目的在于发挥各方面的作用，调动各方面的积极性，更好地进行农业技术推广工作。

|第六章|
农民权益保护

第一节　农业行政执法概述

一、农业行政执法的概念及特点

　　农业行政执法是指行政机关及其农业行政执法人员为实现国家行政管理农业和农村社会事务目的，依照法定职权和法定程序，执行农村法律、法规和规章，直接对特定的行政相对人和特定农村行政事务采取措施并影响权利和义务的行为。

　　农业行政执法除具有行政执法的一般特征外，还具有农业行政执法的显著特点，即涉及面广、内容庞杂、专业性强、难度较大。它不仅包括种植业，还涵盖林业、畜牧业、渔业、农垦、农机、乡镇企业、饲料工业等产业，涉及种子质量、植物检疫、农药安全、农田建设、草原防火、畜牧检疫、渔业水域环境保护等二十多项业务，因此，农业行政执法没有统一完整的一部法典；加之我国农村经济社会处于经常变动之中，完全依靠传统的管理规章和执法手段难以适应现阶段农村经济社会发展和法制建设的需要。农业行政执法要依据宪法、涉农法律、涉农地方性法规、涉农部门规章和地方性规章等多种法律法规。

二、农业行政执法主体

农业行政执法主体是实施农业行政执法行为的组织。

非由特定的国家机关授权或非由农业行政主管部门委托的其他国家机关、企事业单位、社会团体等不能作为农业行政执法主体。农业行政执法包括以下主体。

(一) 农业行政主管部门

农业行政主管部门是指以自己名义实施农业行政执法权力,并对执法后果独立承担法律责任的国家行政机关。如农业部、水利部、国土资源部、林业局,各级地方政府依法设立的农业厅、农业局、水利厅、水利局等,以及农业行政职能部门中具体行使种植、农垦、畜牧、渔业、乡镇企业、饲料工业和农业机械化等职能的行政管理机关。

(二) 法律、法规授权的农业管理机构

农业行政执法授权是指具有立法权的国家机关,在特定情况下,授予非行政机关行使某些农业和农村经济管理中的行政权力,使该组织取得了行政管理的主体资格,可以以该组织名义依法独立行使这些权力,同时以

自己的名义独立承担行使农业行政执法权力引起的法律后果。如《中华人民共和国草原法》《中华人民共和国渔业法》《中华人民共和国动物防疫法》《中华人民共和国植物检疫条例》等都授权相应的机构，依法实施职务检疫监督执法工作。

（三）农业行政主管部门依法委托的农业管理机构

农业行政执法委托是指农业行政主管部门依照相关法律、法规规定，将自己职能范围内的行政执法权委托给符合法定条件的农业管理机构行使，受委托实施农业行政执法行为的农业管理机构依照委托机关的名义，在委托职权范围内实施农业行政执法权。

（四）农业行政综合执法机构

农业行政综合执法机构是指根据法律授权规定，以综合、专门行使相对集中行使行政处罚权为主的农业行政执法机构。实行农业综合执法后，各级农业行政主管部门原则上不得再委托其他机构行使行政处罚权。农业行政综合执法机构包括农业行政综合执法总队、农业行政综合执法支队、农业行政综合执法大队等。

三、农业行政执法手段

农业行政执法手段主要包括农业行政许可、农业行政处罚和农业行政强制执行三个方面。

（一）农业行政许可

1. 农业行政许可的概念和种类。农业行政许可是指农业行政机关根据相对人的申请，赋予其某种权利或资格，准许相对人从事某种活动的行政行为。农业行政许可的意义和作用在于可以兴利除弊、控制农业资源的合理使用、防止浪费，保护相对人的合法权利。

农业行政许可的形式主要有以下两种。

（1）行为许可和资格许可。行为许可是指农业行政机关允许许可申请人从事某种活动或允许其实施某种行为。行为许可仅限于某种行为活动，不含有资格权能的特别证明，申请行为许可不必经过严格的考试程序。目前，大部分农业行政许可都属于行为许可。

资格许可是指农业行政机关通过对申请人的考试考核，对其核发证明文件，允许其从事某种职业或进行某种活动。资格许可证能在较长的时间内起到资格证明的作用，资格许可证是一个人具有某种资格的证明，如机动车驾驶证。

（2）权利性许可和附义务性许可。权利性许可是指许可证持有人可以自由放弃许可证所赋予的权利，且不因此承担法律后果。

附义务性许可是指许可证持有人在获得许可的同时，要承担在一定时限内从事该项活动的义务。如果在此期限内没有从事该项活动，要承担一定的法律后果。

此外，在农业行政机关审批许可的程序上，根据实际需要，还可分为条件许可和附文件许可。

一般许可是农业行政机关根据相对人申请，独立审查合法许可的一种行为。

条件许可是指行政机关发放某一种许可证必须经过另外一个或一个以上的行政机关的同意或批准。

附文件许可需要附加其他文件加以说明，其本身不足以说明持证人获得许可的全部内容。

2. 农业行政许可的主要形式。农业行政许可主要有许可证、批准和登记三种主要形式。

（1）许可证。许可证是农业行政许可的重要形式。如种子生产许可证、种子经营许可证、兽药生产许可证、农业机械推广许可证、拖拉机驾驶证等。拖拉机驾驶证属于资格许可，其余几种均为行为许可。

（2）批准。批准是农业行政许可的另一种形式，使用范围也较为广泛。如种植业实行批准的项目有农药广告、使用特殊用途、限用和禁用的农药等。

（3）登记。登记是行政机关对正在进行或者将要进行某种活动的相对人依法予以书面记载的许可形式，规范的登记一般只要求相对人登记其名称、营业地址、活动的内容和方式等内容，以便于行政机关监督与管理，不需要批准。也就是说，在登记过程中，行政机关没有自由裁量权。

登记分为内部登记和外部登记两种。内部登记是专指行政机关或其他组织进行内部管理的一种方式，对外不具法律意义，如农业部门建立的农民技术人员登记卡、渔业行政处罚的立案登记等。外部登记是指农业行政机关管理农业和农村经济的一种外部管理活动，具有法律意义，涉及相对人的权利和义务。如农作物新品种审定登记，引进种质资源登记，农药生产登记（包括品种登记、临时登记和补充登记），进口农药登记，肥料、土壤调理剂、植物生长调节剂使用登记和检验登记等。

许可证、批准和登记这三种农业行政许可形式之间既有共性，又有区别。批准和许可证都要求事先规定从事某种活动的条件，由相对人提出申请后，许可机关通过审查，符合条件的，给予批准或者发给许可证；不符合条件的，不予批准或者拒发许可证。从这种角度上说，许可证也是一定意义条件下的批准，实行许可证制度不需要单独履行批准程序。许可证的最终表现形式为许可证书，许可证颁发后，可以中止、吊销、更换或变更。而批准的最终表现形式可能是证件，也可能没有专门的证件，因此，大多数批准无法中止、吊销、变换或变更。

3. 农业行政许可遵循以下程序。

（1）相对人向农业行政机关提交申请，并附相关证明材料。

（2）农业行政机关对申请事项进行审查。

（3）农业行政机关经过审查，确认许可申请符合法定条件，作出发给许可证或准予批准的书面决定，准予许可的有关证明文件应载明许可的内容、许可证照编号、许可的期限，并加盖许可机关印章。

（4）许可取得的相对人如活动范围超出许可，就需要向原许可机关申请变更许可，许可机关在监督检查过程中，如发现相对人从事的活动超出原许可范围，也可主动变更许可，重新核发许可证照。

（5）许可证照持有人如违反法律、法规规定的条件或许可证照有效期满，或许可的活动完成，许可证照自然失去法定效力，原发证机关予以注销，不得再继续从事原许可的活动。

（6）许可证照的有效期届满后，如果持证人继续从事该项活动，应在届满前或届满后一定时间内向原许可机关提出延展、更换许可证照的申请，许可机关经审查，符合条件的，在法定期限内作出更换许可证明或同意延展许可证照有效期的书面决定。

（7）持证人如因特殊情况，可以提出申请许可中止的申请，中止期届满后，许可证照恢复原有效力，被许可人可以重新从事许可活动。

（8）许可证照有效期满或许可活动已完成，许可证照将不再具有法律效力。

（9）由于申请人不当或违法获得许可证照，许可机关宣布该证照自始至终不发生法律效力。

（二）农业行政处罚

1. 农业行政处罚的概念。农业行政处罚是指农业行政处罚机关对违反农业行政管理秩序而尚未构成犯罪的行政相对人进行依法制裁的一种具体的行政行为。农业行政处罚是农业行政主体在依法行政中运用的一种行政执法手段。

2. 农业行政处罚的基本原则。

（1）行政处罚法定原则。它是指行政处罚的依据、行政处罚的种类、行政处罚的设定、实施处罚的主体、行政处罚的程序、责任完全根据法律规定。

行政处罚法定原则是法治国家必须遵循的最基本原则，也是行政处罚中最主要的核心原则，其他原则都源自这一原则。行政处罚法定原则确立在于控制行政权的滥用。

（2）以事实为依据原则。它是指行政处罚机关按照行政处罚程序处罚案件，必须以客观事实为基础，必须查明案件的事实真相。

（3）公开公正原则。公正原则，即要求行政主体及其工作人员处罚公道，不徇私情，平等对待不同身份、民族、性别和不同宗教信仰的行政相对人。而实现这种要求的重要保障则是公正的处罚程序。处罚公正原则既要求实体公正，也要求程序公正。

公开原则是指行政机关作出的重要行政行为实行公开。包括事先公开职权依据、事中公开决定过程、事后公开决定结论。

（4）过罚相当原则。它是指设定和实施行政处罚必须以事实为依据，与违法行为的事实、性质、情节和社会危害程度相当，必须与违法行为人的过失相适应，当事人应承担的法律责任与其违法行为相适应，既不轻过重罚，也不重过轻罚。

（5）权利保障原则。它是指行政处罚时，应该对相对人的陈述权、申辩权、行政诉讼权和申请赔偿权等权利予以保障。保障相对人的陈述权和申辩权，有利于行政处罚正确实施，防止处罚主观臆断。

（6）责任并重原则。它是指公民、法人和其他组织因违法受到行政处罚，其违法行为对他人造成损害的，应当依法承担民事责任；其违法行为构成犯罪的，应当承担刑事责任，不得以行政处罚代替刑事处罚。

（7）处罚教育相结合原则。行政处罚的目的在于制止违法行为，维护正常的行政管理秩序。单纯的行政处罚未必能使当事人知晓违法所在，或不能深刻领会法律规定。因此，行政处罚应当与教育相结合。

（8）无救济（无处罚）原则。处罚救济是指行政管理相对人因农业行政处罚机关的违法或不当行政处罚而致使其合法权益受到损害时，请求国家予以救济的制度。公民、法人或者其他组织因行政机关违法给予行政处罚而受到损害的，有权依法提出赔偿要求。

3. 农业行政处罚的种类。《中华人民共和国行政处罚法》（以下简称《行政处罚法》）规定，农业行政处罚有以下几种。

（1）警告。它是指对违法者予以告诫和谴责，申明其行为已经构成违法，要求其以后不再重犯。警告是以影响行为人的声誉为内容的处罚，不涉及行为人的财产权利、行为能力和人身自由。

警告一般适用于情节比较轻微的违法行为，惩罚的程度比较轻。

（2）罚款。它是强制违法者在一定期限内向国家交纳一定数量货币而使其遭受一定经济利益损失的处罚形式。罚款要求违法者缴纳的钱物应是其合法收入，而对违法所得的非法收入应适用没收这种处罚。

（3）没收违法所得和没收非法财物。它是指行政机关依法将行为人以违法手段取得的金钱及其他财物收归国有；没收非法财物是指行政机关依法对行为人所占有的违禁品或者用以实施违法活动的工具收归国有。没收的违法所得或非法财物并不是违法者的合法财产，没收的行为实质上具有追缴的性质，而非违法者因实施违法行为而付出的代价。

（4）责令停产停业。它是指行政机关强制要求违法者停止生产或者经营的处罚。

（5）暂扣或者吊销许可证、暂扣或者吊销执照。这是行政机关依法限制或者剥夺违法者原有的特许权利或者资格的处罚。暂扣是指中止违法的持证者从事某种活动的权利或资格，待其改正违法行为或经过一段期限后，再发还许可证或者执照，恢复其某种权利或者资格。吊销是指禁止违法者继续从事某种活动，剥夺其某种权利或者撤销对其某种资格的确认。

（6）行政拘留。它是指公安机关限制违反治安管理秩序的行为人短期人身自由的处罚，属于人身罚。行政拘留是行政处罚中最严厉的处罚方式，主要是对严重违反治安管理秩序的行为适用，且只适用于自然人。

（7）法律、行政法规规定的其他行政处罚。

（三）农业行政强制执行

1. 农业行政强制执行的概念。农业行政强制执行是指农业行政主体为实现行政管理目的，依法采取强制措施，迫使逾期不履行行政法上义务的行政相对人履行义务或者达到履行状态的行政执法行为。

2. 行政强制执行的条件。行政相对人拒不履行行政法上的义务是实施行政强制执行的前提条件。

（1）被执行者（行政相对人）负有行政法上的义务。

（2）存在逾期未履行的事实。

（3）被执行者故意不履行。

（4）执行主体必须符合资格条件。

实施行政强制执行的主体必须是法律、法规或者规章明确授予行政强制执行权的行政机关。

《中华人民共和国行政诉讼法》（以下简称《行政诉讼法》）第六十六条规定："公民、法人或其他组织对于具体行政行为在法定期限内不提起诉讼又不履行的，行政机关可以申请人民法院强制执行，或者依法强制执行。"

3. 行政强制执行的程序。农业行政强制执行程序是行政机关实施行政强制执行的方式和步骤的总称。具体步骤如下。

（1）作出行政强制执行的决定。行政强制执行的决定一般应以书面形式作出，其内容原则上应当包括：行政强制执行的事实依据和法律依据、行政强制执行的时间和地点、不服行政强制执行而申请行政复议或者提起行政诉讼的途径和期限、行政机关首长的签名或者盖章以及作出行政强制决定的日期。

（2）告诫。告诫是指行政机关再次督促行政相对人自觉履行义务，并告知其拒不履行义务将会产生的不利后果。

（3）实施强制执行。实施强制执行包括：表明身份，出示执法证件；出示执行根据，如执行决定书、执行委托书、代执行书等，说明有关情况；义务人不在场时，应邀请公民的亲属或该单位的工作人员及有关人员到场作执行见证人，见证人有证明执行情况和在有关记录文件上签字的义务；强制执行结束，执行人员应作出执行记录；有执行费用的，征收费用。

四、农业行政执法程序

农业行政执法程序是指农业行政管理机关具体实施执法行为的方式和步骤，以及实现这些方式、步骤的时间和顺序所构成的行为过程。

（一）农业行政执法的基本制度

1. 表明身份制度。它是指行政执法人员在行政执法时，应当向行政相对人出示证件，以证明自己享有从事某种行政执法行为的合法资格和职权。建立表明身份制度，不仅是为了防止假冒、诈骗，还是防止行政执法人员超越职权、滥用职权的有效措施。从行政执法程序的时间顺序看，表明身份一般在行政法程序之首。

2. 告知制度。告知，即行政机关在作出行政处罚之前，应当告知当事人作出行政处罚决定的事实、理由及依据，并告知当事人依法享有的权利。如果行政机关及其行政执法人员应当告知而没有告知的，那么行政处罚决定不能成立。

告知分为公告、面告和函告。告知的时机分为前期告知、后期告知和随时告知。

3. 回避制度。它是指与行政行为有利害关系的农业行政执法人不得参与该行政行为的制度。凡是与行政案件有利害关系的近亲属或者与本案当事人有其他关系，可能影响对行政案件公正处理的，行政执法人遇到以上情形者，应当自行回避，当事人可以申请其回避。执法的行政机关也可以决定其工作人员回避。回避制度有利于执法公正原则的贯彻。

4. 听证制度。农业行政管理机关对行政管理相对人作出行政处理决定之前，应当听取当事人的陈述、申辩和质证，这种听取当事人意见的程序称为听证制度。凡是有关停产停业、吊销许可证或者执照、较大数额罚款等行政处罚的行政处理决定，当事人有要求举行听证的权利。以上行政处罚听证程序是法定制度，是当事人一项很重要的权利。

5. 受理制度。它是指行政机关向行政相对人明确表示接受其提出的采取某种行政执法行为的请求。受理意味着行政执法行为的开始。如果行政机关对行政相对人的某项请求不予受理，则应该通知请求人，并说明不予受理的理由。

6. 辩论制度。它是指行政管理相对人因行政争议，在农业行政管理机关执法人员主持下，与双方当事人或其他利害关系人就有关事实和法律问题进行质证与辩论的一种法律制度。这种辩护制度有利于农业行政管理机关依法行政，有利于维护国家利益、社会公共利益和当事人的合法权益。

7. 职能分离制度。它是指农业行政管理机关把审查事实和作出裁决的两个行为阶段分开，由不同的行政执法人共同完成一个具体行政处理决定的制度。这种制度有利于防止国家农业行政管理机关因利益驱动，滥用职权牟取私利，也有利于行政处理决定的公正、准确原则的实现。

8. 时效制度。它是指执法行政行为的全过程或各个阶段受到法定时限制约的程序制度。行政机关或相对人在法定期限内不履行职责或义务就可能引起行政责任或行政行为无效的后果。时效制度是提高行政执法效率的重要制度之一。

9. 情报公开制度。它是指农业行政管理机关依法行政时，除涉及国家秘密、个人隐私和其他秘密材料外，应将涉及处理行政管理相对人的法律、法规、规章、政策、行政决定等有关材料公开的制度，是执法程序的一项重要制度。情报公开是公民知政参政的前提。

10. 说明理由制度。它是指农业行政管理机关在行政执法活动中，涉及行政管理相对人权利义务时，有义务说明行政决定或裁决所依据的事实、法律、法规、规章、政策依据和理由。说明理由制度有利于行政相对人理解行政行为，减少执法中的困难和阻力。

11. 格式制度。格式制度要求行政机关所作的行政执法文书标准化、规范化，形成统一的文书格式。强调格式要求，有利于防止行政机关对同一类事务采用不同的文书格式而可能造成对当事人的歧视和不公正，也有利于提高行政效率。

（二）农业行政处罚的管辖

行政管辖是指行政主体在受理行政处罚案件方面的权限分工，即某个行政违法行为由哪一级或哪一个行政机关实施处罚。行政处罚由违法行为发生地的县级以上地方人民政府具有行政处罚权的行政机关管辖。法律、行政法规另有规定的除外。对管辖发生争议的，报请共同的上一级行政机关指定管辖。

行政处罚管辖是一个严格的法律权限问题，一个行政机关若对本无管辖权的行政案件做出行政处罚，当属越权行为，根据"越权即违法的原则"，应予撤销，因此，行政管辖在行政处罚中占有重要的地位。

1. 地域管辖。它是指根据行政机关的管理区域确定其实施行政处罚权的地域范围，是横向划分同级人民政府之间及其所属部门在各自管辖区内实施行政处罚的权限分工。

《农业行政处罚程序规定》第七条规定："农业行政处罚由违法行为发生地的农业行政处罚机关管辖。""违法行为发生地"包括违法行为着手地、经过地、实施（发生）地和危害结果发生地。这一规定确定了农业行政处罚地域管辖的一般原则。

对当事人的同一违法行为，两个以上农业行政处罚机关都有管辖权的，应当由先立案的农业行政处罚机关管理。

2. 级别管辖。《农业行政处罚程序规定》第八条规定：县级农业行政处罚机关管辖本行政区域内的行政违法案件；设区的市、自治州的农业行政处罚机关和省级农业行政处罚机关管辖本行政区域内重大、复杂的行政违法案件；农业部及其所属的经法律、法规授权的农业管理机构管辖全国或所辖区域内重大、复杂的行政违法案件。

3. 移送管辖。《农业行政处罚程序规定》第十一条规定："上级农业行政处罚机关在必要时可以管辖下级农业行政处罚机关管辖的行政处罚案件。""下级农业行政处罚机关认为行政处罚案件重大复杂或者本地不宜管辖，可以报请上一级农业行政处罚机关管辖。"第十三条第一款规定："农业行政处罚机关发现受理的行政处罚案件不属于自己管辖的，应当移送有管辖权的行政处罚机关处理。"第十七条规定："违法行为涉嫌构成犯罪的，农业行政处罚机关应当将案件移送司法机关，依法追究刑事责任，不得以行政处罚代替刑罚。"其中，移送包括：

（1）上向下移送（有管辖权）；

（2）下向上移送（有管辖权）；

（3）同级移送（无管辖权向有管辖权移送）；

（4）农业行政处罚机关向司法机关移送。

4. 指定管辖。它是指上级行政机关以决定的方式指定下一级机关对某一行政违法案件行使管辖权。指定管辖的情形主要是对案件管辖发生争议或管辖不明，即应报请共同的上一级行政机关指定管辖。农业行政处罚机关对管辖发生争议的，应当协商解决。协商不成的，报请共同上一级农业行政处罚机关指定管辖。移送的农业行政处罚机关将不属于自己管辖行政处罚案件移送后，受移送的农业行政处罚机关如果认为移送不当，应当报请共同上一级农业行政处罚机关指定管辖，不得再自行移送。

《农业行政处罚程序规定》第九条规定：渔业行政处罚机关管辖本辖区范围内发生的和上级部门指定管辖的渔业违法案件。渔业行政处罚有下列情况之一的，适用"谁查获谁处理"的原则：①违法行为发生在共管区、叠区的；②违法行为发生在管辖权不明确或者有争议的区域的；③违法行为发生地与查获地不一致的。

第二节　涉农仲裁

《中华人民共和国仲裁法》（以下简称《仲裁法》）于1994年8月31日第八届全国人民代表大会常务委员会第九次会议通过，并于1995年9月1日起施行。《最高人民法院关于适用＜中华人民共和国仲裁法＞若干问题的解释》于2005年12月26日由最高人民法院审判委员会第1375次会议通过，自2006年9月8日起施行。涉农仲裁主要包括涉农民商事仲裁和农村土地承包经营纠纷仲裁两种法律制度。

一、涉农民商事仲裁

（一）民商事仲裁的概念和特征

民商事仲裁是仲裁机构根据争议双方事前或事后自愿达成的仲裁协议，对争议按照一定的程序审理，并且作出对争议双方均有约束力的裁决的一种法律制度。

民商事仲裁具有如下特点。

1. 自愿性。提交仲裁须双方当事人自愿，达成仲裁协议，当事人可以协商选择是否仲裁，选择哪个仲裁机构，仲裁什么事项，选择仲裁员等。

2. 公正性。仲裁遵循以事实为根据、以法律为准绳和当事人在运用法律上一律平等的原则。仲裁依法独立进行，没有级别管辖和地域管辖，不受行政机关、社会团体和个人的干涉。仲裁员具有较高的专业水平和良好的道德素质，保证裁决的公正公平。

3. 及时性。仲裁实行一裁终局制度，一旦裁决，即发生法律效力。仲裁程序比较灵活、简便，当事人可以协议选择仲裁程序，避免烦琐环节，及时解决争议。

4. 保密性。仲裁不公开进行；当事人如果不愿意写明争议事实和理由，可以不写明事实和理由，有利于保护商业秘密，维护商业信誉。

5. 强制性。仲裁依法裁决，一旦作出，即发生法律效力，对双方当事人均有约束力。当事人对仲裁裁决应当履行，否则权利人可以依法向法院申请强制执行。

（二）仲裁权

仲裁权指仲裁机构和仲裁庭仲裁纠纷的权力。当事人的授权是仲裁机构和仲裁庭享有仲裁权的基础与前提。仲裁权的内容有以下几方面。

1. 程序上的裁决权，即对当事人仲裁申请的受理权、对仲裁协议效力的确认权、其他程序方面的裁决权。

2. 事实上的认定权，即主要是有权对当事人之间争议所涉事实和证据进行调查、审查并作出认定。

3. 实体上的裁决权，即指对当事人之间实体权利义务有权作出裁决。

（三）仲裁委员会和仲裁协会

1. 仲裁委员会的性质。仲裁机构在我国称为仲裁委员会，是依照《仲裁法》设立的，以仲裁方式解决合同纠纷和其他财产权益纠纷的机构。仲裁委员会独立于行政机关，与行政机关没有隶属关系。仲裁委员会之间也没有隶属关系。

2. 仲裁委员会的设立。仲裁委员会由市人民政府组织有关部门和商会统一组建。仲裁委员会可以在省、自治区、直辖市人民政府所在地的市设立，也可以根据需要，在其他设区的市设立，不按照行政区划层层设立。设立仲裁委员会应当经省、自治区、直辖市的司法行政部门登记。

3. 仲裁委员会的组成。仲裁委员会由主任一人、副主任二人至四人、委员七人至十一人组成。在仲裁委员会的组成人员中，法律、经济贸易专家不得少于三分之一。

4. 中国仲裁协会。中国仲裁协会是社会团体法人，仲裁委员会必须是中国仲裁协会的会员。中国仲裁协会的章程由全国会员大会制定。中国仲裁协会是仲裁委员会的自律性组织，根据中国仲裁协会章程，对各仲裁委员会及其组成人员、仲裁员的违法行为进行监督。中国仲裁协会依照《仲裁法》和《中华人民共和国民事诉讼法》（以下简称《民事诉讼法》）等有关规定制定全国统一的仲裁规则。

（四）民商事仲裁范围

1. 可以仲裁的纠纷。《仲裁法》第二条规定："平等主体的公民、法人和其他组织之间发生的合同纠纷和其他财产权益纠纷，可以仲裁。"也就是说，可以仲裁的纠纷应符合以下两个条件：

（1）平等主体之间的纠纷；

（2）合同纠纷和其他财产权益纠纷。

2. 不能仲裁的纠纷。《仲裁法》第三条规定，下列纠纷不能仲裁：

（1）婚姻、收养、监护、扶养、继承纠纷；

（2）依法应当由行政机关处理的行政争议。

3. 不属于《仲裁法》管辖的案件。《仲裁法》第七十七条规定："劳动争议和农业集体经济组织内部的农业承包合同纠纷的仲裁，另行规定。"《仲裁法》第七十七条规定，不属于《仲裁法》管辖的案件有两种：

（1）劳动争议；

（2）农村土地承包经营纠纷。

二、民商事仲裁制度和程序

（一）民商事仲裁制度

1. 一裁终局制度。仲裁委员会依法作出裁决后，即产生终局效力，当事人可以申请法院强制执行。当事人若不服裁决，就同一纠纷再申请仲裁或者向人民法院起诉的，仲裁委员会或者人民法院不予受理。但裁决被人民法院依法裁定撤销或者不予执行的，当事人就该纠纷可以根据双方重新达成的仲裁协议申请仲裁，也可以向人民法院起诉。

2. 合议制度。仲裁庭由三名仲裁员或一名仲裁员组成。仲裁庭由三名仲裁员组成的，设首席仲裁员。仲裁庭组成由当事人约定，当事人约定由三名仲裁员组成仲裁庭的，应当各自选定或者各自委托仲裁委员会主任指定一名仲裁员。首席仲裁员由当事人共同指定或者共同委托仲裁委员会主任指定。仲裁庭评议案件，实行少数服从多数的原则。仲裁庭不能形成多数意见时，裁决应按照首席仲裁员的意见作出。

3. 回避制度。为保证仲裁的公正，仲裁员有下列情形之一的，必须回避，当事人也可提出回避申请。

（1）是本案当事人或者当事人、代理人的近亲属。

（2）与本案有利害关系。

（3）与本案当事人、代理人有其他关系，可能影响公正仲裁的。

（4）私自会见当事人、代理人，或者接受当事人、代理人的请客送礼的。

当事人提出回避申请，应当说明理由，在首次开庭前提出。回避事由在首次开庭后知道的，可以在最后一次开庭终结前提出。仲裁员是否回避，由仲裁委员会主任决定；仲裁委员会主任担任仲裁员时，由仲裁委员会集体决定。

4. 开庭不公开审理制度。《仲裁法》第三十九条规定："仲裁应当开庭进行。当事人协议不开庭的，仲裁庭可以根据仲裁申请书、答辩书以及其他材料作出裁决。"《仲裁法》第四十条规定："仲裁不公开进行。当事人协议公开的，可以公开进行，但涉及国家秘密的除外。"即除非当事人协议不开庭的，仲裁一律开庭进行。除非当事人协议公开，仲裁不公开进行。为当事人保密是仲裁有别于诉讼的显著特征。

5. 法院监督制度。人民法院既对仲裁裁决予以执行，又对仲裁进行必要的监督。人民法院对违反《仲裁法》

规定的裁决，经当事人申请，应当不予执行或者撤销。

6. 时效制度。仲裁时效是指当事人向仲裁委员会请求仲裁的法定期间。当事人在仲裁时效期间不向仲裁委员会请求仲裁，就丧失了得到仲裁委员会保护其财产权的权利。《仲裁法》第七十四条规定："法律对仲裁时效有规定的，适用该规定。法律对仲裁时效没有规定的，适用诉讼时效的规定。"因此，仲裁时效可分为普通仲裁时效和特殊仲裁时效。普通仲裁时效是指法律对仲裁时效没有特别规定，按照诉讼时效规定，即从知道或应当知道权利被侵害之日起超过二年、从权利被侵害之日起超过二十年的，仲裁委员会不予保护。特殊仲裁时效是指法律有特别规定的，适用该规定。

（二）仲裁协议

1. 仲裁协议的概念。仲裁协议是指各方当事人自愿将他们之间发生的或可能发生的合同纠纷或其他财产权益纠纷，提交仲裁委员会仲裁的书面协议。

2. 仲裁协议的形式和内容。

仲裁协议的形式如下。

（1）仲裁条款。《仲裁法》第十九条规定："仲裁协议独立存在，合同的变更、解除、终止或者无效，不影响仲裁协议的效力。"

（2）其他书面形式的仲裁协议。包括以合同书、信件和数据电文（包括电报、电传、传真、电子数据交换和电子邮件）等形式达成的请求仲裁的协议。

仲裁协议应当具有下列内容。

（1）请求仲裁的意思表示。

（2）仲裁事项。它指双方当事人提交仲裁的争议范围，即双方当事人将何种性质的争议提交仲裁机构仲裁。

（3）选定的仲裁委员会。仲裁协议约定的仲裁机构名称不准确，但能够确定具体的仲裁机构的，应当认定选定了仲裁机构；仲裁协议仅约定纠纷适用的仲裁规则的，视为未约定仲裁机构，但当事人达成补充协议或者按照约定的仲裁规则能够确定仲裁机构的除外。

3. 仲裁协议的作用。

（1）仲裁委员会由此取得对本案的管辖权。没有仲裁协议，一方申请仲裁的，仲裁委员会不予受理。受理本案的仲裁委员会应当由当事人在仲裁协议中选定。仲裁不实行级别管辖和地域管辖仲裁，而采用协议管辖。

（2）排除法院的管辖权。当事人达成仲裁协议，一方向人民法院起诉的，人民法院不予受理，但仲裁协议被确认无效或双方放弃仲裁协议的除外。

（3）成为向法院申请强制执行的必要证据。没有仲裁协议，法院不予执行。

4. 无效的仲裁协议。

（1）确认无效仲裁协议的依据。有下列情形之一的，仲裁协议无效。

① 约定的仲裁事项超出法律规定的仲裁范围的。

② 无民事行为能力人或者限制民事行为能力人订立的仲裁协议。

③ 一方采取胁迫手段，迫使对方订立仲裁协议的。

④ 仲裁协议未采用书面形式的。

⑤ 仲裁协议对仲裁事项或者仲裁委员会没有约定或者约定不明确，又不能达成补充协议的。

《最高人民法院关于适用＜中华人民共和国仲裁法＞若干问题的解释》第五条规定："仲裁协议约定两个以上仲裁机构的，当事人可以协议选择其中的一个仲裁机构申请仲裁；当事人不能就仲裁机构选择达成一致的，仲裁协议无效。"《最高人民法院关于适用＜中华人民共和国仲裁法＞若干问题的解释》第七条规定："当事人约定争议可以向仲裁机构申请仲裁也可以向人民法院起诉的，仲裁协议无效。但一方向仲裁机构申请仲裁，另一方未在仲裁法第二十条第二款规定期间内提出异议的除外。"

(2) 确认仲裁协议效力的机构。当事人对仲裁协议的效力有异议的，可以请求仲裁委员会作出决定或者请求人民法院作出裁定。一方请求仲裁委员会作出决定，另一方请求人民法院作出裁定的，由人民法院裁定。《最高人民法院关于适用＜中华人民共和国仲裁法＞若干问题的解释》第十二条规定："当事人向人民法院申请确认仲裁协议效力的案件，由仲裁协议约定的仲裁机构所在地的中级人民法院管辖；仲裁协议约定的仲裁机构不明确的，由仲裁协议签订地或者被申请人住所地的中级人民法院管辖。"当事人对仲裁协议的效力有异议,应当在仲裁庭首次开庭前提出,首次开庭是指答辩期满后,人民法院组织的第一次开庭审理,不包括审前程序中的各项活动。

(三) 仲裁程序

1. 仲裁申请和受理。

(1) 仲裁申请。它是指经济纠纷发生后,一方当事人根据书面仲裁协议,向仲裁委员会提交书面请求,请求其进行裁决的行为。提出申请的一方当事人为申请人,另一方为被申请人。

(2) 申请仲裁的条件。申请仲裁必须符合下列条件:①有仲裁协议。②有具体的仲裁请求、事实和理由。③属于仲裁委员会的受理范围。

(3) 申请仲裁的材料。当事人申请仲裁,应向仲裁委员会递交与仲裁有关的合同、仲裁协议、仲裁申请书及副本、证据和有关材料。

(4) 仲裁申请书的内容。仲裁申请书应当载明下列事项:①当事人的姓名、性别、年龄、职业、工作单位和住所,法人或者其他组织的名称、住所和法定代表人或者主要负责人的姓名、职务。②仲裁请求和所根据的事实、理由。③证据和证据来源、证人姓名和住所。

(5) 仲裁受理。仲裁委员会收到仲裁申请后,根据申请仲裁应当具备的条件,对仲裁申请进行形式审查,在五日内决定是否受理，并通知当事人。申请人可以在提出申请后放弃或者变更仲裁请求。被申请人可以承认或者反驳仲裁请求，有权提出反请求。

2. 仲裁前的准备。仲裁委员会受理仲裁申请后，开庭前，根据案情做以下准备事项。

（1）仲裁委员会应当在仲裁规则规定的期限内，将仲裁规则和仲裁员名册送达申请人，并将仲裁申请书副本和仲裁规则、仲裁员名册送达被申请人，由双方当事人指定或委托指定仲裁员。

（2）被申请人提交答辩书。被申请人收到仲裁申请书副本后，应当在仲裁规则规定的期限内，向仲裁委员会提交答辩书。仲裁委员会收到答辩书后，应当在仲裁规则规定的期限内，将答辩书副本送达申请人。被申请人未提交答辩书的，不影响仲裁程序的进行。

（3）组成仲裁庭。仲裁委员会根据当事人的约定组成仲裁庭，或者受当事人委托指定仲裁员。当事人没有在仲裁规则规定的期限内约定仲裁庭的组成方式或者选定仲裁员的，由仲裁委员会主任指定。仲裁庭组成后，仲裁委员会应当将仲裁庭的组成情况书面通知当事人，当事人可决定是否提出回避申请。仲裁员由于回避或者其他原因不能履行职责的，应当依照本法规定，重新选定或者指定仲裁员。

（4）确定审理方式。由当事人确定审理方式，一般采取不公开的开庭审理，也可以根据当事人协议公开或书面审理，但涉及国家秘密的除外。

（5）保全措施。一方当事人由于另一方当事人的行为或者其他原因，可能使裁决不能执行或者难以执行的，可以申请财产保全。当事人申请财产保全的，仲裁委员会应当将当事人的申请依照《民事诉讼法》的有关规定提交人民法院。申请有错误的，申请人应当赔偿被申请人因财产保全所遭受的损失。

（6）调查取证。当事人应对自己的主张提供证据。仲裁庭认为有必要收集的证据，可以自行收集。

（7）鉴定。仲裁庭对专门性问题认为需要鉴定的，可以交由当事人约定的鉴定部门鉴定，也可以由仲裁庭指定的鉴定部门鉴定。

（8）证据保全。仲裁中的证据保全是指在仲裁程序进行过程中，有关的人民法院对某些可能灭失或以后难以取得的证据，经当事人申请，并由仲裁委员会提交而采取的强制性保管措施。《仲裁法》第四十六条规定："在证据可能灭失或者以后难以取得的情况下，当事人可以申请证据保全。当事人申请证据保全的，仲裁委员会应当将当事人的申请提交证据所在地的基层人民法院。"

3. 和解与调解。

（1）和解。又称为协商，是指当经济纠纷发生后，在无第三人参与的情况下，仅由双方当事人就争议的有关问题进行协商，双方都作出一定的让步，在完全自愿的基础上，达成彼此都认可的和解协议，从而解决争议。

当事人申请仲裁后，可以自行和解，达成和解协议的，可以请求仲裁庭根据和解协议作出裁决书，也可以撤回仲裁申请。当事人达成和解协议，撤回仲裁申请后又反悔的，可以根据仲裁协议再申请仲裁。

（2）调解。仲裁庭在作出裁决前，可以先行调解。调解达成协议的，仲裁庭应当制作调解书。调解书与裁决书具有同等法律效力。调解书经双方当事人签收后，即发生法律效力。在调解书签收前当事人反悔的，仲裁庭应当及时作出裁决。

调解是指在第三人主持下，在查明事实、分清是非的基础上，依法说明教育，使当事人双方自愿达成调解协议，从而解决争议。按照处理机构和程序，调解可分为民间调解、仲裁机构调解和法院调解三种。

民间调解即第三人调解，是指在实践中，双方当事人可通过第三人或某一可以信任的机构进行调解，从而解决争议。此类调解达成的调解协议一般无法律约束力，但农村土地承包经营纠纷调解达成的调解协议除外。农村土地承包经营纠纷经村民委员会或者乡（镇）人民政府调解达成协议的，调解协议书由双方当事人签名、盖章或者按指印，经调解人员签名并加盖调解组织印章后生效。

仲裁机构调解是指当事人双方在仲裁机构的主持下，对争议的问题达成一致意见，并由仲裁机构对调解协议予以确定，从而解决争议。调解协议经仲裁员签字加盖仲裁委员会公章，并经双方签收后，产生法律约束力，它与裁决书具有同等的法律效力。

法院调解是指当事人双方在法院主持下，对争执的问题达成一致意见，并由法院对调解协议予以确认和法院依法制作调解书，从而解决争议。《民事诉讼法》第八十八条规定："调解达成协议，必须双方自愿，不得强迫。调解协议的内容不得违反法律规定。"当事人各方同意在调解协议上签名或者盖章后生效，经人民法院审查确认后，应当记入笔录或者将协议附卷，并由当事人、审判人员、书记员签名或者盖章后即具有法律效力。当事人请求制作调解书的，人民法院应当制作调解书送交当事人。当事人拒收调解书的，不影响调解协议的效力。一方不履行调解协议的，另一方可以持调解书向人民法院申请执行。"调解协议或调解书生效后，与生效判决具有同等的法律效力：诉讼结束，当事人不得以同一事实和理由再行起诉；一审的调解协议或调解书发生效力后，当事人不得上诉；当事人在诉讼中争议的法律关系中的争议归于消灭，当事人之间实体上的权利义务关系依调解协议的内容予以确定；具有给付内容的调解书具有强制执行力。当负有履行调解书义务的一方当事人未按照调解书履行义务时，权利人可以根据调解书向人民法院申请强制执行。

4. 开庭审理。

（1）宣布开庭。由首席仲裁员或者独任仲裁员宣布开庭，核对当事人，宣布案由，宣读仲裁庭组成人员和记录员名单，告知当事人有关的仲裁权利义务，询问当事人是否提出回避申请。

（2）开庭调查。开庭调查的顺序是，先由双方当事人陈述事实和提供证据，证人作证，再由仲裁庭宣读未到庭的证人证言，出示书证、物证和视听资料，宣读勘验笔录、现场笔录和鉴定结论。当事人对此可以质询。

（3）开庭辩论。开庭调查结束后，当事人双方进入辩论阶段，针对对方当事人提出的事实和理由，提出自己的意见，反驳对方的理由。辩论终结时，首席仲裁员或独任仲裁员应当征询当事人的最后意见及双方是否同意调解。

（4）合议庭评议。开庭辩论终结，合议仲裁庭认为该案难以调解时，应立即进行评议。评议实行少数服从多数的原则，少数仲裁员的不同意见可以记入笔录。仲裁庭不能形成多数意见时，裁决应当按照首席仲裁员的意见作出。

三、民商事仲裁裁决与执行

（一）仲裁裁决

裁决是指仲裁庭在依法对提交仲裁的案件的审理过程中或进行审理后，根据已查明的事实和认定的证据，对当事人提出的仲裁请求或反请求或与之有关的其他事项作出书面决定的行为。

1. 裁决书的内容。裁决书应当写明仲裁请求、争议事实、裁决理由、裁决结果、仲裁费用的负担和裁决日期。当事人协议不愿写明争议事实和裁决理由的，可不写。裁决书由仲裁员签名后，加盖仲裁委员会印章。对裁决持不同意的仲裁员可以签名，也可以不签名。

2. 部分裁决和最终裁决。部分裁决（先行裁决）是仲裁庭在审理案件的过程中，查明了一部分事实或部分问题，为了便于继续审理其他问题和及时保护当事人的合法权益，就已查清的部分问题所作的裁决。最终裁决是指整个仲裁案件审理终结之后，仲裁庭就全部提交仲裁争议事项所作出的终局裁决。在已有部分裁决的案件里，最终裁决主要就尚未裁决的事项作出决定。在最终裁决中的裁决不应与已有的部分裁决产生矛盾。

3. 裁决的生效。《仲裁法》规定，裁决书自作出之日起发生法律效力。

4. 裁决书的补正。《仲裁法》规定，对裁决书的补正事项，只限于以下三项，且当事人应在收到裁决书之日起三十日内提出：

（1）文字错误；

（2）计算错误；

（3）已经裁决但在裁决书中遗漏的事项。

（二）撤销仲裁裁决

1. 撤销仲裁裁决的法律特征。申请撤销仲裁裁决，是指对于有符合法律规定情况的仲裁裁决，经由当事人提出申请，人民法院组成合议庭审查核实，裁定撤销仲裁裁决的行为。撤销仲裁裁决有以下四个方面的法律特征。

（1）撤销仲裁裁决是法院的行为。

（2）法院不能主动撤销仲裁裁决，必须由当事人提出撤销仲裁裁决的申请。

（3）撤销仲裁裁决有法律规定的情形。

（4）法院必须对当事人提出的申请进行审查核实，才能作出裁定撤销仲裁裁决的行为。

2. 申请撤销仲裁裁决的理由。当事人提出证据证明裁决有法定缺陷的，可以向仲裁委员会所在地的中级人民法院申请撤销裁决。

（1）没有仲裁协议的。没有仲裁协议是指当事人没有达成仲裁协议。仲裁协议被认定无效或者被撤销的，视为没有仲裁协议。

（2）裁决的事项不属于仲裁协议的范围或者仲裁委员会无权仲裁的。当事人以仲裁裁决事项超出仲裁协议范围为由申请撤销仲裁裁决，经审查属实的，人民法院应当撤销仲裁裁决中的超裁部分。但超裁部分与其他裁决事项不可分的，人民法院应当撤销仲裁裁决。

（3）仲裁庭的组成或者仲裁的程序违反法定程序的。违反法定程序是指违反《仲裁法》规定的仲裁程序和当事人选择的仲裁规则可能影响案件正确裁决的情形。

（4）对方当事人隐瞒了足以影响公正裁决的证据或裁决所根据的证据是伪造的。

（5）仲裁员在仲裁该案时有索贿受贿、徇私舞弊、枉法裁决行为的。

（6）裁决违背社会公共利益的。

3. 申请撤销仲裁裁决的条件。

（1）提出申请的主体必须是当事人（包括申请人和被申请人）。

（2）必须在规定的期限内提出申请，即应当自收到裁决书之日起六个月内。

（3）必须向有管辖权的人民法院提出申请，即向仲裁委员会所在地的中级人民法院提出申请。

（4）必须有证据证明裁决有法律规定的情形，即上述理由之一。

4. 撤销仲裁裁决的处理方式。人民法院受理当事人提出的撤销仲裁裁决的申请后，必须组成合议庭，对当事人的申请及仲裁裁决进行审查，人民法院可能作出三种处理。

（1）通知仲裁庭重新仲裁。人民法院受理当事人撤销仲裁裁决的申请后，认为可以由仲裁庭重新仲裁的，通知仲裁庭在一定期限内重新仲裁，并裁定中止撤销程序。

（2）撤销仲裁裁决。人民法院受理撤销仲裁裁决的申请后，经审查核实，当事人提出申请所依据的理由成立的，应当在两个月内裁定撤销该裁决。人民法院依法裁定撤销仲裁裁决的，当事人可以根据双方重新达成的仲裁协议申请仲裁，也可以向人民法院起诉。

（3）驳回撤销仲裁裁决的申请。人民法院经审查，未发现仲裁裁决具有法定可被撤销的理由的，应在受理申请之日起两个月内作出驳回申请的裁定。

对人民法院依法作出的撤销仲裁裁决或驳回当事人的申请的裁定，当事人无权上诉。

（三）裁决的执行和不予执行

1. 仲裁裁决的执行。当事人应当履行裁决。一方当事人不履行的，另一方当事人可以依照《民事诉讼法》的有关规定，向人民法院申请执行。受申请的人民法院应当执行。

（1）执行的条件。一项有效的仲裁裁决能够得到有关人民法院的执行，必须具备下列条件。

① 必须有胜诉方当事人的申请。

② 当事人必须在一定期限内提出申请，申请执行的期间为二年。

③ 当事人必须向有管辖权的人民法院提出申请。

（2）仲裁裁决的中止执行、终结执行和恢复执行。

① 中止执行。一方当事人申请执行裁决，另一当事人申请撤销裁决的，人民法院应当裁定中止执行。

② 终结执行。人民法院裁定撤销裁决的，应当裁定

终结执行。

③ 恢复执行。撤销裁决的申请被裁定驳回的，人民法院应当裁定恢复执行。中止执行的原因消灭后，人民法院也应裁定恢复执行。

2. 仲裁裁决的不予执行。被申请人提出证据证明仲裁裁决有下列情形之一的，经人民法院组成合议庭审查核实，裁定不予执行。

（1）当事人在合同中没有订有仲裁条款或者事后没有达成书面仲裁协议的。

（2）裁决的事项不属于仲裁协议的范围或者仲裁机构无权仲裁的。

（3）仲裁庭的组成或者仲裁的程序违反法定程序的。

（4）认定事实的主要证据不足的。

（5）适用法律确有错误的。

（6）仲裁员在仲裁该案时有贪污受贿，徇私舞弊，枉法裁决行为的。人民法院认定执行该裁决违背社会公共利益的，裁定不予执行。

裁定书应当送达双方当事人和仲裁机构。仲裁裁决被人民法院裁定不予执行的，当事人可以根据双方达成的书面仲裁协议，重新申请仲裁，也可以向人民法院起诉。

四、农村土地承包经营纠纷仲裁

为及时化解农村土地承包经营纠纷，维护当事人的合法权益，国家先后发布实施了《中华人民共和国农村土地承包经营纠纷调解仲裁法》（以下简称《农村土地承包经营纠纷调解仲裁法》）、《农村土地承包经营纠纷仲裁规则》和《农村土地承包仲裁委员会示范章程》。

（一）农村土地承包经营纠纷仲裁机构

1. 农村土地承包仲裁委员会。《农村土地承包经营纠纷调解仲裁法》第十二条规定："农村土地承包仲裁委员会，根据解决农村土地承包经营纠纷的实际需要设立。农村土地承包仲裁委员会可以在县和不设区的市设立，也可以在设区的市或者其市辖区设立。""农村土地承包仲裁委员会在当地人民政府指导下设立。设立农村土地承包仲裁委员会的，其日常工作由当地农村土地承包管理部门承担。"

（1）农村土地承包仲裁委员会组成。农村土地承包仲裁委员会由当地人民政府及其有关部门代表、有关人民团体代表、农村集体经济组织代表、农民代表和法律、经济等相关专业人员兼任组成，其中农民代表和法律、经济等相关专业人员不得少于组成人员的二分之一。农村土地承包仲裁委员会设主任一人、副主任一至二人和委员若干人。主任、副主任由全体组成人员选举产生。

（2）农村土地承包仲裁委员会职责。农村土地承包仲裁委员会依法履行下列职责：聘任、解聘仲裁员、受理仲裁申请、监督仲裁活动。农村土地承包仲裁委员会应当依照本法制定章程，对其组成人员的产生方式及任期、议事规则等作出规定。

（3）农村土地承包仲裁委员会的受理范围。农村土地承包经营纠纷仲裁适用《农村土地承包经营纠纷调解仲裁法》。农村土地承包仲裁委员会受理范围的农村土地承包经营纠纷包括以下几项内容。

① 因订立、履行、变更、解除和终止农村土地承包合同发生的纠纷。

② 因农村土地承包经营权转包、出租、互换、转让、入股等流转发生的纠纷。

③ 因收回、调整承包地发生的纠纷。

④ 因确认农村土地承包经营权发生的纠纷。

⑤ 因侵害农村土地承包经营权发生的纠纷。

⑥ 法律、法规规定的其他农村土地承包经营纠纷。

因征收集体所有的土地及其补偿发生的纠纷，不属于农村土地承包仲裁委员会的受理范围，可以通过行政复议或者诉讼等方式解决。

当事人和解、调解不成或者不愿和解、调解的，可以向农村土地承包仲裁委员会申请仲裁，也可以直接向人民法院起诉。

（4）农村土地承包经营纠纷仲裁的基本原则。农村土地承包经营纠纷仲裁坚持仲裁自愿原则；坚持根据事实，符合法律，尊重社会公德规定，公开、公平、公正地解决纠纷的原则；坚持独立仲裁原则。

（5）仲裁员的条件。农村土地承包仲裁委员会应当从公道正派的人员中聘任仲裁员。仲裁员应当符合下列条件之一：

① 从事农村土地承包管理工作满五年；

② 从事法律工作或者人民调解工作满五年；

③ 在当地威信较高，并熟悉农村土地承包法律和国家政策。

2. 仲裁庭。仲裁庭由三名仲裁员组成，首席仲裁员由当事人共同选定，其他两名仲裁员由当事人各自选定；当事人不能选定的，由农村土地承包仲裁委员会主任指定。

事实清楚、权利义务关系明确、争议不大的农村土地承包经营纠纷，经双方当事人同意，可以由一名仲裁员仲裁。仲裁员由当事人共同选定或者由农村土地承包仲裁委员会主任指定。

（二）农村土地承包经营纠纷仲裁工作程序

1. 仲裁申请和受理。

（1）申请仲裁的时效。农村土地承包经营纠纷申请仲裁的时效期间为两年，自当事人知道或者应当知道其权利被侵害之日起计算。

（2）当事人和第三人及委托代理人。农村土地承包经营纠纷仲裁的申请人、被申请人为当事人。家庭承包的，可以由农户代表人参加仲裁。当事人一方人数众多的，可以推选代表人参加仲裁。

与案件处理结果有利害关系的，可以申请作为第三人参加仲裁，或者由农村土地承包仲裁委员会通知其参加仲裁。

当事人、第三人可以委托代理人参加仲裁。

（3）当事人申请仲裁的条件。申请农村土地承包经营纠纷仲裁应当符合下列条件：

① 申请人与纠纷有直接的利害关系；

② 有明确的被申请人；

③ 有具体的仲裁请求和事实、理由；

④ 属于农村土地承包仲裁委员会的受理范围。

（4）仲裁申请书的内容。仲裁申请书可以邮寄或者委托他人代交。仲裁申请书应当载明申请人和被申请人的基本情况，仲裁请求和所根据的事实、理由，并提供相应的证据和证据来源。

书面申请确有困难的，可以口头申请，由农村土地承包仲裁委员会记入笔录，经申请人核实后，由其签名、盖章或者按指印。

（5）受理与不予受理。农村土地承包仲裁委员会应当对仲裁申请予以审查，认为符合申请农村土地承包经营纠纷仲裁条件的，应当受理。有下列情形之一的，不予受理；已受理的，终止仲裁程序：

① 不符合申请条件；

② 人民法院已受理该纠纷；

③ 法律规定该纠纷应当由其他机构处理;

④ 对该纠纷已有生效的判决、裁定、仲裁裁决、行政处理决定等。

农村土地承包仲裁委员会决定不予受理或者终止仲裁程序的,应当自收到仲裁申请或者发现终止仲裁程序情形之日起五个工作日内书面通知申请人,并说明理由。

2. 仲裁前的准备。

(1) 材料送达。农村土地承包仲裁委员会决定受理的,应当自收到仲裁申请之日起五个工作日内,将受理通知书、仲裁规则和仲裁员名册送达申请人;农村土地承包仲裁委员会应当自受理仲裁申请之日起五个工作日内,将受理通知书、仲裁申请书副本、仲裁规则和仲裁员名册送达被申请人。

(2) 被申请人答辩和答辩送达。被申请人应当自收到仲裁申请书副本之日起十日内向农村土地承包仲裁委员会提交答辩书;书面答辩确有困难的,可以口头答辩,由农村土地承包仲裁委员会记入笔录,经被申请人核实后,由其签名、盖章或者按指印。农村土地承包仲裁委员会应当自收到答辩书之日起五个工作日内将答辩书副本送达申请人。被申请人未答辩的,不影响仲裁程序的进行。

(3) 财产保全。一方当事人由于另一方当事人的行为或者其他原因,可能使裁决不能执行或者难以执行的,可以申请财产保全。当事人申请财产保全的,农村土地承包仲裁委员会应当将当事人的申请提交被申请人住所地或者财产所在地的基层人民法院。申请有错误的，申请人应当赔偿被申请人因财产保全所遭受的损失。

（4）通知仲裁庭的组成事项。农村土地承包仲裁委员会应当自仲裁庭组成之日起二个工作日内将仲裁庭组成情况通知当事人。

（5）仲裁庭通知开庭的时间和地点。仲裁庭应当在开庭五个工作日前将开庭的时间、地点通知当事人和其他仲裁参与人。当事人有正当理由的，可以向仲裁庭请求变更开庭的时间、地点。是否变更，由仲裁庭决定。

（6）申请仲裁员回避。仲裁员有下列情形之一的，必须回避，当事人也有权以口头或者书面方式申请其回避：

① 是本案当事人或者当事人、代理人的近亲属；

② 与本案有利害关系；

③ 与本案当事人、代理人有其他关系，可能影响公正仲裁；

④ 私自会见当事人、代理人，或者接受当事人、代理人的请客送礼。

当事人提出回避申请，应当说明理由，在首次开庭前提出。回避事由在首次开庭后知道的，可以在最后一次开庭终结前提出。

农村土地承包仲裁委员会对回避申请应当及时作出决定，以口头或者书面方式通知当事人，并说明理由。

仲裁员是否回避，由农村土地承包仲裁委员会主任决定；农村土地承包仲裁委员会主任担任仲裁员时，由农村土地承包仲裁委员会集体决定。

仲裁员由于回避或者其他原因不能履行职责的，应当依照规定，重新选定或者指定仲裁员。

（7）仲裁庭收集证据及鉴定机构鉴定。仲裁庭认为有必要收集的证据，可以自行收集。仲裁庭对专门性问题认为需要鉴定的，可以交由当事人约定的鉴定机构鉴定；当事人没有约定的，由仲裁庭指定的鉴定机构鉴定。根据当事人的请求或者仲裁庭的要求，鉴定机构应当派鉴定人参加开庭。当事人经仲裁庭许可，可以向鉴定人提问。

（8）申请证据保全。在证据可能灭失或者以后难以取得的情况下，当事人可以申请证据保全。当事人申请证据保全的，农村土地承包仲裁委员会应当将当事人的申请提交证据所在地的基层人民法院。

（9）先行裁定。对权利义务关系明确的纠纷，经当事人申请，仲裁庭可以先行裁定维持现状、恢复农业生产以及停止取土、占地等行为。一方当事人不履行先行裁定的，另一方当事人可以向人民法院申请执行，但应当提供相应的担保。

3. 仲裁审理。

（1）农村土地承包经营纠纷仲裁应当在当地开庭进行。开庭应当公开，但涉及国家秘密、商业秘密和个人隐私以及当事人约定不公开的除外。

（2）仲裁庭作出裁决前，申请人撤回仲裁申请的，除被申请人提出反请求的之外，仲裁庭应当终止仲裁。

当事人申请仲裁后，可以自行和解。达成和解协议的，可以请求仲裁庭根据和解协议作出裁决书，也可以撤回仲裁申请。

仲裁庭对农村土地承包经营纠纷应当进行调解。调解达成协议的，仲裁庭应当制作调解书；调解不成的，应当及时作出裁决。调解书应当写明仲裁请求和当事人协议的结果。调解书由仲裁员签名，加盖农村土地承包仲裁委员会印章，送达双方当事人。调解书经双方当事人签收后，即发生法律效力。在调解书签收前当事人反悔的，仲裁庭应当及时作出裁决。

申请人经书面通知，无正当理由不到庭或者未经仲裁庭许可中途退庭的，可以视为撤回仲裁申请。被申请人经书面通知，无正当理由不到庭或者未经仲裁庭许可中途退庭的，可以缺席裁决。

（3）开庭过程中当事人的权利和义务。申请人可以放弃或者变更仲裁请求。被申请人可以承认或者反驳仲裁请求，有权提出反请求。

当事人在开庭过程中有权发表意见、陈述事实和理由、提供证据、进行质证和辩论。对不通晓当地通用语言、文字的当事人，农村土地承包仲裁委员会应当为其提供翻译。

根据当事人的请求或者仲裁庭的要求，鉴定机构应当派鉴定人参加开庭。当事人经仲裁庭许可，可以向鉴定人提问。

当事人应当对自己的主张提供证据。与纠纷有关的证据由作为当事人一方的发包方等掌握管理的，该当事人应当在仲裁庭指定的期限内提供，逾期不提供的，应当承担不利后果。

农村土地承包经营纠纷仲裁不得向当事人收取费用，仲裁工作经费纳入财政预算予以保障。

（4）仲裁笔录。仲裁庭应当将开庭情况记入笔录，由仲裁员、记录人员、当事人和其他仲裁参与人签名、盖章或者按指印。当事人和其他仲裁参与人认为对自己陈述的记录有遗漏或者差错的，有权申请补正。如果不予补正，应当记录该申请。

（5）仲裁评议。仲裁裁决应当按照多数仲裁员的意见作出，少数仲裁员的不同意见可以记入笔录。仲裁庭不能形成多数意见时，裁决应当按照首席仲裁员的意见作出。

4. 仲裁裁决。

（1）制作裁决书。仲裁庭应当根据认定的事实和法律以及国家政策作出裁决，并制作裁决书。裁决书应当写明仲裁请求、争议事实、裁决理由、裁决结果、裁决日期以及当事人不服仲裁裁决的起诉权利和期限，由仲裁员签名，加盖农村土地承包仲裁委员会印章。农村土地承包仲裁委员会应当在裁决作出之日起三个工作日内将裁决书送达当事人，并告知当事人不服仲裁裁决的起诉权利和期限。

（2）仲裁期限。仲裁农村土地承包经营纠纷，应当自受理仲裁申请之日起六十日内结束；案情复杂需要延长的，经农村土地承包仲裁委员会主任批准可以延长，并书面通知当事人，但延长期限不得超过三十日。

（3）当事人不服仲裁裁决的起诉。当事人不服仲裁裁决的，可以自收到裁决书之日起三十日内向人民法院起诉。逾期不起诉的，裁决书即发生法律效力。

（4）生效调解书和裁决书的依法执行。当事人对发生法律效力的调解书、裁决书，应当依照规定的期限履行。一方当事人逾期不履行的，另一方当事人可以向被申请人住所地或者财产所在地的基层人民法院申请执行。受理申请的人民法院应当依法执行。

第三节　涉农诉讼法

涉农诉讼适用的法律是《民事诉讼法》。《民事诉讼法》于1991年4月9日起公布实施，中华人民共和国第十届全国人民代表大会常务委员会第三十次会议于2007年10月28日通过了《全国人民代表大会常务委员会关于修改＜中华人民共和国民事诉讼法＞的决定》，自2008年4月1日起施行。人民法院受理公民之间、法人之间、其他组织之间以及他们相互之间因财产关系和人身关系提起的民事诉讼，适用《民事诉讼法》。

一、民商事（经济）诉讼的基本概念

（一）民商事（经济）诉讼的概念

民商事（经济）诉讼是指当事人将发生的民商事（经济）纠纷案件向管辖权的人民法院提起诉讼，人民法院依据实体法和程序法的规定，对当事人之间的民商事（经济）权利和义务作出裁判的司法活动。民商事（经济）诉讼程序包括起诉与受理、审判程序和执行程序。

（二）民商事（经济）纠纷的审判机关和审判组织

1. 民商事（经济）纠纷的审判机关包括普通法院（各级人民法院），民商事（经济）纠纷案件由普通法院的民事审判庭（审判机构）受理。专门法院，即海事法院、铁路运输法院等专门法院。

2. 民事审判组织是人民法院行使审判权，对民事案件、经济纠纷案件进行审理和裁判的组织形式。民事审判组织包括以下两种组织形式。

（1）合议制。它是由审判员和陪审员共同组成合议庭或者由审判员组成合议庭对具体案件进行审判的制度。人民法院审理第一审民事案件，由审判员、陪审员共同组成合议庭或者由审判员组成合议庭。人民法院审理第二审民事案件，由审判员组成合议庭。发回重审的案件，原审人民法院应当按照第一审程序另行组成合议庭。审理再审案件，原来是第一审的，按照第一审程序另行组成合议庭；原来是第二审的或者是上级人民法院提审的，按照第二审程序另行组成合议庭。合议庭的审判长由院长或者庭长指定审判员一人担任；院长或者庭长参加审判的，由院长或者庭长担任。合议庭的成员人数必须是单数。

（2）独任制。它是由一名审判员负责对案件进行审判的制度。适用简易程序审理的民事案件由审判员一人独任审理。

（三）民商事（经济）诉讼管辖

管辖是指各级人民法院之间和同级人民法院之间受理第一审案件的具体分工和权限。

1. 级别管辖。它是指上下级人民法院之间受理第一审民事纠纷案件的分工和权限。具体有如下规定。

（1）最高人民法院管辖。最高人民法院管辖下列第一审民事案件：在全国有重大影响的案件、认为应当由本院审理的案件。

（2）高级人民法院管辖。高级人民法院管辖在本辖区有重大影响的第一审民事案件。

（3）中级人民法院管辖。中级人民法院管辖下列第一审民事案件。

① 重大涉外案件。

② 在本辖区有重大影响的案件。

③ 最高人民法院确定由中级人民法院管辖的案件。

（4）基层人民法院管辖。基层人民法院管辖第一审民事案件和除最高、高级、中级人民法院管辖外的一般案件。

2. 地域管辖。它是确定同级人民法院之间受理第一审民事纠纷案件的分工和权限。

（1）一般地域管辖。它是依照当事人的所在地划分案件管辖法院，一般采取原告就被告原则，即由被告住所地或经常居所地人民法院管辖，原告应到被告所在地的法院起诉。

《民事诉讼法》第二十二条规定："对公民提起的民事诉讼，由被告住所地人民法院管辖；被告住所地与经常居住地不一致的，由经常居住地人民法院管辖。""对法人或者其他组织提起的民事诉讼，由被告住所地人民法院管辖。""同一诉讼的几个被告住所地、经常居住地在两个以上人民法院辖区的，各该人民法院都有管辖权。"例外情形采取"原告就原告"原则，即由原告住所地或经常居所地人民法院管辖。《民事诉讼法》第二十三条规定：下列民事诉讼，由原告住所地人民法院管辖；原告住所地与经常居住地不一致的，由原告经常居住地人民法院管辖：①对不在中华人民共和国领域内居住的人提起的有关身份关系的诉讼；②对下落不明或者宣告失踪的人提起的有关身份关系的诉讼；③对被劳动教养的人提起的诉讼；④对被监禁的人提起的诉讼。

（2）特殊地域管辖。它是以诉讼标的所在地或者引起法律关系发生、变更、消灭的法律事实所在地为标准，划分诉讼案件管辖法院。《民事诉讼法》对此作出了特别规定。

（3）专属管辖。它是指法律强制规定某些民事纠纷案件只能由特定的人民法院管辖，不适用其他管辖规定。《民事诉讼法》第三十四条规定：下列案件，由本条规定的人民法院专属管辖：①因不动产纠纷提起的诉讼，由不动产所在地人民法院管辖；②因港口作业中发生纠纷提起的诉讼，由港口所在地人民法院管辖；③因继承遗产纠纷提起的诉讼，由被继承人死亡时住所地或者主要遗产所在地人民法院管辖。

（4）协议管辖。它是指法律允许当事人双方在诉讼前以书面协议约定管辖法院。协议管辖只适用于合同纠纷。《民事诉讼法》第二十五条规定："合同的双方当事人可以在书面合同中协议选择被告住所地、合同履行地、合同签订地、原告住所地、标的物所在地人民法院管辖，但不得违反本法对级别管辖和专属管辖的规定。"

3. 指定管辖。它主要包括以下两方面内容。

（1）有管辖权的人民法院由于特殊原因，不能行使管辖权的，由上级人民法院指定管辖。

（2）人民法院之间因管辖权发生争议，由争议双方协商解决；协商解决不了的，报请它们的共同上级人民法院指定管辖。

4. 移送管辖。它是指没有管辖权的人民法院，在受理案件后，移送给有管辖权的人民法院审理，受移送的人民法院不得拒绝或再行移送。人民法院受理案件后，当事人对管辖权有异议的，应当在提交答辩状期间提出。人民法院对当事人提出的异议，应当审查。异议成立的，裁定将案件移送有管辖权的人民法院；异议不成立的，裁定驳回。上级人民法院有权审理下级人民法院管辖的第一审民事案件，也可以把本院管辖的第一审民事案件交下级人民法院审理。下级人民法院对它所管辖的第一审民事案件，认为需要由上级人民法院审理的，可以报请上级人民法院审理。

（四）诉讼参加人

1. 诉讼当事人。诉讼当事人指因民事权利义务关系发生争议，为保护自己的民事权益，以自己的名义起诉、应诉，并受人民法院裁判约束的人。

法人由其法定代表人进行诉讼。其他组织由其主要负责人进行诉讼。

（1）原告与被告。狭义的诉讼当事人在第一审程序中称为原告和被告；在第二审程序中称为上诉人与被上诉人；在执行程序中称为申请执行人和被执行人。

原告指为了保护自己的民事权益，以自己的名义提起诉讼，从而使民事诉讼程序发生的人。

被告指被原告提起诉讼，由法院通知其应诉的人。

原告可以放弃或者变更诉讼请求。被告可以承认或者反驳诉讼请求，有权提起反诉。

（2）共同诉讼人。当事人一方或者双方为二人以上的诉讼，称为共同诉讼。当二人或者二人以上共同作为一方当事人时，称为共同诉讼人。《民事诉讼法》第五十三条第一款规定："当事人一方或者双方为二人以上，其诉讼标的是共同的，或者诉讼标的是同一种类、人民法院认为可以合并审理并经当事人同意的，为共同诉讼。"

① 必要的共同诉讼。必要的共同诉讼指诉讼标的是共同的，人民法院必须合并审理并作出同一裁判的诉讼。在必要的共同诉讼中，共同诉讼人的一人的诉讼行为必须经全体承认，对全体才发生效力。

② 普通的共同诉讼。普通的共同诉讼是指诉讼标的属于同一种类，人民法院认为可以合并审理的诉讼。在普通诉讼中，人民法院对各共同诉讼人的诉讼请求须分别作出裁判。因此，共同诉讼人中一人的行为对其他共同诉讼人不发生法律效力。

（3）诉讼代表人。当事人一方人数众多的共同诉讼，可以由当事人推选代表人进行诉讼。代表人的诉讼行为对其所代表的当事人发生效力，但代表人变更、放弃诉讼请求或者承认对方当事人的诉讼请求，进行和解，必须经被代表的当事人同意。

（4）第三人。第三人是指在已经开始的诉讼中，对他人之间的诉讼标的，具有全部的或部分的独立请求权，或者虽然不具有独立请求权，但案件的处理结果与其有法律上的利害关系的人。

《民事诉讼法》第五十六条规定："对当事人双方的诉讼标的，第三人认为有独立请求权的，有权提起诉讼。""对当事人双方的诉讼标的，第三人虽然没有独立请求权，但案件处理结果同他有法律上的利害关系的，可以申请参加诉讼，或者由人民法院通知他参加诉讼。人民法院判决承担民事责任的第三人，有当事人的诉讼权利义务。"

① 有独立请求权的第三人。它是指对他人之间的诉讼标的，主张独立的请求权，而参加到原、被告之正在进行的诉讼的人。有独立请求权的第三人在诉讼中具有相当于原告的诉讼地位。

② 无独立请求权的第三人。它是指因正在进行的诉讼的裁判结果与他具有法律上的利害关系而参加诉讼的人。无独立请求权的第三人的诉讼地位既有从属性的一面，又有独立性的一面，无独立请求权的第三人是参加一方当事人进行诉讼，参加诉讼的目的是为了帮助被参加的一方赢得诉讼，因而不得实施与参加诉讼的当事人地位和参加目的相悖的诉讼行为；但另一方面，无独立请求权的第三人作为广义的当事人，又享有一些独立的诉讼权利。在一定情况下，无独立请求权的第三人还可

以取得与被参加诉讼的当事人完全相同的诉讼地位，即"人民法院判决承担民事责任的第三人，有当事人的诉讼权利义务。"

2. 诉讼代理人。它是指以当事人一方的名义，在法律规定内或者当事人授予的权限范围内代理实施诉讼行为，接受诉讼行为的人。诉讼代理人代理当事人进行诉讼活动的权限称为诉讼代理权。

当事人、法定代理人可以委托一至二人作为诉讼代理人。律师、当事人的近亲属、有关的社会团体或者所在单位推荐的人、经人民法院许可的其他公民，都可以被委托为诉讼代理人。委托他人代为诉讼，必须向人民法院提交由委托人签名或者盖章的授权委托书。授权委托书必须记明委托事项和权限。诉讼代理人代为承认、放弃、变更诉讼请求，进行和解，提起反诉或者上诉，必须有委托人的特别授权。

（五）证　据

民事诉讼的证据是指能够证明民事案件真实情况的一切事实。包括书证、物证、视听资料、证人证言、当事人陈述、鉴定结论、勘验笔录等。

（六）财产保全

财产保全是指人民法院为保证将来发生法律效力的判决能够得到执行而在案件受理前或者在诉讼过程中，对争议的标的物或者当事人的其他财产所采取的强制措施。

（1）诉前财产保全。利害关系人因情况紧急，不立即申请财产保全将会使其合法权益受到难以弥补的损害的，可以在起诉前向人民法院申请采取财产保全措施。申请人应当提供担保，不提供担保的，驳回申请。人民法院接受申请后，必须在四十八小时内作出裁定；裁定采取财产保全措施的，应当立即开始执行。申请人在人民法院采取保全措施后十五日内不起诉的，人民法院应当解除财产保全。

（2）诉讼中财产保全。人民法院对于可能由于当事人一方的行为或者其他原因，使判决不能执行或者难以执行的案件，可以根据对方当事人的申请，作出财产保全的裁定；当事人没有提出申请的，人民法院在必要时也可以裁定采取财产保全措施。人民法院采取财产保全措施，可以责令申请人提供担保；申请人不提供担保的，驳回申请。人民法院接受申请后，对情况紧急的，必须在四十八小时内作出裁定；裁定采取财产保全措施的，应当立即开始执行。

财产保全限于请求的范围，或者与本案有关的财物。财产保全采取查封、扣押、冻结或者法律规定的其他方法。人民法院冻结财产后，应当立即通知被冻结财产的人。财产已被查封、冻结的，不得重复查封、冻结。

被申请人提供担保的，人民法院应当解除财产保全。

申请有错误的，申请人应当赔偿被申请人因财产保全所遭受的损失。

（七）先予执行

先予执行是指人民法院对某些案件作出判决前，为解决权利人生活或经营上的急迫需要，或者为防止和减少社会经济损失，先行裁定义务人履行一定义务的法定措施。

《民事诉讼法》第九十七条规定：人民法院对下列案件，根据当事人的申请，可以裁定先予执行。

（1）追索赡养费、扶养费、抚育费、抚恤金、医疗费用的。

（2）追索劳动报酬的。

（3）因情况紧急需要先予执行的。

（八）调 解

《民事诉讼法》第八十五条至九十一条有关调解规定：人民法院审理民事案件，根据当事人自愿的原则，在事实清楚的基础上，分清是非，进行调解。人民法院进行调解，可以由审判员一人主持，也可以由合议庭主持，并尽可能就地进行。人民法院进行调解，可以用简便方式通知当事人、证人到庭。人民法院进行调解，可以邀请有关单位和个人协助。调解达成协议，必须双方自愿，不得强迫。调解协议的内容不得违反法律规定。

调解达成协议，人民法院应当制作调解书。调解书应当写明诉讼请求、案件的事实和调解结果。调解书由审判人员、书记员署名，加盖人民法院印章，送达双方当事人。调解书经双方当事人签收后，即具有法律效力。

下列案件调解达成协议，人民法院可以不制作调解书。

（1）调解和好的离婚案件。

（2）调解维持收养关系的案件。

（3）能够即时履行的案件。

（4）其他不需要制作调解书的案件。

对不需要制作调解书的协议，应当记入笔录，由双方当事人、审判人员、书记员签名或者盖章后，即具有法律效力。

调解未达成协议或者调解书送达前一方反悔的，人民法院应当及时判决。

调解协议或调解书生效后，与生效判决具有同等的法律效力，具体表现在以下几方面。

（1）诉讼结束，当事人不得以同一事实和理由再行起诉。

（2）一审的调解协议或调解书发生效力后，当事人不得上诉。

（3）当事人在诉讼中争议的法律关系中的争议归于消灭，当事人之间实体上的权利义务关系依照调解协议的内容予以确定。

（4）具有给付内容的调解书具有强制执行力。当负有履行调解书义务的一方当事人未按照调解书履行义务时，权利人可以根据调解书向人民法院申请强制执行。

二、审判程序

（一）第一审程序

1. 起诉。它是指原告向人民法院提起诉讼，请求司法保护的诉讼行为。起诉必须符合下列条件。

（1）原告是与本案有直接利害关系的公民、法人和其他组织。

（2）有明确的被告。

（3）有具体的诉讼请求和事实、理由。

（4）属于人民法院受理民事诉讼的范围和受诉人民法院管辖。

（5）原告起诉不得超过诉讼时效。起诉应当向人民法院递交起诉状，并按照被告人数提出副本。

诉讼时效是指民事权利受到侵害的权利人在法定的时效期间内不行使权利，当时效期间届满时，人民法院对权利人的权利不再进行保护的制度。

诉讼时效有如下五种。

（1）诉讼时效为二年的。《民法通则》第一百三十五条规定："向人民法院请求保护民事权利的诉讼时效期间为二年，法律另有规定的除外。"这表明我国一般民事诉讼的一般诉讼时效为二年。期限为二年，即从知道或者应当知道权利被侵害时起计算。

（2）诉讼时效为一年的。《民法通则》第一百三十六条规定，下列诉讼时效为一年：

① 身体受到伤害要求赔偿的；

② 出售质量不合规格的商品未声明的；

③ 延付或拒付租金的；

④ 寄存财物被丢失或被损坏的。

（3）诉讼时效为三年的。《中华人民共和国环境保护法》第四十二条规定："因环境污染损害赔偿提起诉讼的时效期间为三年，从当事人知道或者应当知道受到污染损害起时计算。"《中华人民共和国海商法》第二百六十五条规定："有关船舶发生油污损害的请求权，时效期间为三年，自损害发生之日起计算；但是，在任何情况下时效期间不得超过从造成损害的事故发生之日起六年。"

（4）诉讼时效为四年。《合同法》第一百二十九条规定："因国际货物买卖合同和技术进出口合同争议提起诉讼或者申请仲裁的期限为四年，自当事人知道或者应当知道其权利受到侵害之日起计算"。

（5）最长诉讼时效。权利的最长保护期限为二十年，从侵权行为发生时计算。《民法通则》第一百三十七条规定："从权利被侵害之日起超过二十年，人民法院不予保护。有特殊情况的，人民法院可以延长诉讼时效期间。"

2. 受理。人民法院收到起诉状或者口头起诉，经审查，认为符合起诉条件的，应当在七日内立案，并通知当事人；认为不符合起诉条件的，应当在七日内裁定不予受理；原告对裁定不服的，可以提起上诉。

3. 发送材料。人民法院应当在立案之日起五日内将起诉状副本发送被告，被告在收到之日起十五日内提出答辩状。被告提出答辩状的，人民法院应当在收到之日起五日内将答辩状副本发送原告。被告不提出答辩状的，不影响人民法院审理。

反诉是指原告起诉后，被告于同一诉讼程序针对原告提起保护或者实现自己民事权益的请求和诉讼。提起反诉是本诉被告享有的诉讼权利。反诉与本诉可以合并审理。

反诉除了具备一般的诉讼要素外，还须具备如下条件。

（1）必须是本诉的被告向本诉的原告提起。

（2）必须向本诉的受诉法院提起。

（3）必须在本诉提起诉讼之后，审理终结之前提起。

（4）必须与本诉基于同一诉讼标的，从而使两个诉讼请求可以合并审理。

反诉的目的虽然在于抵消、吞并本诉或者使本诉失去作用，但它是独立的诉讼，本诉撤回并不影响对反诉的继续审理。

4. 告知当事人有关的诉讼权利义务。人民法院对决定受理的案件，应当在受理案件通知书和应诉通知书中向当事人告知有关的诉讼权利义务，或者口头告知。

5. 合议庭组成人员确定和告知当事人合议庭组成人员。合议庭组成人员确定后，应当在三日内告知当事人。

6. 调查收集必要的证据。审判人员必须认真审核诉讼材料，调查收集必要的证据。受委托人民法院收到委托书后，应当在三十日内完成调查。因故不能完成的，应当在上述期限内函告委托人民法院。

7. 通知共同诉讼的当事人参加诉讼。必须共同进行诉讼的当事人没有参加诉讼的，人民法院应当通知其参加诉讼。

8. 开庭审理前的准备。人民法院审理民事案件，应当在开庭三日前通知当事人和其他诉讼参与人。公开审理的，应当公告当事人姓名、案由和开庭的时间、地点。开庭审理前，书记员应当查明当事人和其他诉讼参与人是否到庭，宣布法庭纪律。

9. 宣布开庭。开庭审理时，由审判长核对当事人，宣布案由，宣布审判人员、书记员名单，告知当事人有关的诉讼权利义务，询问当事人是否提出回避申请。

10. 法庭调查。法庭调查按照下列顺序进行：

（1）当事人陈述；

（2）告知证人的权利义务，证人作证，宣读未到庭的证人证言；

（3）出示书证、物证和视听资料；

（4）宣读鉴定结论；

（5）宣读勘验笔录。

当事人在法庭上可以提出新的证据。当事人经法庭许可，可以向证人、鉴定人、勘验人发问。当事人要求重新进行调查、鉴定或者勘验的，是否准许，由人民法院决定。

原告增加诉讼请求，被告提出反诉，第三人提出与本案有关的诉讼请求，可以合并审理。

11. 法庭辩论。法庭辩论按照下列顺序进行：

（1）原告及其诉讼代理人发言；

（2）被告及其诉讼代理人答辩；

（3）第三人及其诉讼代理人发言或者答辩；

（4）互相辩论。

法庭辩论终结，由审判长按照原告、被告、第三人的先后顺序征询各方最后意见。

12. 调解。法庭辩论终结，应当依法作出判决。判决前能够调解的，还可以进行调解，调解不成的，应当及时判决。

13. 合议庭评议。经开庭审理后调解不成的，合议庭应当休庭进行评议。合议庭评议案件，实行少数服从多数的原则，评议中的不同意见，应记入笔录，并由合议庭成员在笔录上签名。

14. 判决。它是指人民法院审理案件完结之时，依据事实和法律对案件作出的权威性判定。合议庭评议后，由审判长宣读裁判。宣判可以当庭宣判（在十日内发送判决书），也可另定日期宣判。宣判应公开进行。判决书应当写明下列内容。

（1）案由、诉讼请求、争议的事实和理由。

（2）判决认定的事实、理由和适用的法律依据。

（3）判决结果和诉讼费用的负担。

（4）上诉期间和上诉的法院。

判决书由审判人员、书记员署名，加盖人民法院印章。

15. 裁定。它是指人民法院对审判和执行程序中的问题以及个别实体问题作出的权威性判定。裁定适用于下列范围。

（1）不予受理。

（2）对管辖权有异议的。

（3）驳回起诉。

（4）财产保全和先予执行。

（5）准许或者不准许撤诉。

（6）中止或者终结诉讼。

（7）补正判决书中的笔误。

（8）中止或者终结执行。

（9）不予执行仲裁裁决。

（10）不予执行公证机关赋予强制执行效力的债权文书。

（11）其他需要裁定解决的事项。

对上述前三项裁定，可以上诉。

16. 判决和裁定生效。最高人民法院的判决、裁定，以及依法不准上诉或者超过上诉期没有上诉的判决、裁定，是发生法律效力的判决、裁定。

17. 一审期限。人民法院适用普通程序审理的案件，应当在立案之日起六个月内审结。有特殊情况需要延长的，由本院院长批准，可以延长六个月；还需要延长的，报请上级人民法院批准；适用简易程序审理的案件，应当在立案之日起三个月内审结。

(二) 第二审程序

第二审程序又称为上诉审程序，是指上一级人民法院根据当事人的上诉，就下一级人民法院的一审判决和裁定，在其未发生法律效力前，对该案件进行审理的程序。

人民法院审理经济纠纷案件实行两审终审制，当事人不服地方各级一审法院（指地方各级法院）的裁判，可以向上一级人民法院提起上诉。

1. 提起上诉。上诉需要具备下列条件。

（1）提起上诉人必须是享有上诉权或可依法行使上诉权的人。

（2）提起上诉的对象必须是地方各级人民法院第一审未发生法律效力的判决或裁定。

（3）必须在法定期限内提起上诉。《民事诉讼法》第一百四十七条规定："当事人不服地方人民法院第一审判决的，有权在判决书送达之日起十五日内向上一级人民法院提起上诉。"   "当事人不服地方人民法院第一审裁定的，有权在裁定书送达之日起十日内向上一级人民法院提起上诉。"

（4）必须递交书面上诉状。

2. 审理。第二审人民法院应当对上诉请求的有关事实和适用法律进行审查。

第二审人民法院对上诉案件，组成合议庭开庭审理。经过阅卷和调查，询问当事人，在事实核对清楚后，合议庭认为不需要开庭审理的，也可以进行判决、裁定。第二审人民法院审理上诉案件，可以在本院进行，也可以到案件发生地或者原审人民法院所在地进行。

《民事诉讼法》第一百五十七条规定："第二审人民法院审理上诉案件，除依照本章规定外，适用第一审普通程序。"

3. 调解。第二审人民法院审理上诉案件，可以进行调解。调解达成协议，应当制作调解书，由审判人员、书记员署名，加盖人民法院印章。调解书送达后，原审人民法院的判决即视为撤销。

4. 上诉案件处理。第二审人民法院对上诉案件，经过审理，按照下列情形，分别处理。

（1）原判决认定事实清楚，适用法律正确的，判决驳回上诉，维持原判决。

（2）原判决适用法律错误的，依法改判。

（3）原判决认定事实错误，或者原判决认定事实不清，证据不足，裁定撤销原判决，发回原审人民法院重审，或者查清事实后改判。

（4）原判决违反法定程序，可能影响案件正确判决的，裁定撤销原判决，发回原审人民法院重审。

当事人对重审案件的判决、裁定，可以上诉。

5. 第二审人民法院判决和裁定效力。第二审人民法院对不服第一审人民法院裁定的上诉案件的处理，一律使用裁定。

第二审人民法院判决宣告前，上诉人申请撤回上诉的，是否准许，由第二审人民法院裁定。

第二审人民法院的判决、裁定，是终审的判决、裁定。判决书送达之日即产生法律效力，当事人应自觉履行。

6. 二审期限。人民法院审理对判决的上诉案件，应当在第二审立案之日起三个月内审结。有特殊情况需要延长的，由本院院长批准；审理对裁定的上诉案件，应当在第二审立案之日起三十日内作出终审裁定。

（三）审判监督程序

1. 审判监督程序的概念。审判监督程序又称为再审程序，是指人民法院对已发生法律效力的判决、裁定、调解书，发现在认定事实或适用法律上确有错误的，依法再次进行审理的一种审判程序。这一程序的法律意义在于贯彻我国长期坚持的实事求是、有错必纠的司法原则，纠正错误裁判，切实保护国家、集体和公民个人的合法权益。

2. 基于当事人诉权的申请再审。法律对当事人申请再审规定了一系列的条件，当事人申请再审符合这些条件的，才能引起再审程序；否则，不能引起再审程序的发生。

申请再审需要具备以下条件。

（1）申请再审的主体必须合法。《民事诉讼法》规定，有权提出申请再审的只能是原审中的当事人，即原审中的原告、被告、有独立请求权的第三人和判决其承担义务的无独立请求权的第三人以及上诉人和被上诉人。

（2）申请再审的对象必须是已经发生法律效力的判决、裁定和调解书。可以申请再审的裁判，包括地方各级人民法院作为一审法院作出的依法可以上诉，但当事人在法定期间内未提起上诉的裁判、第二审人民法院作出的终审裁判以及最高人民法院作出的一审裁判。可以申请再审的调解书包括一审法院和二审法院在当事人达成调解协议的基础上制作的调解书。

（3）申请再审必须在法定期限内提出。《民事诉讼法》规定，当事人申请再审，应当在判决、裁定发生法律效力后二年内提出。

（4）申请再审必须符合法定的事实和理由。当事人的申请符合下列情形之一的，人民法院应当再审：

① 有新的证据，足以推翻原判决、裁定的；

②原判决、裁定认定的基本事实缺乏证据证明的;

③原判决、裁定认定事实的主要证据是伪造的;

④原判决、裁定认定事实的主要证据未经质证的;

⑤对审理案件需要的证据,当事人由于客观原因不能自行收集,书面申请人民法院调查收集,人民法院未调查收集的;

⑥原判决、裁定适用法律确有错误的;

⑦违反法律规定,管辖错误的;

⑧审判组织的组成不合法或者依法应当回避的审判人员没有回避的;

⑨无诉讼行为能力人未经法定代理人代为诉讼或者应当参加诉讼的当事人,因不能归责于本人或者其诉讼代理人的事由,未参加诉讼的;

⑩违反法律规定,剥夺当事人辩论权利的;

⑪未经传票传唤,缺席判决的;

⑫原判决、裁定遗漏或者超出诉讼请求的;

⑬据以作出原判决、裁定的法律文书被撤销或者变更的。

对违反法定程序,可能影响案件正确判决、裁定的情形,或者审判人员在审理该案件时,有贪污受贿、徇私舞弊、枉法裁判行为的,人民法院应当再审。

当事人对已经发生法律效力的调解书,提出证据证明调解违反自愿原则或者调解协议的内容违反法律的,可以申请再审。经人民法院审查属实的,应当再审。

3. 基于审判监督权的再审。人民法院发现已经发生法律效力的判决、裁定确有错误，基于审判监督权，应当决定对案件再行审理。对民事案件基于审判监督权提起再审的人或机关为各级人民法院院长及审判委员会、上级人民法院及最高人民法院。

（1）本院院长及审判委员会提起再审。本院院长发现本院已经发生法律效力的判决、裁定确有错误，需要再审的，应当提交审判委员会讨论决定。决定再审的，应当裁定中止原判决、裁定的执行。

（2）最高人民法院提起再审。最高人民法院对地方各级人民法院已经发生法律效力的判决、裁定，发现确有错误的，有权提审或者指令下级人民法院再审。

（3）上级人民法院提起再审。上级人民法院对下级人民法院已经发生法律效力的判决，发现确有错误的，有权提审或者指令下级人民法院再审。

《民事诉讼法》规定，再审案件原来是一审法院审理终结的，再审时适用第一审程序；原来是二审法院审理终结的，再审时适用第二审程序。但上级人民法院和最高人民法院提审的再审案件，即使原来是一审法院审理终结的，也要按照第二审程序进行审理。

4. 基于检察监督权的抗诉和再审。人民检察院是我国的法律监督机关。人民检察院有权对人民法院的民事审判活动实行法律监督，具体的监督方式主要是人民检察院对人民法院发生法律效力的裁判，认为确有错误，依照法定的程序和方式，提请人民法院进行再审，即通过抗诉行使检察监督权。

《民事诉讼法》规定，对于下列情形，人民检察院可以提出抗诉。

（1）原判决、裁定认定事实的主要证据不足的。

（2）原判决、裁定适用法律确有错误的。

（3）人民法院违反法定程序，可能影响案件正确判决、裁定的。

（4）审判人员在审理该案件时，有贪污受贿、徇私舞弊、枉法裁判行为的。

人民检察院提起抗诉的理由，不仅局限于原裁判在内容上确有错误，而且涉及裁判活动的违法性。

《民事诉讼法》规定，最高人民检察院对各级人民法院已经发生法律效力的判决、裁定，上级人民检察院对下级人民法院已经发生法律效力的判决、裁定，可以提出抗诉；地方各级人民检察院对同级人民法院已发生法律效力的判决、裁定，不得直接提出抗诉，只能提请上级人民检察院提出抗诉。

5. 再审案件的审判程序。

（1）裁定中止原判决的执行。人民法院接到当事人的再审申请后，应当进行审查，认为符合《民事诉讼法》第一百七十九条规定的，应当在立案后，裁定中止原判决的执行，并及时通知双方当事人；认为不符合《民事诉讼法》第一百七十九条规定的，用通知书驳回申请。

（2）另行组成合议庭。人民法院审理再审案件，一律实行合议制。如果由原审人民法院再审的，应当另行组成合议庭。

（3）依照原审程序进行审理。再审的案件原来是第一审审结的，再审时适用第一审程序审理，最高人民法院和上级人民法院提审的除外。再审后所做的判决、裁定，当事人不服，可以上诉。再审的案件原来是第二审审结的，再审时适用第二审程序审理，再审后的判决、裁定为终审裁判，当事人不得上诉。

6. 审理期限。人民法院依据审判监督程序审理的案件，审理期限视具体情况而定：按照一审程序审理的，适用一审期限的规定；按照二审程序审理的，适用二审期限的规定。审理期自决定再审的次日起计算。

三、执行程序

《最高人民法院关于适用＜中华人民共和国民事诉讼法＞执行程序若干问题的解释》于 2009 年 1 月 1 日起施行。

（一）执行和执行程序的概念

执行是指人民法院的执行组织依照法定的程序，对发生法律效力的法律文书所确定的给付内容，以国家的强制力为后盾，依法采取强制措施，迫使义务人履行义务的行为。执行应当具备以下条件：第一，执行以生效法律文书为根据；第二，执行根据必须具备给付内容；第三，执行必须以负有义务的一方当事人无故拒不履行义务为前提。

执行程序是指保证具有执行效力的法律文书得以实施的程序。执行程序是实现民事权利义务关系的程序，是保证审判程序的任务得以实现的有力手段。执行程序具有相对的独立性。首先，经审判程序处理的民事案件并不必然也要经过执行程序。其次，执行程序所适用的案件不只限于审判程序处理的案件范围。如公证机关制作的赋予强制执行效力的债权文书，仲裁机构作出的生效裁决书，需要执行的，也由人民法院适用执行程序进行执行。因此，执行程序既不绝对地依赖于审判程序而存在，也不必然地是审判程序的继续。

（二）执行的原则

执行的原则是指指导执行制度和执行活动的原则，它既是立法工作的指导原则，又是司法活动的指导原则。

根据《民事诉讼法》的基本原则和民事执行的特点，执行应当遵循如下原则。

（1）执行必须以生效的法律文书为根据。执行必须以法定机关制作的、发生法律效力的有给付内容的法律文书为依据，没有据以执行的法律文书，不能开始执行程序。

（2）执行标的有限原则。执行的对象只能是被执行人的财产或行为，不能对被执行人的人身采取强制措施。

（3）人民法院执行与有关单位、个人协助执行相结合的原则。

（4）申请执行与移送执行相结合的原则。

（5）强制执行与说服教育相结合的原则。

（6）依法保护权利的合法权益与适当照顾被执行人的利益相结合的原则。人民法院执行法律文书既要保护权利人的合法权益，又要考虑义务人生活和生产的必需。

（三）执行程序的一般规定

1. 执行机构。它是指人民法院内部设置的负责执行工作、实现执行任务的专门职能机构。《民事诉讼法》第二百零五条规定："执行工作由执行员进行。""采取强制执行措施时，执行员应当出示证件。执行完毕后，应当将执行情况制作笔录，由在场的有关人员签名或者盖章。""人民法院根据需要，可以设立执行机构。"

2. 执行根据。它是指能够据以执行的法律文书。这种法律文书主要有以下三类。

（1）人民法院制作的具有执行内容的法律文书，其中包括发生法律效力的民事判决、裁定，以及刑事判决、裁定中的财产部分。

（2）法律规定由人民法院执行的其他法律文书。其他机关制作的由人民法院执行的法律文书，其中包括公证机关依法赋予强制执行效力的债权文书，仲裁机构制作的依法由人民法院执行的仲裁裁决书。

（3）人民法院制作的承认并执行外国法院判决、裁定或者外国仲裁机构的裁决的裁定书。

3. 执行管辖。它是指划分人民法院办理执行案件的权限和分工，即据以执行的法律文书具体由哪一个法院执行。

《民事诉讼法》第二百零一条规定："发生法律效力的民事判决、裁定，以及刑事判决、裁定中的财产部分，由第一审人民法院或者与第一审人民法院同级的被执行的财产所在地人民法院执行。""法律规定由人民法院执行的其他法律文书，由被执行人住所地或者被执行的财产所在地人民法院执行。"

《最高人民法院关于适用（中华人民共和国民事诉讼法>执行程序若干问题的解释》以立案时间先后为标准，区分两种情况，分别规定了解决重复立案的规则：一是有管辖权的人民法院在立案前发现其他有管辖权的人民法院已经立案的，不得再重复立案。二是如果该法院已经立案，在立案后才发现其他有管辖权的法院已经先立案的，一般应当撤销案件。但后立案的法院已经采取执行措施的，如果一律撤销案件，将可能导致已经控制的财产被隐匿、转移。因此，在这种情况下，后立案的法院应当将控制的财产移交给先立案的执行法院处理。

4. 执行异议。它是指在执行过程中，案外人对被执行的财产的全部或一部分主张权利，要求人民法院停止并变更执行的请求。

《民事诉讼法》第二百零二条规定："当事人、利害关系人认为执行行为违反法律规定的，可以向负责执行的人民法院提出书面异议。当事人、利害关系人提出书面异议的，人民法院应当自收到书面异议之日起十五日内审查，理由成立的，裁定撤销或者改正；理由不成立的，裁定驳回。当事人、利害关系人对裁定不服的，可以自裁定送达之日起十日内向上一级人民法院申请复议。"

《民事诉讼法》第二百零四条规定："执行过程中，案外人对执行标的提出书面异议的，人民法院应当自收到书面异议之日起十五日内审查，理由成立的，裁定中止对该标的的执行；理由不成立的，裁定驳回。案外人、当事人对裁定不服，认为原判决、裁定错误的，依照审判监督程序办理；与原判决、裁定无关的，可以自裁定送达之日起十五日内向人民法院提起诉讼。"

5. 委托执行。它是指有管辖权的人民法院遇到特殊情况，依法将应由本法院执行的案件送交有关的法院代为执行。

《民事诉讼法》第二百零六条规定："被执行人或者被执行的财产在外地的，可以委托当地人民法院代为执行。受委托人民法院收到委托函件后，必须在十五日内开始执行，不得拒绝。执行完毕后，应当将执行结果及时函复委托人民法院；在三十日内如果还未执行完毕，也应当将执行情况函告委托人民法院。""受委托人民法院自收到委托函件之日起十五日内不执行的，委托人民法院可以请求受委托人民法院的上级人民法院指令受委托人民法院执行。"

6. 执行和解。它是指在执行过程中，申请执行人和被执行人自愿协商，达成协议，并经人民法院审查批准后，结束执行程序的行为。

《民事诉讼法》第二百零七条规定："在执行中，双方当事人自行和解达成协议的，执行员应当将协议内容记入笔录，由双方当事人签名或者盖章。""一方当事人不履行和解协议的，人民法院可以根据对方当事人的申请，恢复对原生效法律文书的执行。"

7. 执行担保。它是指在执行过程中，被执行人确有困难，暂时没有偿付能力时，向人民法院提供担保，并经申请执行人同意，由人民法院决定暂缓执行及暂缓执行的期限。这是执行中的变通性制度，是在确保法律文书得以执行的情况下，既照顾被执行人的困难，又尽力保护申请执行人的合法权益不受损害。

《民事诉讼法》第二百零八条规定："在执行中，被执行人向人民法院提供担保，并经申请执行人同意的，人民法院可以决定暂缓执行及暂缓执行的期限。被执行人逾期仍不履行的，人民法院有权执行被执行人的担保财产或者担保人的财产。"

8. 执行承担。它是指在执行程序中，由于出现特殊情况，被执行人的义务由其他的公民、法人或组织履行。执行承担的前提必须是被执行人在执行过程中发生了死亡或终止的情况，人民法院可以据此裁定变更执行主体。

《民事诉讼法》第二百零九条规定："作为被执行人的公民死亡的，以其遗产偿还债务。作为被执行人的法人或者其他组织终止的，由其权利义务承受人履行义务。"

（四）执行程序

1.执行的申请。申请执行是指享有权利的一方当事人根据生效的法律文书，在对方拒不履行义务的情况下，可以向有管辖权的人民法院申请执行。

（1）对生效判决和裁定的申请执行。《民事诉讼法》第二百一十二条第一款规定："发生法律效力的民事判决、裁定，当事人必须履行。一方拒绝履行的，对方当事人可以向人民法院申请执行，也可以由审判员移送执行员执行。"

（2）对生效调解书和其他应当由人民法院执行的法律文书的申请执行。《民事诉讼法》第二百一十二条第二款规定："调解书和其他应当由人民法院执行的法律文书，当事人必须履行。一方拒绝履行的，对方当事人可以向人民法院申请执行。"

（3）对仲裁裁决的申请执行。《民事诉讼法》第二百一十三条第一款规定："对依法设立的仲裁机构的裁决，一方当事人不履行的，对方当事人可以向有管辖权的人民法院申请执行。受申请的人民法院应当执行。"

（4）对公证机关依法赋予强制执行效力的债权文书的申请执行。《民事诉讼法》第二百一十四条第一款规定："对公证机关依法赋予强制执行效力的债权文书，一方当事人不履行的，对方当事人可以向有管辖权的人民法院申请执行，受申请的人民法院应当执行。"

《民事诉讼法》第二百一十五条规定："申请执行的期间为二年。申请执行时效的中止、中断，适用法律有关诉讼时效中止、中断的规定。""前款规定的期间，从法律文书规定履行期间的最后一日起计算；法律文书规定分期履行的，从规定的每次履行期间的最后一日起计算；法律文书未规定履行期间的，从法律文书生效之日起计算。"

2. 移送执行。它是指人民法院的裁判发生法律效力后，由审理该案的审判人员将案件直接交付执行人员执行，从而开始执行程序的行为。

《民事诉讼法》第二百一十二条第一款规定："发生法律效力的民事判决、裁定，当事人必须履行。一方拒绝履行的，对方当事人可以向人民法院申请执行，也可以由审判员移送执行员执行。"

《民事诉讼法》第二百一十六条规定："执行员接到申请执行书或者移交执行书，应当向被执行人发出执行通知，责令其在指定的期间履行，逾期不履行的，强制执行。""被执行人不履行法律文书确定的义务，并有可能隐匿、转移财产的，执行员可以立即采取强制执行措施。"

（五）执行措施

执行措施是指人民法院依照法定程序，强制执行生效法律文书的方法和手段。

《民事诉讼法》第二百一十七条至第二百三十一条规定的执行措施包括查封、扣押、冻结、拍卖、变卖财产、强制迁出房屋或者强制退出土地、财物或者票证交出、划拨存款、搜查、继续履行义务、支付迟延履行金、罚款、拘留等。

（六）执行中止和执行终结

1. 执行中止。它是指在执行过程中，由于某种特殊情况的发生而暂时停止执行程序，待该情况消除后，再恢复执行程序的制度。

在执行过程中，遇到下列情形之一的，人民法院应当裁定中止执行。

（1）申请人表示可以延期执行的。

（2）案外人对执行标的提出确有理由的异议的。

（3）作为一方当事人的公民死亡，需要等待继承人继承权利或者承担义务的。

（4）作为一方当事人的法人或者其他组织终止，尚未确定权利义务承受人的。

（5）人民法院认为应当中止执行的其他情形。如司法实践中，被执行人下落不明。

中止执行的裁定送达当事人后，立即生效。中止的情形消失后，恢复执行。

2. 执行终结。它是指在执行过程中，由于发生某些特殊情况，执行程序不可能或没有必要继续进行，从而结束执行程序的制度。

在执行过程中，有下列情形之一的，人民法院裁定终结执行。

（1）申请人撤销申请的。

（2）据以执行的法律文书被撤销的。

（3）作为被申请执行人的公民死亡，无遗产可供执行，又无义务承担人的。

（4）追索赡养费、抚养费、抚育费案件的权利人死亡的。

（5）作为被执行人的公民因生活困难无力偿还借款，无收入来源，又丧失劳动能力的。

（6）人民法院认为应当终结执行的其他情形。

终结执行的裁定送达当事人后，立即生效。

|附　录|

中华人民共和国主席令

第八十一号

　　《中华人民共和国农业法》已由中华人民共和国第九届全国人民代表大会常务委员会第三十一次会议于2002年12月28日修订通过，现将修订后的《中华人民共和国农业法》公布，自2003年3月1日起施行。

中华人民共和国主席　江泽民
2002年12月28日

中华人民共和国农业法

　　(1993年7月2日第八届全国人民代表大会常务委员会第二次会议通过　2002年12月28日第九届全国人民代表大会常务委员会第三十一次会议修订　2002年12月28日中华人民共和国主席令第八十一号公布　自2003年3月1日起施行)

目　录

第一章　总　则

第一条　为了巩固和加强农业在国民经济中的基础地位，深化农村改革，发展农业生产力，推进农业现代化，维护农民和农业生产经营组织的合法权益，增加农民收入，提高农民科学文化素质，促进农业和农村经济的持续、稳定、健康发展，实现全面建设小康社会的目标，制定本法。

第二条　本法所称农业，是指种植业、林业、畜牧业和渔业等产业，包括与其直接相关的产前、产中、产后服务。

本法所称农业生产经营组织，是指农村集体经济组织、农民专业合作经济组织、农业企业和其他从事农业生产经营的组织。

第三条 国家把农业放在发展国民经济的首位。

农业和农村经济发展的基本目标是：建立适应发展社会主义市场经济要求的农村经济体制，不断解放和发展农村生产力，提高农业的整体素质和效益，确保农产品供应和质量，满足国民经济发展和人口增长、生活改善的需求，提高农民的收入和生活水平，促进农村富余劳动力向非农产业和城镇转移，缩小城乡差别和区域差别，建设富裕、民主、文明的社会主义新农村，逐步实现农业和农村现代化。

第四条 国家采取措施，保障农业更好地发挥在提供食物、工业原料和其他农产品，维护和改善生态环境，促进农村经济社会发展等多方面的作用。

第五条 国家坚持和完善公有制为主体、多种所有制经济共同发展的基本经济制度，振兴农村经济。

国家长期稳定农村以家庭承包经营为基础、统分结合的双层经营体制，发展社会化服务体系，壮大集体经济实力，引导农民走共同富裕的道路。

国家在农村坚持和完善以按劳分配为主体、多种分配方式并存的分配制度。

第六条 国家坚持科教兴农和农业可持续发展的方针。

国家采取措施加强农业和农村基础设施建设，调整、优化农业和农村经济结构，推进农业产业化经营，发展农业科技、教育事业，保护农业生态环境，促进农业机械化和信息化，提高农业综合生产能力。

第七条 国家保护农民和农业生产经营组织的财产及其他合法权益不受侵犯。

各级人民政府及其有关部门应当采取措施增加农民收入，切实减轻农民负担。

第八条 全社会应当高度重视农业，支持农业发展。国家对发展农业和农村经济有显著成绩的单位和个人，给予奖励。

第九条 各级人民政府对农业和农村经济发展工作统一负责，组织各有关部门和全社会做好发展农业和为发展农业服务的各项工作。

国务院农业行政主管部门主管全国农业和农村经济发展工作，国务院林业行政主管部门和其他有关部门在各自的职责范围内，负责有关的农业和农村经济发展工作。

县级以上地方人民政府各农业行政主管部门负责本行政区域内的种植业、畜牧业、渔业等农业和农村经济发展工作，林业行政主管部门负责本行政区域内的林业工作。县级以上地方人民政府其他有关部门在各自的职责范围内，负责本行政区域内有关的为农业生产经营服务的工作。

第二章　农业生产经营体制

第十条　国家实行农村土地承包经营制度，依法保障农村土地承包关系的长期稳定，保护农民对承包土地的使用权。

农村土地承包经营的方式、期限、发包方和承包方的权利义务、土地承包经营权的保护和流转等，适用《中华人民共和国土地管理法》和《中华人民共和国农村土地承包法》。

农村集体经济组织应当在家庭承包经营的基础上，依法管理集体资产，为其成员提供生产、技术、信息等服务，组织合理开发、利用集体资源，壮大经济实力。

第十一条　国家鼓励农民在家庭承包经营的基础上自愿组成各类专业合作经济组织。

农民专业合作经济组织应当坚持为成员服务的宗旨，按照加入自愿、退出自由、民主管理、盈余返还的原则，依法在其章程规定的范围内开展农业生产经营和服务活动。

农民专业合作经济组织可以有多种形式，依法成立、依法登记。任何组织和个人不得侵犯农民专业合作经济组织的财产和经营自主权。

第十二条　农民和农业生产经营组织可以自愿按照

民主管理、按劳分配和按股分红相结合的原则，以资金、技术、实物等入股，依法兴办各类企业。

第十三条　国家采取措施发展多种形式的农业产业化经营，鼓励和支持农民和农业生产经营组织发展生产、加工、销售一体化经营。

国家引导和支持从事农产品生产、加工、流通服务的企业、科研单位和其他组织，通过与农民或者农民专业合作经济组织订立合同或者建立各类企业等形式，形成收益共享、风险共担的利益共同体，推进农业产业化经营，带动农业发展。

第十四条　农民和农业生产经营组织可以按照法律、行政法规成立各种农产品行业协会，为成员提供生产、营销、信息、技术、培训等服务，发挥协调和自律作用，提出农产品贸易救济措施的申请，维护成员和行业的利益。

第三章　农业生产

第十五条　县级以上人民政府根据国民经济和社会发展的中长期规划、农业和农村经济发展的基本目标和农业资源区划，制定农业发展规划。

省级以上人民政府农业行政主管部门根据农业发展规划，采取措施发挥区域优势，促进形成合理的农业生产区域布局，指导和协调农业和农村经济结构调整。

第十六条　国家引导和支持农民和农业生产经营组

织结合本地实际按照市场需求，调整和优化农业生产结构，协调发展种植业、林业、畜牧业和渔业，发展优质、高产、高效益的农业，提高农产品国际竞争力。

种植业以优化品种、提高质量、增加效益为中心，调整作物结构、品种结构和品质结构。

加强林业生态建设，实施天然林保护、退耕还林和防沙治沙工程，加强防护林体系建设，加速营造速生丰产林、工业原料林和薪炭林。

加强草原保护和建设，加快发展畜牧业，推广圈养和舍饲，改良畜禽品种，积极发展饲料工业和畜禽产品加工业。

渔业生产应当保护和合理利用渔业资源，调整捕捞结构，积极发展水产养殖业、远洋渔业和水产品加工业。

县级以上人民政府应当制定政策，安排资金，引导和支持农业结构调整。

第十七条 各级人民政府应当采取措施，加强农业综合开发和农田水利、农业生态环境保护、乡村道路、农村能源和电网、农产品仓储和流通、渔港、草原围栏、动植物原种良种基地等农业和农村基础设施建设，改善农业生产条件，保护和提高农业综合生产能力。

第十八条 国家扶持动植物品种的选育、生产、更新和良种的推广使用，鼓励品种选育和生产、经营相结合，实施种子工程和畜禽良种工程。国务院和省、自治区、直辖市人民政府设立专项资金，用于扶持动植物良种的选育和推广工作。

第十九条 各级人民政府和农业生产经营组织应当加强农田水利设施建设，建立健全农田水利设施的管理制度，节约用水，发展节水型农业，严格依法控制非农业建设占用灌溉水源，禁止任何组织和个人非法占用或者毁损农田水利设施。

国家对缺水地区发展节水型农业给予重点扶持。

第二十条 国家鼓励和支持农民和农业生产经营组织使用先进、适用的农业机械，加强农业机械安全管理，提高农业机械化水平。

国家对农民和农业生产经营组织购买先进农业机械给予扶持。

第二十一条 各级人民政府应当支持为农业服务的气象事业的发展，提高对气象灾害的监测和预报水平。

第二十二条 国家采取措施提高农产品的质量，建立健全农产品质量标准体系和质量检验检测监督体系，按照有关技术规范、操作规程和质量卫生安全标准，组织农产品的生产经营，保障农产品质量安全。

第二十三条 国家支持依法建立健全优质农产品认证和标志制度。

国家鼓励和扶持发展优质农产品生产。县级以上地方人民政府应当结合本地情况，按照国家有关规定采取措施，发展优质农产品生产。

符合国家规定标准的优质农产品可以依照法律或者

行政法规的规定申请使用有关的标志。符合规定产地及生产规范要求的农产品可以依照有关法律或者行政法规的规定申请使用农产品地理标志。

第二十四条 国家实行动植物防疫、检疫制度,健全动植物防疫、检疫体系,加强对动物疫病和植物病、虫、杂草、鼠害的监测、预警、防治,建立重大动物疫情和植物病虫害的快速扑灭机制,建设动物无规定疫病区,实施植物保护工程。

第二十五条 农药、兽药、饲料和饲料添加剂、肥料、种子、农业机械等可能危害人畜安全的农业生产资料的生产经营,依照相关法律、行政法规的规定实行登记或者许可制度。

各级人民政府应当建立健全农业生产资料的安全使用制度,农民和农业生产经营组织不得使用国家明令淘汰和禁止使用的农药、兽药、饲料添加剂等农业生产资料和其他禁止使用的产品。

农业生产资料的生产者、销售者应当对其生产、销售的产品的质量负责,禁止以次充好、以假充真、以不合格的产品冒充合格的产品;禁止生产和销售国家明令淘汰的农药、兽药、饲料添加剂、农业机械等农业生产资料。

第四章 农产品流通与加工

第二十六条 农产品的购销实行市场调节。国家对关系国计民生的重要农产品的购销活动实行必要的宏观调控，建立中央和地方分级储备调节制度，完善仓储运输体系，做到保证供应，稳定市场。

第二十七条　国家逐步建立统一、开放、竞争、有序的农产品市场体系，制定农产品批发市场发展规划。对农村集体经济组织和农民专业合作经济组织建立农产品批发市场和农产品集贸市场，国家给予扶持。

县级以上人民政府工商行政管理部门和其他有关部门按照各自的职责，依法管理农产品批发市场，规范交易秩序，防止地方保护与不正当竞争。

第二十八条　国家鼓励和支持发展多种形式的农产品流通活动。支持农民和农民专业合作经济组织按照国家有关规定从事农产品收购、批发、贮藏、运输、零售和中介活动。鼓励供销合作社和其他从事农产品购销的农业生产经营组织提供市场信息，开拓农产品流通渠道，为农产品销售服务。

县级以上人民政府应当采取措施，督促有关部门保障农产品运输畅通，降低农产品流通成本。有关行政管理部门应当简化手续，方便鲜活农产品的运输，除法律、行政法规另有规定外，不得扣押鲜活农产品的运输工具。

第二十九条　国家支持发展农产品加工业和食品工业，增加农产品的附加值。县级以上人民政府应当制定农产品加工业和食品工业发展规划，引导农产品加工企业形成合理的区域布局和规模结构，扶持农民专业合作经济组织和乡镇企业从事农产品加工和综合开发利用。

国家建立健全农产品加工制品质量标准，完善检测手段，加强农产品加工过程中的质量安全管理和监督，保障食品安全。

第三十条 国家鼓励发展农产品进出口贸易。

国家采取加强国际市场研究、提供信息和营销服务等措施，促进农产品出口。

为维护农产品产销秩序和公平贸易，建立农产品进口预警制度，当某些进口农产品已经或者可能对国内相关农产品的生产造成重大的不利影响时，国家可以采取必要的措施。

第五章　粮食安全

第三十一条 国家采取措施保护和提高粮食综合生产能力，稳步提高粮食生产水平，保障粮食安全。

国家建立耕地保护制度，对基本农田依法实行特殊保护。

第三十二条 国家在政策、资金、技术等方面对粮食主产区给予重点扶持，建设稳定的商品粮生产基地，改善粮食收贮及加工设施，提高粮食主产区的粮食生产、加工水平和经济效益。

国家支持粮食主产区与主销区建立稳定的购销合作关系。

第三十三条 在粮食的市场价格过低时，国务院可以决定对部分粮食品种实行保护价制度。保护价应当根据有利于保护农民利益、稳定粮食生产的原则确定。

农民按保护价制度出售粮食，国家委托的收购单位不得拒收。

县级以上人民政府应当组织财政、金融等部门以及国家委托的收购单位及时筹足粮食收购资金，任何部门、单位或者个人不得截留或者挪用。

第三十四条 国家建立粮食安全预警制度，采取措施保障粮食供给。国务院应当制定粮食安全保障目标与粮食储备数量指标，并根据需要组织有关主管部门进行耕地、粮食库存情况的核查。

国家对粮食实行中央和地方分级储备调节制度，建设仓储运输体系。承担国家粮食储备任务的企业应当按照国家规定保证储备粮的数量和质量。

第三十五条 国家建立粮食风险基金，用于支持粮食储备、稳定粮食市场和保护农民利益。

第三十六条 国家提倡珍惜和节约粮食，并采取措施改善人民的食物营养结构。

第六章 农业投入与支持保护

第三十七条 国家建立和完善农业支持保护体系，采取财政投入、税收优惠、金融支持等措施，从资金投入、科研与技术推广、教育培训、农业生产资料供应、市场信息、质量标准、检验检疫、社会化服务以及灾害救助等方面扶持农民和农业生产经营组织发展农业生产，提高农民的收入水平。

在不与我国缔结或加入的有关国际条约相抵触的情况下，国家对农民实施收入支持政策，具体办法由国务院制定。

第三十八条 国家逐步提高农业投入的总体水平。中央和县级以上地方财政每年对农业总投入的增长幅度应当高于其财政经常性收入的增长幅度。

各级人民政府在财政预算内安排的各项用于农业的资金应当主要用于：加强农业基础设施建设；支持农业结构调整，促进农业产业化经营；保护粮食综合生产能力，保障国家粮食安全；健全动植物检疫、防疫体系，加强动物疫病和植物病、虫、杂草、鼠害防治；建立健全农产品质量标准和检验检测监督体系、农产品市场及信息服务体系；支持农业科研教育、农业技术推广和农民培训；加强农业生态环境保护建设；扶持贫困地区发展；保障农民收入水平等。

县级以上各级财政用于种植业、林业、畜牧业、渔业、农田水利的农业基本建设投入应当统筹安排，协调增长。

国家为加快西部开发，增加对西部地区农业发展和生态环境保护的投入。

第三十九条 县级以上人民政府每年财政预算内安排的各项用于农业的资金应当及时足额拨付。各级人民政府应当加强对国家各项农业资金分配、使用过程的监督管理，保证资金安全，提高资金的使用效率。

任何单位和个人不得截留、挪用用于农业的财政资金和信贷资金。审计机关应当依法加强对用于农业的财政和信贷等资金的审计监督。

第四十条 国家运用税收、价格、信贷等手段，鼓励和引导农民和农业生产经营组织增加农业生产经营性投入和小型农田水利等基本建设投入。

国家鼓励和支持农民和农业生产经营组织在自愿的基础上依法采取多种形式，筹集农业资金。

第四十一条 国家鼓励社会资金投向农业，鼓励企业事业单位、社会团体和个人捐资设立各种农业建设和农业科技、教育基金。

国家采取措施，促进农业扩大利用外资。

第四十二条 各级人民政府应当鼓励和支持企业事业单位及其他各类经济组织开展农业信息服务。

县级以上人民政府农业行政主管部门及其他有关部门应当建立农业信息搜集、整理和发布制度，及时向农民和农业生产经营组织提供市场信息等服务。

第四十三条 国家鼓励和扶持农用工业的发展。

国家采取税收、信贷等手段鼓励和扶持农业生产资料的生产和贸易，为农业生产稳定增长提供物质保障。

国家采取宏观调控措施，使化肥、农药、农用薄膜、农业机械和农用柴油等主要农业生产资料和农产品之间保持合理的比价。

第四十四条 国家鼓励供销合作社、农村集体经济组织、农民专业合作经济组织、其他组织和个人发展多种形式的农业生产产前、产中、产后的社会化服务事业。县级以上人民政府及其各有关部门应当采取措施对农业社会化服务事业给予支持。

对跨地区从事农业社会化服务的，农业、工商管理、交通运输、公安等有关部门应当采取措施给予支持。

第四十五条 国家建立健全农村金融体系，加强农村信用制度建设，加强农村金融监管。

有关金融机构应当采取措施增加信贷投入，改善农村金融服务，对农民和农业生产经营组织的农业生产经营活动提供信贷支持。

农村信用合作社应当坚持为农业、农民和农村经济发展服务的宗旨，优先为当地农民的生产经营活动提供信贷服务。

国家通过贴息等措施，鼓励金融机构向农民和农业生产经营组织的农业生产经营活动提供贷款。

第四十六条 国家建立和完善农业保险制度。

国家逐步建立和完善政策性农业保险制度。鼓励和扶持农民和农业生产经营组织建立为农业生产经营活动服务的互助合作保险组织，鼓励商业性保险公司开展农业保险业务。

农业保险实行自愿原则。任何组织和个人不得强制农民和农业生产经营组织参加农业保险。

第四十七条 各级人民政府应当采取措施，提高农业防御自然灾害的能力，做好防灾、抗灾和救灾工作，帮助灾民恢复生产，组织生产自救，开展社会互助互济；对没有基本生活保障的灾民给予救济和扶持。

第七章 农业科技与农业教育

第四十八条 国务院和省级人民政府应当制定农业科技、农业教育发展规划，发展农业科技、教育事业。

县级以上人民政府应当按照国家有关规定逐步增加农业科技经费和农业教育经费。

国家鼓励、吸引企业等社会力量增加农业科技投入，鼓励农民、农业生产经营组织、企业事业单位等依法举办农业科技、教育事业。

第四十九条 国家保护植物新品种、农产品地理标志等知识产权，鼓励和引导农业科研、教育单位加强农业科学技术的基础研究和应用研究，传播和普及农业科学技术知识，加速科技成果转化与产业化，促进农业科学技术进步。

国务院有关部门应当组织农业重大关键技术的科技攻关。国家采取措施促进国际农业科技、教育合作与交流，鼓励引进国外先进技术。

第五十条 国家扶持农业技术推广事业，建立政府扶持和市场引导相结合，有偿与无偿服务相结合，国家农业技术推广机构和社会力量相结合的农业技术推广体系，促使先进的农业技术尽快应用于农业生产。

第五十一条 国家设立的农业技术推广机构应当以农业技术试验示范基地为依托，承担公共所需的关键性技术的推广和示范工作，为农民和农业生产经营组织提供公益性农业技术服务。

县级以上人民政府应当根据农业生产发展需要，稳定和加强农业技术推广队伍，保障农业技术推广机构的工作经费。

各级人民政府应当采取措施，按照国家规定保障和改善从事农业技术推广工作的专业科技人员的工作条件、工资待遇和生活条件，鼓励他们为农业服务。

第五十二条 农业科研单位、有关学校、农业技术推广机构以及科技人员，根据农民和农业生产经营组织的需要，可以提供无偿服务，也可以通过技术转让、技术服务、技术承包、技术入股等形式，提供有偿服务，取得合法收益。农业科研单位、有关学校、农业技术推广机构以及科技人员应当提高服务水平，保证服务质量。

对农业科研单位、有关学校、农业技术推广机构举办的为农业服务的企业，国家在税收、信贷等方面给予优惠。

国家鼓励农民、农民专业合作经济组织、供销合作社、企业事业单位等参与农业技术推广工作。

第五十三条 国家建立农业专业技术人员继续教育

制度。县级以上人民政府农业行政主管部门会同教育、人事等有关部门制定农业专业技术人员继续教育计划，并组织实施。

第五十四条 国家在农村依法实施义务教育，并保障义务教育经费。国家在农村举办的普通中小学校教职工工资由县级人民政府按照国家规定统一发放，校舍等教学设施的建设和维护经费由县级人民政府按照国家规定统一安排。

第五十五条 国家发展农业职业教育。国务院有关部门按照国家职业资格证书制度的统一规定，开展农业行业的职业分类、职业技能鉴定工作，管理农业行业的职业资格证书。

第五十六条 国家采取措施鼓励农民采用先进的农业技术，支持农民举办各种科技组织，开展农业实用技术培训、农民绿色证书培训和其他就业培训，提高农民的文化技术素质。

第八章　农业资源与农业环境保护

第五十七条 发展农业和农村经济必须合理利用和保护土地、水、森林、草原、野生动植物等自然资源，合理开发和利用水能、沼气、太阳能、风能等可再生能源和清洁能源，发展生态农业，保护和改善生态环境。

县级以上人民政府应当制定农业资源区划或者农业资源合理利用和保护的区划，建立农业资源监测制度。

第五十八条 农民和农业生产经营组织应当保养耕地，合理使用化肥、农药、农用薄膜，增加使用有机肥料，采用先进技术，保护和提高地力，防止农用地的污染、破坏和地力衰退。

县级以上人民政府农业行政主管部门应当采取措施，支持农民和农业生产经营组织加强耕地质量建设，并对耕地质量进行定期监测。

第五十九条 各级人民政府应当采取措施，加强小流域综合治理，预防和治理水土流失。从事可能引起水土流失的生产建设活动的单位和个人，必须采取预防措施，并负责治理因生产建设活动造成的水土流失。

各级人民政府应当采取措施，预防土地沙化，治理沙化土地。国务院和沙化土地所在地区的县级以上地方人民政府应当按照法律规定制定防沙治沙规划，并组织实施。

第六十条 国家实行全民义务植树制度。各级人民政府应当采取措施，组织群众植树造林，保护林地和林木，预防森林火灾，防治森林病虫害，制止滥伐、盗伐林木，提高森林覆盖率。

国家在天然林保护区域实行禁伐或者限伐制度，加强造林护林。

第六十一条 有关地方人民政府，应当加强草原的保护、建设和管理，指导、组织农（牧）民和农（牧）业生产经营组织建设人工草场、饲草饲料基地和改良天然草原，实行以草定畜，控制载畜量，推行划区轮牧、休牧和禁牧制度，保护草原植被，防止草原退化沙化和盐渍化。

第六十二条　禁止毁林毁草开垦、烧山开垦以及开垦国家禁止开垦的陡坡地，已经开垦的应当逐步退耕还林、还草。

禁止围湖造田以及围垦国家禁止围垦的湿地。已经围垦的，应当逐步退耕还湖、还湿地。

对在国务院批准规划范围内实施退耕的农民，应当按照国家规定予以补助。

第六十三条　各级人民政府应当采取措施，依法执行捕捞限额和禁渔、休渔制度，增殖渔业资源，保护渔业水域生态环境。

国家引导、支持从事捕捞业的农（渔）民和农（渔）业生产经营组织从事水产养殖业或者其他职业，对根据当地人民政府统一规划转产转业的农（渔）民，应当按照国家规定予以补助。

第六十四条　国家建立与农业生产有关的生物物种资源保护制度，保护生物多样性，对稀有、濒危、珍贵生物资源及其原生地实行重点保护。从境外引进生物物种资源应当依法进行登记或者审批，并采取相应安全控制措施。

农业转基因生物的研究、试验、生产、加工、经营及其他应用，必须依照国家规定严格实行各项安全控制措施。

第六十五条 各级农业行政主管部门应当引导农民和农业生产经营组织采取生物措施或者使用高效低毒低残留农药、兽药，防治动植物病、虫、杂草、鼠害。

农产品采收后的秸秆及其他剩余物质应当综合利用，妥善处理，防止造成环境污染和生态破坏。

从事畜禽等动物规模养殖的单位和个人应当对粪便、废水及其他废弃物进行无害化处理或者综合利用，从事水产养殖的单位和个人应当合理投饵、施肥、使用药物，防止造成环境污染和生态破坏。

第六十六条 县级以上人民政府应当采取措施，督促有关单位进行治理，防治废水、废气和固体废弃物对农业生态环境的污染。排放废水、废气和固体废弃物造成农业生态环境污染事故的，由环境保护行政主管部门或者农业行政主管部门依法调查处理；给农民和农业生产经营组织造成损失的，有关责任者应当依法赔偿。

第九章　农民权益保护

第六十七条 任何机关或者单位向农民或者农业生产经营组织收取行政、事业性费用必须依据法律、法规的规定。收费的项目、范围和标准应当公布。没有法律、法规依据的收费，农民和农业生产经营组织有权拒绝。

任何机关或者单位对农民或者农业生产经营组织进行罚款处罚必须依据法律、法规、规章的规定。没有法律、法规、规章依据的罚款，农民和农业生产经营组织有权拒绝。

任何机关或者单位不得以任何方式向农民或者农业生产经营组织进行摊派。除法律、法规另有规定外，任何机关或者单位以任何方式要求农民或者农业生产经营组织提供人力、财力、物力的，属于摊派。农民和农业生产经营组织有权拒绝任何方式的摊派。

第六十八条 各级人民政府及其有关部门和所属单位不得以任何方式向农民或者农业生产经营组织集资。

没有法律、法规依据或者未经国务院批准，任何机关或者单位不得在农村进行任何形式的达标、升级、验收活动。

第六十九条 农民和农业生产经营组织依照法律、行政法规的规定承担纳税义务。税务机关及代扣、代收税款的单位应当依法征税，不得违法摊派税款及以其他违法方法征税。

第七十条 农村义务教育除按国务院规定收取的费用外，不得向农民和学生收取其他费用。禁止任何机关或者单位通过农村中小学校向农民收费。

第七十一条 国家依法征用农民集体所有的土地，应当保护农民和农村集体经济组织的合法权益，依法给予农民和农村集体经济组织征地补偿，任何单位和个人不得截留、挪用征地补偿费用。

第七十二条 各级人民政府、农村集体经济组织或者村民委员会在农业和农村经济结构调整、农业产业化经营和土地承包经营权流转等过程中，不得侵犯农民的土地承包经营权，不得干涉农民自主安排的生产经营项目，不得强迫农民购买指定的生产资料或者按指定的渠道销售农产品。

第七十三条 农村集体经济组织或者村民委员会为发展生产或者兴办公益事业，需要向其成员（村民）筹资筹劳的，应当经成员（村民）会议或者成员（村民）代表会议过半数通过后，方可进行。

农村集体经济组织或者村民委员会依照前款规定筹资筹劳的，不得超过省级以上人民政府规定的上限控制标准，禁止强行以资代劳。

农村集体经济组织和村民委员会对涉及农民利益的重要事项，应当向农民公开，并定期公布财务账目，接受农民的监督。

第七十四条 任何单位和个人向农民或者农业生产经营组织提供生产、技术、信息、文化、保险等有偿服务，必须坚持自愿原则，不得强迫农民和农业生产经营组织接受服务。

第七十五条 农产品收购单位在收购农产品时，不得压级压价，不得在支付的价款中扣缴任何费用。法律、行政法规规定代扣、代收税款的，依照法律、行政法规的规定办理。

农产品收购单位与农产品销售者因农产品的质量等

级发生争议的，可以委托具有法定资质的农产品质量检验机构检验。

第七十六条　农业生产资料使用者因生产资料质量问题遭受损失的，出售该生产资料的经营者应当予以赔偿，赔偿额包括购货价款、有关费用和可得利益损失。

第七十七条　农民或者农业生产经营组织为维护自身的合法权益，有向各级人民政府及其有关部门反映情况和提出合法要求的权利，人民政府及其有关部门对农民或者农业生产经营组织提出的合理要求，应当按照国家规定及时给予答复。

第七十八条　违反法律规定，侵犯农民权益的，农民或者农业生产经营组织可以依法申请行政复议或者向人民法院提起诉讼，有关人民政府及其有关部门或者人民法院应当依法受理。

人民法院和司法行政主管机关应当依照有关规定为农民提供法律援助。

第十章　农村经济发展

第七十九条　国家坚持城乡协调发展的方针，扶持农村第二、第三产业发展，调整和优化农村经济结构，增加农民收入，促进农村经济全面发展，逐步缩小城乡差别。

第八十条　各级人民政府应当采取措施，发展乡镇企业，支持农业的发展，转移富余的农业劳动力。

国家完善乡镇企业发展的支持措施，引导乡镇企业优化结构，更新技术，提高素质。

第八十一条 县级以上地方人民政府应当根据当地的经济发展水平、区位优势和资源条件，按照合理布局、科学规划、节约用地的原则，有重点地推进农村小城镇建设。

地方各级人民政府应当注重运用市场机制，完善相应政策，吸引农民和社会资金投资小城镇开发建设，发展第二、第三产业，引导乡镇企业相对集中发展。

第八十二条 国家采取措施引导农村富余劳动力在城乡、地区间合理有序流动。地方各级人民政府依法保护进入城镇就业的农村劳动力的合法权益，不得设置不合理限制，已经设置的应当取消。

第八十三条 国家逐步完善农村社会救济制度，保障农村五保户、贫困残疾农民、贫困老年农民和其他丧失劳动能力的农民的基本生活。

第八十四条 国家鼓励、支持农民巩固和发展农村合作医疗和其他医疗保障形式，提高农民健康水平。

第八十五条 国家扶持贫困地区改善经济发展条件，帮助进行经济开发。省级人民政府根据国家关于扶持贫困地区的总体目标和要求，制定扶贫开发规划，并组织实施。

各级人民政府应当坚持开发式扶贫方针，组织贫困地区的农民和农业生产经营组织合理使用扶贫资金，依靠自身力量改变贫穷落后面貌，引导贫困地区的农民调整经济结构、开发当地资源。扶贫开发应当坚持与资源保护、生态建设相结合，促进贫困地区经济、社会的协调发展和全面进步。

第八十六条 中央和省级财政应当把扶贫开发投入列入年度财政预算，并逐年增加，加大对贫困地区的财政转移支付和建设资金投入。

国家鼓励和扶持金融机构、其他企业事业单位和个人投入资金支持贫困地区开发建设。

禁止任何单位和个人截留、挪用扶贫资金。审计机关应当加强扶贫资金的审计监督。

第十一章　执法监督

第八十七条 县级以上人民政府应当采取措施逐步完善适应社会主义市场经济发展要求的农业行政管理体制。

县级以上人民政府农业行政主管部门和有关行政主管部门应当加强规划、指导、管理、协调、监督、服务职责，依法行政，公正执法。

县级以上地方人民政府农业行政主管部门应当在其职责范围内健全行政执法队伍，实行综合执法，提高执法效率和水平。

第八十八条 县级以上人民政府农业行政主管部门及其执法人员履行执法监督检查职责时，有权采取下列措施：

（一）要求被检查单位或者个人说明情况，提供有关文件、证照、资料；

（二）责令被检查单位或者个人停止违反本法的行为，履行法定义务。

农业行政执法人员在履行监督检查职责时，应当向被检查单位或者个人出示行政执法证件，遵守执法程序。有关单位或者个人应当配合农业行政执法人员依法执行职务，不得拒绝和阻碍。

第八十九条 农业行政主管部门与农业生产、经营单位必须在机构、人员、财务上彻底分离。农业行政主管部门及其工作人员不得参与和从事农业生产经营活动。

第十二章 法律责任

第九十条 违反本法规定，侵害农民和农业生产经营组织的土地承包经营权等财产权或者其他合法权益的，应当停止侵害，恢复原状；造成损失、损害的，依法承担赔偿责任。

国家工作人员利用职务便利或者以其他名义侵害农民和农业生产经营组织的合法权益的，应当赔偿损失，并由其所在单位或者上级主管机关给予行政处分。

第九十一条 违反本法第十九条、第二十五条、第六十二条、第七十一条规定的，依照相关法律或者行政法规的规定予以处罚。

第九十二条 有下列行为之一的，由上级主管机关责令限期归还被截留、挪用的资金，没收非法所得，并由上级主管机关或者所在单位给予直接负责的主管人员和其他直接责任人员行政处分；构成犯罪的，依法追究刑事责任：

（一）违反本法第三十三条第三款规定，截留、挪用粮食收购资金的；

（二）违反本法第三十九条第二款规定，截留、挪用用于农业的财政资金和信贷资金的；

（三）违反本法第八十六条第三款规定，截留、挪用扶贫资金的。

第九十三条 违反本法第六十七条规定，向农民或者农业生产经营组织违法收费、罚款、摊派的，上级主管机关应当予以制止，并予公告；已经收取钱款或者已经使用人力、物力的，由上级主管机关责令限期归还已经收取的钱款或者折价偿还已经使用的人力、物力，并由上级主管机关或者所在单位给予直接负责的主管人员和其他直接责任人员行政处分；情节严重，构成犯罪的，依法追究刑事责任。

第九十四条 有下列行为之一的，由上级主管机关责令停止违法行为，并给予直接负责的主管人员和其他直接责任人员行政处分，责令退还违法收取的集资款、税款或者费用：

（一）违反本法第六十八条规定，非法在农村进行集资、达标、升级、验收活动的；

（二）违反本法第六十九条规定，以违法方法向农民征税的；

（三）违反本法第七十条规定，通过农村中小学校向农民超额、超项目收费的。

第九十五条　违反本法第七十三条第二款规定，强迫农民以资代劳的，由乡（镇）人民政府责令改正，并退还违法收取的资金。

第九十六条　违反本法第七十四条规定，强迫农民和农业生产经营组织接受有偿服务的，由有关人民政府责令改正，并返还其违法收取的费用；情节严重的，给予直接负责的主管人员和其他直接责任人员行政处分；造成农民和农业生产经营组织损失的，依法承担赔偿责任。

第九十七条　县级以上人民政府农业行政主管部门的工作人员违反本法规定参与和从事农业生产经营活动的，依法给予行政处分；构成犯罪的，依法追究刑事责任。

第十三章　附　则

第九十八条　本法有关农民的规定，适用于国有农场、牧场、林场、渔场等企业事业单位实行承包经营的职工。

第九十九条　本法自 2003 年 3 月 1 日起施行。

中华人民共和国主席令

第三十七号

　　《中华人民共和国村民委员会组织法》已由中华人民共和国第十一届全国人民代表大会常务委员会第十七次会议于 2010 年 10 月 28 日修订通过，现将修订后的《中华人民共和国村民委员会组织法》公布，自公布之日起施行。

中华人民共和国主席　胡锦涛

2010 年 10 月 28 日

中华人民共和国村民委员会组织法

　　(1998 年 11 月 4 日第九届全国人民代表大会常务委员会第五次会议通过　2010 年 10 月 28 日第十一届全国人民代表大会常务委员会第十七次会议修订)

目　录

第一章　总　则

第一条　为了保障农村村民实行自治，由村民依法办理自己的事情，发展农村基层民主，维护村民的合法权益，促进社会主义新农村建设，根据宪法，制定本法。

第二条　村民委员会是村民自我管理、自我教育、自我服务的基层群众性自治组织，实行民主选举、民主决策、民主管理、民主监督。

村民委员会办理本村的公共事务和公益事业，调解民间纠纷，协助维护社会治安，向人民政府反映村民的意见、要求和提出建议。

村民委员会向村民会议、村民代表会议负责并报告工作。

第三条　村民委员会根据村民居住状况、人口多少，按照便于群众自治，有利于经济发展和社会管理的原则设立。

村民委员会的设立、撤销、范围调整，由乡、民族乡、镇的人民政府提出，经村民会议讨论同意，报县级人民政府批准。

村民委员会可以根据村民居住状况、集体土地所有权关系等分设若干村民小组。

第四条　中国共产党在农村的基层组织，按照中国共产党章程进行工作，发挥领导核心作用，领导和支持村民委员会行使职权；依照宪法和法律，支持和保障村民开展自治活动、直接行使民主权利。

第五条　乡、民族乡、镇的人民政府对村民委员会的工作给予指导、支持和帮助，但是不得干预依法属于村民自治范围内的事项。

村民委员会协助乡、民族乡、镇的人民政府开展工作。

第二章　村民委员会的组成和职责

第六条　村民委员会由主任、副主任和委员共三至七人组成。

村民委员会成员中，应当有妇女成员，多民族村民居住的村应当有人数较少的民族的成员。

对村民委员会成员，根据工作情况，给予适当补贴。

第七条　村民委员会根据需要设人民调解、治安保卫、公共卫生与计划生育等委员会。村民委员会成员可以兼任下属委员会的成员。人口少的村的村民委员会可以不设下属委员会，由村民委员会成员分工负责人民调解、治安保卫、公共卫生与计划生育等工作。

第八条　村民委员会应当支持和组织村民依法发展各种形式的合作经济和其他经济，承担本村生产的服务和协调工作，促进农村生产建设和经济发展。

村民委员会依照法律规定，管理本村属于村农民集体所有的土地和其他财产，引导村民合理利用自然资源，保护和改善生态环境。

村民委员会应当尊重并支持集体经济组织依法独立进行经济活动的自主权，维护以家庭承包经营为基础、统分结合的双层经营体制，保障集体经济组织和村民、承包经营户、联户或者合伙的合法财产权和其他合法权益。

第九条 村民委员会应当宣传宪法、法律、法规和国家的政策，教育和推动村民履行法律规定的义务、爱护公共财产，维护村民的合法权益，发展文化教育，普及科技知识，促进男女平等，做好计划生育工作，促进村与村之间的团结、互助，开展多种形式的社会主义精神文明建设活动。

村民委员会应当支持服务性、公益性、互助性社会组织依法开展活动，推动农村社区建设。

多民族村民居住的村，村民委员会应当教育和引导各民族村民增进团结、互相尊重、互相帮助。

第十条 村民委员会及其成员应当遵守宪法、法律、法规和国家的政策，遵守并组织实施村民自治章程、村规民约，执行村民会议、村民代表会议的决定、决议，办事公道，廉洁奉公，热心为村民服务，接受村民监督。

第三章　村民委员会的选举

第十一条 村民委员会主任、副主任和委员，由村民直接选举产生。任何组织或者个人不得指定、委派或者撤换村民委员会成员。

村民委员会每届任期三年，届满应当及时举行换届选举。村民委员会成员可以连选连任。

第十二条 村民委员会的选举，由村民选举委员会主持。

村民选举委员会由主任和委员组成，由村民会议、村民代表会议或者各村民小组会议推选产生。

村民选举委员会成员被提名为村民委员会成员候选人，应当退出村民选举委员会。

村民选举委员会成员退出村民选举委员会或者因其他原因出缺的，按照原推选结果依次递补，也可以另行推选。

第十三条 年满十八周岁的村民，不分民族、种族、性别、职业、家庭出身、宗教信仰、教育程度、财产状况、居住期限，都有选举权和被选举权；但是，依照法律被剥夺政治权利的人除外。

村民委员会选举前，应当对下列人员进行登记，列入参加选举的村民名单：

（一）户籍在本村并且在本村居住的村民；

（二）户籍在本村，不在本村居住，本人表示参加选举的村民；

（三）户籍不在本村，在本村居住一年以上，本人申请参加选举，并且经村民会议或者村民代表会议同意参加选举的公民。

已在户籍所在村或者居住村登记参加选举的村民，

不得再参加其他地方村民委员会的选举。

第十四条 登记参加选举的村民名单应当在选举日的二十日前由村民选举委员会公布。

对登记参加选举的村民名单有异议的，应当自名单公布之日起五日内向村民选举委员会申诉，村民选举委员会应当自收到申诉之日起三日内作出处理决定，并公布处理结果。

第十五条 选举村民委员会，由登记参加选举的村民直接提名候选人。村民提名候选人，应当从全体村民利益出发，推荐奉公守法、品行良好、公道正派、热心公益、具有一定文化水平和工作能力的村民为候选人。候选人的名额应当多于应选名额。村民选举委员会应当组织候选人与村民见面，由候选人介绍履行职责的设想，回答村民提出的问题。

选举村民委员会，有登记参加选举的村民过半数投票，选举有效；候选人获得参加投票的村民过半数的选票，始得当选。当选人数不足应选名额的，不足的名额另行选举。另行选举的，第一次投票未当选的人员得票多的为候选人，候选人以得票多的当选，但是所得票数不得少于已投选票总数的三分之一。

选举实行无记名投票、公开计票的方法，选举结果应当当场公布。选举时，应当设立秘密写票处。

登记参加选举的村民，选举期间外出不能参加投票的，可以书面委托本村有选举权的近亲属代为投票。村民选举委员会应当公布委托人和受委托人的名单。

具体选举办法由省、自治区、直辖市的人民代表大会常务委员会规定。

第十六条 本村五分之一以上有选举权的村民或者三分之一以上的村民代表联名，可以提出罢免村民委员会成员的要求，并说明要求罢免的理由。被提出罢免的村民委员会成员有权提出申辩意见。

罢免村民委员会成员，须有登记参加选举的村民过半数投票，并须经投票的村民过半数通过。

第十七条 以暴力、威胁、欺骗、贿赂、伪造选票、虚报选举票数等不正当手段当选村民委员会成员的，当选无效。

对以暴力、威胁、欺骗、贿赂、伪造选票、虚报选举票数等不正当手段，妨害村民行使选举权、被选举权，破坏村民委员会选举的行为，村民有权向乡、民族乡、镇的人民代表大会和人民政府或者县级人民代表大会常务委员会和人民政府及其有关主管部门举报，由乡级或者县级人民政府负责调查并依法处理。

第十八条 村民委员会成员丧失行为能力或者被判处刑罚的，其职务自行终止。

第十九条 村民委员会成员出缺，可以由村民会议或者村民代表会议进行补选。补选程序参照本法第十五条的规定办理。补选的村民委员会成员的任期到本届村民委员会任期届满时止。

第二十条 村民委员会应当自新一届村民委员会产生之日起十日内完成工作移交。工作移交由村民选举委员会主持，由乡、民族乡、镇的人民政府监督。

第四章 村民会议和村民代表会议

第二十一条 村民会议由本村十八周岁以上的村民组成。

村民会议由村民委员会召集。有十分之一以上的村民或者三分之一以上的村民代表提议，应当召集村民会议。召集村民会议，应当提前十天通知村民。

第二十二条 召开村民会议，应当有本村十八周岁以上村民的过半数，或者本村三分之二以上的户的代表参加，村民会议所作决定应当经到会人员的过半数通过。法律对召开村民会议及作出决定另有规定的，依照其规定。

召开村民会议，根据需要可以邀请驻本村的企业、事业单位和群众组织派代表列席。

第二十三条 村民会议审议村民委员会的年度工作报告，评议村民委员会成员的工作；有权撤销或者变更村民委员会不适当的决定；有权撤销或者变更村民代表会议不适当的决定。

村民会议可以授权村民代表会议审议村民委员会的年度工作报告，评议村民委员会成员的工作，撤销或者变更村民委员会不适当的决定。

第二十四条 涉及村民利益的下列事项，经村民会议讨论决定方可办理：

（一）本村享受误工补贴的人员及补贴标准；

（二）从村集体经济所得收益的使用；

（三）本村公益事业的兴办和筹资筹劳方案及建设承包方案；

（四）土地承包经营方案；

（五）村集体经济项目的立项、承包方案；

（六）宅基地的使用方案；

（七）征地补偿费的使用、分配方案；

（八）以借贷、租赁或者其他方式处分村集体财产；

（九）村民会议认为应当由村民会议讨论决定的涉及村民利益的其他事项。

村民会议可以授权村民代表会议讨论决定前款规定的事项。

法律对讨论决定村集体经济组织财产和成员权益的事项另有规定的，依照其规定。

第二十五条 人数较多或者居住分散的村，可以设立村民代表会议，讨论决定村民会议授权的事项。村民代表会议由村民委员会成员和村民代表组成，村民代表应当占村民代表会议组成人员的五分之四以上，妇女村民代表应当占村民代表会议组成人员的三分之一以上。

村民代表由村民按每五户至十五户推选一人，或者由各村民小组推选若干人。村民代表的任期与村民委员会的任期相同。村民代表可以连选连任。

村民代表应当向其推选户或者村民小组负责，接受村民监督。

第二十六条 村民代表会议由村民委员会召集。村民代表会议每季度召开一次。有五分之一以上的村民代表提议，应当召集村民代表会议。

村民代表会议有三分之二以上的组成人员参加方可召开，所作决定应当经到会人员的过半数同意。

第二十七条 村民会议可以制定和修改村民自治章程、村规民约，并报乡、民族乡、镇的人民政府备案。

村民自治章程、村规民约以及村民会议或者村民代表会议的决定不得与宪法、法律、法规和国家的政策相抵触，不得有侵犯村民的人身权利、民主权利和合法财产权利的内容。

村民自治章程、村规民约以及村民会议或者村民代表会议的决定违反前款规定的，由乡、民族乡、镇的人民政府责令改正。

第二十八条 召开村民小组会议，应当有本村民小组十八周岁以上的村民三分之二以上，或者本村民小组三分之二以上的户的代表参加，所作决定应当经到会人员的过半数同意。

村民小组组长由村民小组会议推选。村民小组组长任期与村民委员会的任期相同，可以连选连任。

属于村民小组的集体所有的土地、企业和其他财产

的经营管理以及公益事项的办理，由村民小组会议依照
有关法律的规定讨论决定，所作决定及实施情况应当及
时向本村民小组的村民公布。

第五章　民主管理和民主监督

第二十九条　村民委员会应当实行少数服从多数的
民主决策机制和公开透明的工作原则，建立健全各种工
作制度。

第三十条　村民委员会实行村务公开制度。

村民委员会应当及时公布下列事项，接受村民的监
督：

（一）本法第二十三条、第二十四条规定的由村民会
议、村民代表会议讨论决定的事项及其实施情况；

（二）国家计划生育政策的落实方案；

（三）政府拨付和接受社会捐赠的救灾救助、补贴补
助等资金、物资的管理使用情况；

（四）村民委员会协助人民政府开展工作的情况；

（五）涉及本村村民利益，村民普遍关心的其他事
项。

前款规定事项中，一般事项至少每季度公布一次；
集体财务往来较多的，财务收支情况应当每月公布一次；
涉及村民利益的重大事项应当随时公布。

村民委员会应当保证所公布事项的真实性，并接受
村民的查询。

第三十一条　村民委员会不及时公布应当公布的事项或者公布的事项不真实的，村民有权向乡、民族乡、镇的人民政府或者县级人民政府及其有关主管部门反映，有关人民政府或者主管部门应当负责调查核实，责令依法公布；经查证确有违法行为的，有关人员应当依法承担责任。

第三十二条　村应当建立村务监督委员会或者其他形式的村务监督机构，负责村民民主理财，监督村务公开等制度的落实，其成员由村民会议或者村民代表会议在村民中推选产生，其中应有具备财会、管理知识的人员。村民委员会成员及其近亲属不得担任村务监督机构成员。村务监督机构成员向村民会议和村民代表会议负责，可以列席村民委员会会议。

第三十三条　村民委员会成员以及由村民或者村集体承担误工补贴的聘用人员，应当接受村民会议或者村民代表会议对其履行职责情况的民主评议。民主评议每年至少进行一次，由村务监督机构主持。

村民委员会成员连续两次被评议不称职的，其职务终止。

第三十四条　村民委员会和村务监督机构应当建立村务档案。村务档案包括：选举文件和选票，会议记录，土地发包方案和承包合同，经济合同，集体财务账目，集体资产登记文件，公益设施基本资料，基本建设资料，宅基地使用方案，征地补偿费使用及分配方案等。村务档案应当真实、准确、完整、规范。

第三十五条 村民委员会成员实行任期和离任经济责任审计，审计包括下列事项：

（一）本村财务收支情况；

（二）本村债权债务情况；

（三）政府拨付和接受社会捐赠的资金、物资管理使用情况；

（四）本村生产经营和建设项目的发包管理以及公益事业建设项目招标投标情况；

（五）本村资金管理使用以及本村集体资产、资源的承包、租赁、担保、出让情况，征地补偿费的使用、分配情况；

（六）本村五分之一以上的村民要求审计的其他事项。

村民委员会成员的任期和离任经济责任审计，由县级人民政府农业部门、财政部门或者乡、民族乡、镇的人民政府负责组织，审计结果应当公布，其中离任经济责任审计结果应当在下一届村民委员会选举之前公布。

第三十六条 村民委员会或者村民委员会成员作出的决定侵害村民合法权益的，受侵害的村民可以申请人民法院予以撤销，责任人依法承担法律责任。

村民委员会不依照法律、法规的规定履行法定义务的，由乡、民族乡、镇的人民政府责令改正。

乡、民族乡、镇的人民政府干预依法属于村民自治范围事项的，由上一级人民政府责令改正。

第六章　附　则

第三十七条　人民政府对村民委员会协助政府开展工作应当提供必要的条件；人民政府有关部门委托村民委员会开展工作需要经费的，由委托部门承担。

村民委员会办理本村公益事业所需的经费，由村民会议通过筹资筹劳解决；经费确有困难的，由地方人民政府给予适当支持。

第三十八条　驻在农村的机关、团体、部队、国有及国有控股企业、事业单位及其人员不参加村民委员会组织，但应当通过多种形式参与农村社区建设，并遵守有关村规民约。

村民委员会、村民会议或者村民代表会议讨论决定与前款规定的单位有关的事项，应当与其协商。

第三十九条　地方各级人民代表大会和县级以上地方各级人民代表大会常务委员会在本行政区域内保证本法的实施，保障村民依法行使自治权利。

第四十条　省、自治区、直辖市的人民代表大会常务委员会根据本法，结合本行政区域的实际情况，制定实施办法。

第四十一条　本法自公布之日起施行。

中华人民共和国主席令

第五十七号

《中华人民共和国农民专业合作社法》已由中华人民共和国第十届全国人民代表大会常务委员第二十四次会议于2006年10月31日通过，现予公布，自2007年7月1日起施行。

中华人民共和国主席　胡锦涛

2006年10月31日

中华人民共和国农民专业合作社法

（2006年10月31日第十届全国人民代表大会常务委员会第二十四次会议通过）

目　录

第九章　附　则

第一章　总　则

第一条　为了支持、引导农民专业合作社的发展，规范农民专业合作社的组织和行为，保护农民专业合作社及其成员的合法权益，促进农业和农村经济的发展，制定本法。

第二条　农民专业合作社是在农村家庭承包经营基础上，同类农产品的生产经营者或者同类农业生产经营服务的提供者、利用者，自愿联合、民主管理的互助性经济组织。

农民专业合作社以其成员为主要服务对象，提供农业生产资料的购买，农产品的销售、加工、运输、贮藏以及与农业生产经营有关的技术、信息等服务。

第三条　农民专业合作社应当遵循下列原则：

（一）成员以农民为主体；

（二）以服务成员为宗旨，谋求全体成员的共同利益；

（三）入社自愿、退社自由；

（四）成员地位平等，实行民主管理；

（五）盈余主要按照成员与农民专业合作社的交易量（额）比例返还。

第四条　农民专业合作社依照本法登记，取得法人资格。

农民专业合作社对由成员出资、公积金、国家财政直接补助、他人捐赠以及合法取得的其他资产所形成的财产，享有占有、使用和处分的权利，并以上述财产对债务承担责任。

第五条 农民专业合作社成员以其账户内记载的出资额和公积金份额为限对农民专业合作社承担责任。

第六条 国家保护农民专业合作社及其成员的合法权益，任何单位和个人不得侵犯。

第七条 农民专业合作社从事生产经营活动，应当遵守法律、行政法规，遵守社会公德、商业道德，诚实守信。

第八条 国家通过财政支持、税收优惠和金融、科技、人才的扶持以及产业政策引导等措施，促进农民专业合作社的发展。

国家鼓励和支持社会各方面力量为农民专业合作社提供服务。

第九条 县级以上各级人民政府应当组织农业行政主管部门和其他有关部门及有关组织，依照本法规定，依据各自职责，对农民专业合作社的建设和发展给予指导、扶持和服务。

第二章　设立和登记

第十条 设立农民专业合作社，应当具备下列条件：

（一）有五名以上符合本法第十四条、第十五条规定的成员；

（二）有符合本法规定的章程；

（三）有符合本法规定的组织机构；

（四）有符合法律、行政法规规定的名称和章程确定的住所；

（五）有符合章程规定的成员出资。

第十一条 设立农民专业合作社应当召开由全体设立人参加的设立大会。设立时自愿成为该社成员的人为设立人。

设立大会行使下列职权：

（一）通过本社章程，章程应当由全体设立人一致通过；

（二）选举产生理事长、理事、执行监事或者监事会成员；

（三）审议其他重大事项。

第十二条 农民专业合作社章程应当载明下列事项：

（一）名称和住所；

（二）业务范围；

（三）成员资格及入社、退社和除名；

（四）成员的权利和义务；

（五）组织机构及其产生办法、职权、任期、议事规则；

（六）成员的出资方式、出资额；

（七）财务管理和盈余分配、亏损处理；

（八）章程修改程序；

（九）解散事由和清算办法；

（十）公告事项及发布方式；

（十一）需要规定的其他事项。

第十三条 设立农民专业合作社，应当向工商行政管理部门提交下列文件，申请设立登记：

（一）登记申请书；

（二）全体设立人签名、盖章的设立大会纪要；

（三）全体设立人签名、盖章的章程；

（四）法定代表人、理事的任职文件及身份证明；

（五）出资成员签名、盖章的出资清单；

（六）住所使用证明；

（七）法律、行政法规规定的其他文件。

登记机关应当自受理登记申请之日起二十日内办理完毕，向符合登记条件的申请者颁发营业执照。

农民专业合作社法定登记事项变更的，应当申请变更登记。

农民专业合作社登记办法由国务院规定。办理登记不得收取费用。

第三章 成 员

第十四条 具有民事行为能力的公民，以及从事与农民专业合作社业务直接有关的生产经营活动的企业、事业单位或者社会团体，能够利用农民专业合作社提供的服务，承认并遵守农民专业合作社章程，履行章程规定的入社手续的，可以成为农民专业合作社的成员。但是，具有管理公共事务职能的单位不得加入农民专业合作社。

农民专业合作社应当置备成员名册，并报登记机关。

第十五条 农民专业合作社的成员中，农民至少应当占成员总数的百分之八十。

成员总数二十人以下的，可以有一个企业、事业单位或者社会团体成员；成员总数超过二十人的，企业、事业单位和社会团体成员不得超过成员总数的百分之五。

第十六条 农民专业合作社成员享有下列权利：

（一）参加成员大会，并享有表决权、选举权和被选举权，按照章程规定对本社实行民主管理；

（二）利用本社提供的服务和生产经营设施；

（三）按照章程规定或者成员大会决议分享盈余；

（四）查阅本社的章程、成员名册、成员大会或者成员代表大会记录、理事会会议决议、监事会会议决议、财务会计报告和会计账簿；

（五）章程规定的其他权利。

第十七条 农民专业合作社成员大会选举和表决，实行一人一票制，成员各享有一票的基本表决权。

出资额或者与本社交易量（额）较大的成员按照章程规定，可以享有附加表决权。本社的附加表决权总票数，不得超过本社成员基本表决权总票数的百分之二十。

享有附加表决权的成员及其享有的附加表决权数，应当在每次成员大会召开时告知出席会议的成员。

章程可以限制附加表决权行使的范围。

第十八条 农民专业合作社成员承担下列义务：

（一）执行成员大会、成员代表大会和理事会的决议；

（二）按照章程规定向本社出资；

（三）按照章程规定与本社进行交易；

（四）按照章程规定承担亏损；

（五）章程规定的其他义务。

第十九条 农民专业合作社成员要求退社的，应当在财务年度终了的三个月前向理事长或者理事会提出；其中，企业、事业单位或者社会团体成员退社，应当在财务年度终了的六个月前提出；章程另有规定的，从其规定。退社成员的成员资格自财务年度终了时终止。

第二十条 成员在其资格终止前与农民专业合作社已订立的合同，应当继续履行；章程另有规定或者与本社另有约定的除外。

第二十一条 成员资格终止的，农民专业合作社应当按照章程规定的方式和期限，退还记载在该成员账户内的出资额和公积金份额；对成员资格终止前的可分配盈余，依照本法第三十七条第二款的规定向其返还。

资格终止的成员应当按照章程规定分摊资格终止前本社的亏损及债务。

第四章　组织机构

第二十二条　农民专业合作社成员大会由全体成员组成，是本社的权力机构，行使下列职权：

（一）修改章程；

（二）选举和罢免理事长、理事、执行监事或者监事会成员；

（三）决定重大财产处置、对外投资、对外担保和生产经营活动中的其他重大事项；

（四）批准年度业务报告、盈余分配方案、亏损处理方案；

（五）对合并、分立、解散、清算作出决议；

（六）决定聘用经营管理人员和专业技术人员的数量、资格和任期；

（七）听取理事长或者理事会关于成员变动情况的报告；

（八）章程规定的其他职权。

第二十三条　农民专业合作社召开成员大会，出席人数应当达到成员总数三分之二以上。

成员大会选举或者作出决议，应当由本社成员表决权总数过半数通过；作出修改章程或者合并、分立、解散的决议应当由本社成员表决权总数的三分之二以上通过。章程对表决权数有较高规定的，从其规定。

第二十四条　农民专业合作社成员大会每年至少召

开一次，会议的召集由章程规定。有下列情形之一的，应当在二十日内召开临时成员大会：

（一）百分之三十以上的成员提议；

（二）执行监事或者监事会提议；

（三）章程规定的其他情形。

第二十五条 农民专业合作社成员超过一百五十人的，可以按照章程规定设立成员代表大会。成员代表大会按照章程规定可以行使成员大会的部分或者全部职权。

第二十六条 农民专业合作社设理事长一名，可以设理事会。理事长为本社的法定代表人。

农民专业合作社可以设执行监事或者监事会。理事长、理事、经理和财务会计人员不得兼任监事。

理事长、理事、执行监事或者监事会成员，由成员大会从本社成员中选举产生，依照本法和章程的规定行使职权，对成员大会负责。

理事会会议、监事会会议的表决，实行一人一票。

第二十七条 农民专业合作社的成员大会、理事会、监事会，应当将所议事项的决定作成会议记录，出席会议的成员、理事、监事应当在会议记录上签名。

第二十八条 农民专业合作社的理事长或者理事会可以按照成员大会的决定聘任经理和财务会计人员，理事长或者理事可以兼任经理。经理按照章程规定或者理事会的决定，可以聘任其他人员。

经理按照章程规定和理事长或者理事会授权，负责具体生产经营活动。

第二十九条 农民专业合作社的理事长、理事和管理人员不得有下列行为：

（一）侵占、挪用或者私分本社资产；

（二）违反章程规定或者未经成员大会同意，将本社资金借贷给他人或者以本社资产为他人提供担保；

（三）接受他人与本社交易的佣金归为己有；

（四）从事损害本社经济利益的其他活动。

理事长、理事和管理人员违反前款规定所得的收入，应当归本社所有；给本社造成损失的，应当承担赔偿责任。

第三十条 农民专业合作社的理事长、理事、经理不得兼任业务性质相同的其他农民专业合作社的理事长、理事、监事、经理。

第三十一条 执行与农民专业合作社业务有关公务的人员，不得担任农民专业合作社的理事长、理事、监事、经理或者财务会计人员。

第五章　财务管理

第三十二条 国务院财政部门依照国家有关法律、行政法规，制定农民专业合作社财务会计制度。农民专业合作社应当按照国务院财政部门制定的财务会计制度进行会计核算。

第三十三条 农民专业合作社的理事长或者理事会

应当按照章程规定，组织编制年度业务报告、盈余分配方案、亏损处理方案以及财务会计报告，于成员大会召开的十五日前，置备于办公地点，供成员查阅。

第三十四条 农民专业合作社与其成员的交易、与利用其提供的服务的非成员的交易，应当分别核算。

第三十五条 农民专业合作社可以按照章程规定或者成员大会决议从当年盈余中提取公积金。公积金用于弥补亏损、扩大生产经营或者转为成员出资。

每年提取的公积金按照章程规定量化为每个成员的份额。

第三十六条 农民专业合作社应当为每个成员设立成员账户，主要记载下列内容：

（一）该成员的出资额；

（二）量化为该成员的公积金份额；

（三）该成员与本社的交易量（额）。

第三十七条 在弥补亏损、提取公积金后的当年盈余，为农民专业合作社的可分配盈余。

可分配盈余按照下列规定返还或者分配给成员，具体分配办法按照章程规定或者经成员大会决议确定：

（一）按成员与本社的交易量（额）比例返还，返还总额不得低于可分配盈余的百分之六十；

（二）按前项规定返还后的剩余部分，以成员账户中记载的出资额和公积金份额，以及本社接受国家财政直接补助和他人捐赠形成的财产平均量化到成员的份额，按比例分配给本社成员。

第三十八条 设立执行监事或者监事会的农民专业合作社，由执行监事或者监事会负责对本社的财务进行内部审计，审计结果应当向成员大会报告。

成员大会也可以委托审计机构对本社的财务进行审计。

第六章 合并、分立、解散和清算

第三十九条 农民专业合作社合并，应当自合并决议作出之日起十日内通知债权人。合并各方的债权、债务应当由合并后存续或者新设的组织承继。

第四十条 农民专业合作社分立，其财产作相应的分割，并应当自分立决议作出之日起十日内通知债权人。分立前的债务由分立后的组织承担连带责任。但是，在分立前与债权人就债务清偿达成的书面协议另有约定的除外。

第四十一条 农民专业合作社因下列原因解散：

（一）章程规定的解散事由出现；

（二）成员大会决议解散；

（三）因合并或者分立需要解散；

（四）依法被吊销营业执照或者被撤销。

因前款第一项、第二项、第四项原因解散的，应当在解散事由出现之日起十五日内由成员大会推举成员组成清算组，开始解散清算。逾期不能组成清算组的，成员、债权人可以向人民法院申请指定成员组成清算组进行清算，人民法院应当受理该申请，并及时指定成员组成清算组进行清算。

第四十二条 清算组自成立之日起接管农民专业合作社，负责处理与清算有关未了结业务，清理财产和债权、债务，分配清偿债务后的剩余财产，代表农民专业合作社参与诉讼、仲裁或者其他法律程序，并在清算结束时办理注销登记。

第四十三条 清算组应当自成立之日起十日内通知农民专业合作社成员和债权人，并于六十日内在报纸上公告。债权人应当自接到通知之日起三十日内，未接到通知的自公告之日起四十五日内，向清算组申报债权。如果在规定期间内全部成员、债权人均已收到通知，免除清算组的公告义务。

债权人申报债权，应当说明债权的有关事项，并提供证明材料。清算组应当对债权进行登记。

在申报债权期间，清算组不得对债权人进行清偿。

第四十四条 农民专业合作社因本法第四十一条第一款的原因解散，或者人民法院受理破产申请时，不能办理成员退社手续。

第四十五条 清算组负责制定包括清偿农民专业合作社员工的工资及社会保险费用，清偿所欠税款和其他各项债务，以及分配剩余财产在内的清算方案，经成员大会通过或者申请人民法院确认后实施。

清算组发现农民专业合作社的财产不足以清偿债务

的，应当依法向人民法院申请破产。

第四十六条 农民专业合作社接受国家财政直接补助形成的财产，在解散、破产清算时，不得作为可分配剩余资产分配给成员，处置办法由国务院规定。

第四十七条 清算组成员应当忠于职守，依法履行清算义务，因故意或者重大过失给农民专业合作社成员及债权人造成损失的，应当承担赔偿责任。

第四十八条 农民专业合作社破产适用企业破产法的有关规定。但是，破产财产在清偿破产费用和共益债务后，应当优先清偿破产前与农民成员已发生交易但尚未结清的款项。

第七章 扶持政策

第四十九条 国家支持发展农业和农村经济的建设项目，可以委托和安排有条件的有关农民专业合作社实施。

第五十条 中央和地方财政应当分别安排资金，支持农民专业合作社开展信息、培训、农产品质量标准与认证、农业生产基础设施建设、市场营销和技术推广等服务。对民族地区、边远地区和贫困地区的农民专业合作社和生产国家与社会急需的重要农产品的农民专业合作社给予优先扶持。

第五十一条 国家政策性金融机构应当采取多种形式，为农民专业合作社提供多渠道的资金支持。具体支持政策由国务院规定。

国家鼓励商业性金融机构采取多种形式，为农民专业合作社提供金融服务。

第五十二条 农民专业合作社享受国家规定的对农业生产、加工、流通、服务和其他涉农经济活动相应的税收优惠。

支持农民专业合作社发展的其他税收优惠政策，由国务院规定。

第八章 法律责任

第五十三条 侵占、挪用、截留、私分或者以其他方式侵犯农民专业合作社及其成员的合法财产，非法干预农民专业合作社及其成员的生产经营活动，向农民专业合作社及其成员摊派，强迫农民专业合作社及其成员接受有偿服务，造成农民专业合作社经济损失的，依法追究法律责任。

第五十四条 农民专业合作社向登记机关提供虚假登记材料或者采取其他欺诈手段取得登记的，由登记机关责令改正；情节严重的，撤销登记。

第五十五条 农民专业合作社在依法向有关主管部门提供的财务报告等材料中，作虚假记载或者隐瞒重要事实的，依法追究法律责任。

第九章 附 则

第五十六条 本法自2007年7月1日起施行。

中华人民共和国主席令

第六十二号

《中华人民共和国物权法》已由中华人民共和国第十届全国人民代表大会第五次会议于 2007 年 3 月 16 日通过,现予公布,自 2007 年 10 月 1 日起施行。

中华人民共和国主席　胡锦涛

2007 年 3 月 16 日

中华人民共和国物权法

(2007 年 3 月 16 日第十届全国人民代表大会第五次会议通过)

目　录

第一编 总 则
第一章 基本原则

第一条 为了维护国家基本经济制度，维护社会主义市场经济秩序，明确物的归属，发挥物的效用，保护权利人的物权，根据宪法，制定本法。

第二条 因物的归属和利用而产生的民事关系，适用本法。

本法所称物，包括不动产和动产。法律规定权利作为物权客体的，依照其规定。

本法所称物权，是指权利人依法对特定的物享有直接支配和排他的权利，包括所有权、用益物权和担保物权。

第三条 国家在社会主义初级阶段，坚持公有制为主体、多种所有制经济共同发展的基本经济制度。

国家巩固和发展公有制经济，鼓励、支持和引导非公有制经济的发展。

国家实行社会主义市场经济，保障一切市场主体的平等法律地位和发展权利。

第四条 国家、集体、私人的物权和其他权利人的物权受法律保护，任何单位和个人不得侵犯。

第五条 物权的种类和内容，由法律规定。

第六条 不动产物权的设立、变更、转让和消灭，应当依照法律规定登记。动产物权的设立和转让，应当依照法律规定交付。

第七条 物权的取得和行使，应当遵守法律，尊重社会公德，不得损害公共利益和他人合法权益。

第八条 其他相关法律对物权另有特别规定的，依照其规定。

第二章 物权的设立、变更、转让和消灭

第一节 不动产登记

第九条 不动产物权的设立、变更、转让和消灭，经依法登记，发生效力；未经登记，不发生效力，但法律另有规定的除外。

依法属于国家所有的自然资源，所有权可以不登记。

第十条 不动产登记，由不动产所在地的登记机构办理。

国家对不动产实行统一登记制度。统一登记的范围、登记机构和登记办法，由法律、行政法规规定。

第十一条 当事人申请登记，应当根据不同登记事项提供权属证明和不动产界址、面积等必要材料。

第十二条 登记机构应当履行下列职责：

（一）查验申请人提供的权属证明和其他必要材料；

（二）就有关登记事项询问申请人；

（三）如实、及时登记有关事项；

（四）法律、行政法规规定的其他职责。

申请登记的不动产的有关情况需要进一步证明的，

登记机构可以要求申请人补充材料，必要时可以实地查看。

第十三条 登记机构不得有下列行为：

（一）要求对不动产进行评估；

（二）以年检等名义进行重复登记；

（三）超出登记职责范围的其他行为。

第十四条 不动产物权的设立、变更、转让和消灭，依照法律规定应当登记的，自记载于不动产登记簿时发生效力。

第十五条 当事人之间订立有关设立、变更、转让和消灭不动产物权的合同，除法律另有规定或者合同另有约定外，自合同成立时生效；未办理物权登记的，不影响合同效力。

第十六条 不动产登记簿是物权归属和内容的根据。不动产登记簿由登记机构管理。

第十七条 不动产权属证书是权利人享有该不动产物权的证明。不动产权属证书记载的事项，应当与不动产登记簿一致；记载不一致的，除有证据证明不动产登记簿确有错误外，以不动产登记簿为准。

第十八条 权利人、利害关系人可以申请查询、复制登记资料，登记机构应当提供。

第十九条 权利人、利害关系人认为不动产登记簿记载的事项错误的，可以申请更正登记。不动产登记簿记载的权利人书面同意更正或者有证据证明登记确有错误的，登记机构应当予以更正。

不动产登记簿记载的权利人不同意更正的，利害关系人可以申请异议登记。登记机构予以异议登记的，申请人在异议登记之日起十五日内不起诉，异议登记失效。异议登记不当，造成权利人损害的，权利人可以向申请人请求损害赔偿。

第二十条 当事人签订买卖房屋或者其他不动产物权的协议，为保障将来实现物权，按照约定可以向登记机构申请预告登记。预告登记后，未经预告登记的权利人同意，处分该不动产的，不发生物权效力。

预告登记后，债权消灭或者自能够进行不动产登记之日起三个月内未申请登记的，预告登记失效。

第二十一条 当事人提供虚假材料申请登记，给他人造成损害的，应当承担赔偿责任。

因登记错误，给他人造成损害的，登记机构应当承担赔偿责任。登记机构赔偿后，可以向造成登记错误的人追偿。

第二十二条 不动产登记费按件收取，不得按照不动产的面积、体积或者价款的比例收取。具体收费标准由国务院有关部门会同价格主管部门规定。

第二节 动产交付

第二十三条 动产物权的设立和转让，自交付时发生效力，但法律另有规定的除外。

第二十四条 船舶、航空器和机动车等物权的设立、变更、转让和消灭，未经登记，不得对抗善意第三人。

第二十五条　动产物权设立和转让前，权利人已经依法占有该动产的，物权自法律行为生效时发生效力。

第二十六条　动产物权设立和转让前，第三人依法占有该动产的，负有交付义务的人可以通过转让请求第三人返还原物的权利代替交付。

第二十七条　动产物权转让时，双方又约定由出让人继续占有该动产的，物权自该约定生效时发生效力。

第三节　其他规定

第二十八条　因人民法院、仲裁委员会的法律文书或者人民政府的征收决定等，导致物权设立、变更、转让或者消灭的，自法律文书或者人民政府的征收决定等生效时发生效力。

第二十九条　因继承或者受遗赠取得物权的，自继承或者受遗赠开始时发生效力。

第三十条　因合法建造、拆除房屋等事实行为设立或者消灭物权的，自事实行为成就时发生效力。

第三十一条　依照本法第二十八条至第三十条规定享有不动产物权的，处分该物权时，依照法律规定需要办理登记的，未经登记，不发生物权效力。

第三章　物权的保护

第三十二条　物权受到侵害的，权利人可以通过和解、调解、仲裁、诉讼等途径解决。

第三十三条 因物权的归属、内容发生争议的，利害关系人可以请求确认权利。

第三十四条 无权占有不动产或者动产的，权利人可以请求返还原物。

第三十五条 妨害物权或者可能妨害物权的，权利人可以请求排除妨害或者消除危险。

第三十六条 造成不动产或者动产毁损的，权利人可以请求修理、重作、更换或者恢复原状。

第三十七条 侵害物权，造成权利人损害的，权利人可以请求损害赔偿，也可以请求承担其他民事责任。

第三十八条 本章规定的物权保护方式，可以单独适用，也可以根据权利被侵害的情形合并适用。

侵害物权，除承担民事责任外，违反行政管理规定的，依法承担行政责任；构成犯罪的，依法追究刑事责任。

第二编 所有权
第四章 一般规定

第三十九条 所有权人对自己的不动产或者动产，依法享有占有、使用、收益和处分的权利。

第四十条 所有权人有权在自己的不动产或者动产上设立用益物权和担保物权。用益物权人、担保物权人行使权利，不得损害所有权人的权益。

第四十一条 法律规定专属于国家所有的不动产和

动产，任何单位和个人不能取得所有权。

第四十二条 为了公共利益的需要，依照法律规定的权限和程序可以征收集体所有的土地和单位、个人的房屋及其他不动产。

征收集体所有的土地，应当依法足额支付土地补偿费、安置补助费、地上附着物和青苗的补偿费等费用，安排被征地农民的社会保障费用，保障被征地农民的生活，维护被征地农民的合法权益。

征收单位、个人的房屋及其他不动产，应当依法给予拆迁补偿，维护被征收人的合法权益；征收个人住宅的，还应当保障被征收人的居住条件。

任何单位和个人不得贪污、挪用、私分、截留、拖欠征收补偿费等费用。

第四十三条 国家对耕地实行特殊保护，严格限制农用地转为建设用地，控制建设用地总量。不得违反法律规定的权限和程序征收集体所有的土地。

第四十四条 因抢险、救灾等紧急需要，依照法律规定的权限和程序可以征用单位、个人的不动产或者动产。被征用的不动产或者动产使用后，应当返还被征用人。单位、个人的不动产或者动产被征用或者征用后毁损、灭失的，应当给予补偿。

第五章 国家所有权和集体所有权、私人所有权

第四十五条 法律规定属于国家所有的财产，属于

国家所有即全民所有。

国有财产由国务院代表国家行使所有权；法律另有规定的，依照其规定。

第四十六条 矿藏、水流、海域属于国家所有。

第四十七条 城市的土地，属于国家所有。法律规定属于国家所有的农村和城市郊区的土地，属于国家所有。

第四十八条 森林、山岭、草原、荒地、滩涂等自然资源，属于国家所有，但法律规定属于集体所有的除外。

第四十九条 法律规定属于国家所有的野生动植物资源，属于国家所有。

第五十条 无线电频谱资源属于国家所有。

第五十一条 法律规定属于国家所有的文物，属于国家所有。

第五十二条 国防资产属于国家所有。

铁路、公路、电力设施、电信设施和油气管道等基础设施，依照法律规定为国家所有的，属于国家所有。

第五十三条 国家机关对其直接支配的不动产和动产，享有占有、使用以及依照法律和国务院的有关规定处分的权利。

第五十四条 国家举办的事业单位对其直接支配的不动产和动产，享有占有、使用以及依照法律和国务院的有关规定收益、处分的权利。

第五十五条 国家出资的企业，由国务院、地方人民政府依照法律、行政法规规定分别代表国家履行出资人职责，享有出资人权益。

第五十六条 国家所有的财产受法律保护，禁止任何单位和个人侵占、哄抢、私分、截留、破坏。

第五十七条 履行国有财产管理、监督职责的机构及其工作人员，应当依法加强对国有财产的管理、监督，促进国有财产保值增值，防止国有财产损失；滥用职权，玩忽职守，造成国有财产损失的，应当依法承担法律责任。

违反国有财产管理规定，在企业改制、合并分立、关联交易等过程中，低价转让、合谋私分、擅自担保或者以其他方式造成国有财产损失的，应当依法承担法律责任。

第五十八条 集体所有的不动产和动产包括：

（一）法律规定属于集体所有的土地和森林、山岭、草原、荒地、滩涂；

（二）集体所有的建筑物、生产设施、农田水利设施；

（三）集体所有的教育、科学、文化、卫生、体育等设施；

（四）集体所有的其他不动产和动产。

第五十九条 农民集体所有的不动产和动产，属于本集体成员集体所有。

下列事项应当依照法定程序经本集体成员决定：

（一）土地承包方案以及将土地发包给本集体以外的单位或者个人承包；

（二）个别土地承包经营权人之间承包地的调整；

（三）土地补偿费等费用的使用、分配办法；

（四）集体出资的企业的所有权变动等事项；

（五）法律规定的其他事项。

第六十条　对于集体所有的土地和森林、山岭、草原、荒地、滩涂等，依照下列规定行使所有权：

（一）属于村农民集体所有的，由村集体经济组织或者村民委员会代表集体行使所有权；

（二）分别属于村内两个以上农民集体所有的，由村内各该集体经济组织或者村民小组代表集体行使所有权；

（三）属于乡镇农民集体所有的，由乡镇集体经济组织代表集体行使所有权。

第六十一条　城镇集体所有的不动产和动产，依照法律、行政法规的规定由本集体享有占有、使用、收益和处分的权利。

第六十二条　集体经济组织或者村民委员会、村民小组应当依照法律、行政法规以及章程、村规民约向本集体成员公布集体财产的状况。

第六十三条　集体所有的财产受法律保护，禁止任何单位和个人侵占、哄抢、私分、破坏。

集体经济组织、村民委员会或者其负责人作出的决定侵害集体成员合法权益的，受侵害的集体成员可以请求人民法院予以撤销。

第六十四条 私人对其合法的收入、房屋、生活用品、生产工具、原材料等不动产和动产享有所有权。

第六十五条 私人合法的储蓄、投资及其收益受法律保护。

国家依照法律规定保护私人的继承权及其他合法权益。

第六十六条 私人的合法财产受法律保护，禁止任何单位和个人侵占、哄抢、破坏。

第六十七条 国家、集体和私人依法可以出资设立有限责任公司、股份有限公司或者其他企业。国家、集体和私人所有的不动产或者动产，投到企业的，由出资人按照约定或者出资比例享有资产收益、重大决策以及选择经营管理者等权利并履行义务。

第六十八条 企业法人对其不动产和动产依照法律、行政法规以及章程享有占有、使用、收益和处分的权利。

企业法人以外的法人，对其不动产和动产的权利，适用有关法律、行政法规以及章程的规定。

第六十九条 社会团体依法所有的不动产和动产，受法律保护。

第六章　业主的建筑物区分所有权

第七十条 业主对建筑物内的住宅、经营性用房等专有部分享有所有权，对专有部分以外的共有部分享有共有和共同管理的权利。

第七十一条　业主对其建筑物专有部分享有占有、使用、收益和处分的权利。业主行使权利不得危及建筑物的安全，不得损害其他业主的合法权益。

第七十二条　业主对建筑物专有部分以外的共有部分，享有权利，承担义务；不得以放弃权利不履行义务。

业主转让建筑物内的住宅、经营性用房，其对共有部分享有的共有和共同管理的权利一并转让。

第七十三条　建筑区划内的道路，属于业主共有，但属于城镇公共道路的除外。建筑区划内的绿地，属于业主共有，但属于城镇公共绿地或者明示属于个人的除外。建筑区划内的其他公共场所、公用设施和物业服务用房，属于业主共有。

第七十四条　建筑区划内，规划用于停放汽车的车位、车库应当首先满足业主的需要。

建筑区划内，规划用于停放汽车的车位、车库的归属，由当事人通过出售、附赠或者出租等方式约定。

占用业主共有的道路或者其他场地用于停放汽车的车位，属于业主共有。

第七十五条　业主可以设立业主大会，选举业主委员会。

地方人民政府有关部门应当对设立业主大会和选举业主委员会给予指导和协助。

第七十六条 下列事项由业主共同决定：

（一）制定和修改业主大会议事规则；

（二）制定和修改建筑物及其附属设施的管理规约；

（三）选举业主委员会或者更换业主委员会成员；

（四）选聘和解聘物业服务企业或者其他管理人；

（五）筹集和使用建筑物及其附属设施的维修资金；

（六）改建、重建建筑物及其附属设施；

（七）有关共有和共同管理权利的其他重大事项。

决定前款第五项和第六项规定的事项，应当经专有部分占建筑物总面积三分之二以上的业主且占总人数三分之二以上的业主同意。决定前款其他事项，应当经专有部分占建筑物总面积过半数的业主且占总人数过半数的业主同意。

第七十七条 业主不得违反法律、法规以及管理规约，将住宅改变为经营性用房。业主将住宅改变为经营性用房的，除遵守法律、法规以及管理规约外，应当经有利害关系的业主同意。

第七十八条 业主大会或者业主委员会的决定，对业主具有约束力。

业主大会或者业主委员会作出的决定侵害业主合法权益的，受侵害的业主可以请求人民法院予以撤销。

第七十九条 建筑物及其附属设施的维修资金，属于业主共有。经业主共同决定，可以用于电梯、水箱等共有部分的维修。维修资金的筹集、使用情况应当公布。

第八十条 建筑物及其附属设施的费用分摊、收益分配等事项，有约定的，按照约定；没有约定或者约定不明确的，按照业主专有部分占建筑物总面积的比例确定。

第八十一条 业主可以自行管理建筑物及其附属设施，也可以委托物业服务企业或者其他管理人管理。

对建设单位聘请的物业服务企业或者其他管理人，业主有权依法更换。

第八十二条 物业服务企业或者其他管理人根据业主的委托管理建筑区划内的建筑物及其附属设施，并接受业主的监督。

第八十三条 业主应当遵守法律、法规以及管理规约。

业主大会和业主委员会，对任意弃置垃圾、排放污染物或者噪声、违反规定饲养动物、违章搭建、侵占通道、拒付物业费等损害他人合法权益的行为，有权依照法律、法规以及管理规约，要求行为人停止侵害、消除危险、排除妨害、赔偿损失。业主对侵害自己合法权益的行为，可以依法向人民法院提起诉讼。

第七章 相邻关系

第八十四条 不动产的相邻权利人应当按照有利生产、方便生活、团结互助、公平合理的原则，正确处理相邻关系。

第八十五条 法律、法规对处理相邻关系有规定的，依照其规定；法律、法规没有规定的，可以按照当地习惯。

第八十六条 不动产权利人应当为相邻权利人用水、排水提供必要的便利。

对自然流水的利用，应当在不动产的相邻权利人之间合理分配。对自然流水的排放，应当尊重自然流向。

第八十七条 不动产权利人对相邻权利人因通行等必须利用其土地的，应当提供必要的便利。

第八十八条 不动产权利人因建造、修缮建筑物以及铺设电线、电缆、水管、暖气和燃气管线等必须利用相邻土地、建筑物的，该土地、建筑物的权利人应当提供必要的便利。

第八十九条 建造建筑物，不得违反国家有关工程建设标准，妨碍相邻建筑物的通风、采光和日照。

第九十条 不动产权利人不得违反国家规定弃置固体废物，排放大气污染物、水污染物、噪声、光、电磁波辐射等有害物质。

第九十一条 不动产权利人挖掘土地、建造建筑物、铺设管线以及安装设备等，不得危及相邻不动产的安全。

第九十二条 不动产权利人因用水、排水、通行、铺设管线等利用相邻不动产的，应当尽量避免对相邻的不动产权利人造成损害；造成损害的，应当给予赔偿。

第八章 共 有

第九十三条 不动产或者动产可以由两个以上单位、个人共有。共有包括按份共有和共同共有。

第九十四条 按份共有人对共有的不动产或者动产按照其份额享有所有权。

第九十五条 共同共有人对共有的不动产或者动产共同享有所有权。

第九十六条 共有人按照约定管理共有的不动产或者动产；没有约定或者约定不明确的，各共有人都有管理的权利和义务。

第九十七条 处分共有的不动产或者动产以及对共有的不动产或者动产作重大修缮的，应当经占份额三分之二以上的按份共有人或者全体共同共有人同意，但共有人之间另有约定的除外。

第九十八条 对共有物的管理费用以及其他负担，有约定的，按照约定；没有约定或者约定不明确的，按份共有人按照其份额负担，共同共有人共同负担。

第九十九条 共有人约定不得分割共有的不动产或者动产，以维持共有关系的，应当按照约定，但共有人有重大理由需要分割的，可以请求分割；没有约定或者约定不明确的，按份共有人可以随时请求分割，共同共有人在共有的基础丧失或者有重大理由需要分割时可以请求分割。因分割对其他共有人造成损害的，应当给予赔偿。

第一百条 共有人可以协商确定分割方式。达不成协议，共有的不动产或者动产可以分割并且不会因分割减损价值的，应当对实物予以分割；难以分割或者因分割会减损价值的，应当对折价或者拍卖、变卖取得的价款予以分割。

共有人分割所得的不动产或者动产有瑕疵的，其他共有人应当分担损失。

第一百零一条 按份共有人可以转让其享有的共有的不动产或者动产份额。其他共有人在同等条件下享有优先购买的权利。

第一百零二条 因共有的不动产或者动产产生的债权债务，在对外关系上，共有人享有连带债权、承担连带债务，但法律另有规定或者第三人知道共有人不具有连带债权债务关系的除外；在共有人内部关系上，除共有人另有约定外，按份共有人按照份额享有债权、承担债务，共同共有人共同享有债权、承担债务。偿还债务超过自己应当承担份额的按份共有人，有权向其他共有人追偿。

第一百零三条 共有人对共有的不动产或者动产没有约定为按份共有或者共同共有，或者约定不明确的，除共有人具有家庭关系等外，视为按份共有。

第一百零四条 按份共有人对共有的不动产或者动产享有的份额，没有约定或者约定不明确的，按照出资额确定；不能确定出资额的，视为等额享有。

第一百零五条　两个以上单位、个人共同享有用益物权、担保物权的，参照本章规定。

第九章　所有权取得的特别规定

第一百零六条　无处分权人将不动产或者动产转让给受让人的，所有权人有权追回；除法律另有规定外，符合下列情形的，受让人取得该不动产或者动产的所有权：

（一）受让人受让该不动产或者动产时是善意的；

（二）以合理的价格转让；

（三）转让的不动产或者动产依照法律规定应当登记的已经登记，不需要登记的已经交付给受让人。

受让人依照前款规定取得不动产或者动产的所有权的，原所有权人有权向无处分权人请求赔偿损失。

当事人善意取得其他物权的，参照前两款规定。

第一百零七条　所有权人或者其他权利人有权追回遗失物。该遗失物通过转让被他人占有的，权利人有权向无处分权人请求损害赔偿，或者自知道或者应当知道受让人之日起二年内向受让人请求返还原物，但受让人通过拍卖或者向具有经营资格的经营者购得该遗失物的，权利人请求返还原物时应当支付受让人所付的费用。权利人向受让人支付所付费用后，有权向无处分权人追偿。

第一百零八条　善意受让人取得动产后，该动产上的原有权利消灭，但善意受让人在受让时知道或者应当知道该权利的除外。

第一百零九条 拾得遗失物，应当返还权利人。拾得人应当及时通知权利人领取，或者送交公安等有关部门。

第一百一十条 有关部门收到遗失物，知道权利人的，应当及时通知其领取；不知道的，应当及时发布招领公告。

第一百一十一条 拾得人在遗失物送交有关部门前，有关部门在遗失物被领取前，应当妥善保管遗失物。因故意或者重大过失致使遗失物毁损、灭失的，应当承担民事责任。

第一百一十二条 权利人领取遗失物时，应当向拾得人或者有关部门支付保管遗失物等支出的必要费用。

权利人悬赏寻找遗失物的，领取遗失物时应当按照承诺履行义务。

拾得人侵占遗失物的，无权请求保管遗失物等支出的费用，也无权请求权利人按照承诺履行义务。

第一百一十三条 遗失物自发布招领公告之日起六个月内无人认领的，归国家所有。

第一百一十四条 拾得漂流物、发现埋藏物或者隐藏物的，参照拾得遗失物的有关规定。文物保护法等法律另有规定的，依照其规定。

第一百一十五条 主物转让的，从物随主物转让，但当事人另有约定的除外。

第一百一十六条　天然孳息，由所有权人取得；既有所有权人又有用益物权人的，由用益物权人取得。当事人另有约定的，按照约定。

法定孳息，当事人有约定的，按照约定取得；没有约定或者约定不明确的，按照交易习惯取得。

第三编　用益物权
第十章　一般规定

第一百一十七条　用益物权人对他人所有的不动产或者动产，依法享有占有、使用和收益的权利。

第一百一十八条　国家所有或者国家所有由集体使用以及法律规定属于集体所有的自然资源，单位、个人依法可以占有、使用和收益。

第一百一十九条　国家实行自然资源有偿使用制度，但法律另有规定的除外。

第一百二十条　用益物权人行使权利，应当遵守法律有关保护和合理开发利用资源的规定。所有权人不得干涉用益物权人行使权利。

第一百二十一条　因不动产或者动产被征收、征用致使用益物权消灭或者影响用益物权行使的，用益物权人有权依照本法第四十二条、第四十四条的规定获得相应补偿。

第一百二十二条　依法取得的海域使用权受法律保

护。

第一百二十三条 依法取得的探矿权、采矿权、取水权和使用水域、滩涂从事养殖、捕捞的权利受法律保护。

第十一章 土地承包经营权

第一百二十四条 农村集体经济组织实行家庭承包经营为基础、统分结合的双层经营体制。

农民集体所有和国家所有由农民集体使用的耕地、林地、草地以及其他用于农业的土地，依法实行土地承包经营制度。

第一百二十五条 土地承包经营权人依法对其承包经营的耕地、林地、草地等享有占有、使用和收益的权利，有权从事种植业、林业、畜牧业等农业生产。

第一百二十六条 耕地的承包期为三十年。草地的承包期为三十年至五十年。林地的承包期为三十年至七十年；特殊林木的林地承包期，经国务院林业行政主管部门批准可以延长。

前款规定的承包期届满，由土地承包经营权人按照国家有关规定继续承包。

第一百二十七条 土地承包经营权自土地承包经营权合同生效时设立。

县级以上地方人民政府应当向土地承包经营权人发放土地承包经营权证、林权证、草原使用权证，并登记造册，确认土地承包经营权。

第一百二十八条　土地承包经营权人依照农村土地承包法的规定，有权将土地承包经营权采取转包、互换、转让等方式流转。流转的期限不得超过承包期的剩余期限。未经依法批准，不得将承包地用于非农建设。

第一百二十九条　土地承包经营权人将土地承包经营权互换、转让，当事人要求登记的，应当向县级以上地方人民政府申请土地承包经营权变更登记；未经登记，不得对抗善意第三人。

第一百三十条　承包期内发包人不得调整承包地。

因自然灾害严重毁损承包地等特殊情形，需要适当调整承包的耕地和草地的，应当依照农村土地承包法等法律规定办理。

第一百三十一条　承包期内发包人不得收回承包地。农村土地承包法等法律另有规定的，依照其规定。

第一百三十二条　承包地被征收的，土地承包经营权人有权依照本法第四十二条第二款的规定获得相应补偿。

第一百三十三条　通过招标、拍卖、公开协商等方式承包荒地等农村土地，依照农村土地承包法等法律和国务院的有关规定，其土地承包经营权可以转让、入股、抵押或者以其他方式流转。

第一百三十四条　国家所有的农用地实行承包经营的，参照本法的有关规定。

第十二章　建设用地使用权

第一百三十五条　建设用地使用权人依法对国家所有的土地享有占有、使用和收益的权利，有权利用该土地建造建筑物、构筑物及其附属设施。

第一百三十六条　建设用地使用权可以在土地的地表、地上或者地下分别设立。新设立的建设用地使用权，不得损害已设立的用益物权。

第一百三十七条　设立建设用地使用权，可以采取出让或者划拨等方式。

工业、商业、旅游、娱乐和商品住宅等经营性用地以及同一土地有两个以上意向用地者的，应当采取招标、拍卖等公开竞价的方式出让。

严格限制以划拨方式设立建设用地使用权。采取划拨方式的，应当遵守法律、行政法规关于土地用途的规定。

第一百三十八条　采取招标、拍卖、协议等出让方式设立建设用地使用权的，当事人应当采取书面形式订立建设用地使用权出让合同。

建设用地使用权出让合同一般包括下列条款：

（一）当事人的名称和住所；

（二）土地界址、面积等；

（三）建筑物、构筑物及其附属设施占用的空间；

（四）土地用途；

（五）使用期限；

（六）出让金等费用及其支付方式；

（七）解决争议的方法。

第一百三十九条 设立建设用地使用权的，应当向登记机构申请建设用地使用权登记。建设用地使用权自登记时设立。登记机构应当向建设用地使用权人发放建设用地使用权证书。

第一百四十条 建设用地使用权人应当合理利用土地，不得改变土地用途；需要改变土地用途的，应当依法经有关行政主管部门批准。

第一百四十一条 建设用地使用权人应当依照法律规定以及合同约定支付出让金等费用。

第一百四十二条 建设用地使用权人建造的建筑物、构筑物及其附属设施的所有权属于建设用地使用权人，但有相反证据证明的除外。

第一百四十三条 建设用地使用权人有权将建设用地使用权转让、互换、出资、赠与或者抵押，但法律另有规定的除外。

第一百四十四条 建设用地使用权转让、互换、出资、赠与或者抵押的，当事人应当采取书面形式订立相应的合同。使用期限由当事人约定，但不得超过建设用地使用权的剩余期限。

第一百四十五条 建设用地使用权转让、互换、出资或者赠与的，应当向登记机构申请变更登记。

第一百四十六条　建设用地使用权转让、互换、出资或者赠与的，附着于该土地上的建筑物、构筑物及其附属设施一并处分。

第一百四十七条　建筑物、构筑物及其附属设施转让、互换、出资或者赠与的，该建筑物、构筑物及其附属设施占用范围内的建设用地使用权一并处分。

第一百四十八条　建设用地使用权期间届满前，因公共利益需要提前收回该土地的，应当依照本法第四十二条的规定对该土地上的房屋及其他不动产给予补偿，并退还相应的出让金。

第一百四十九条　住宅建设用地使用权期间届满的，自动续期。

非住宅建设用地使用权期间届满后的续期，依照法律规定办理。该土地上的房屋及其他不动产的归属，有约定的，按照约定；没有约定或者约定不明确的，依照法律、行政法规的规定办理。

第一百五十条　建设用地使用权消灭的，出让人应当及时办理注销登记。登记机构应当收回建设用地使用权证书。

第一百五十一条　集体所有的土地作为建设用地的，应当依照土地管理法等法律规定办理。

第十三章　宅基地使用权

第一百五十二条　宅基地使用权人依法对集体所有

的土地享有占有和使用的权利，有权依法利用该土地建造住宅及其附属设施。

第一百五十三条 宅基地使用权的取得、行使和转让，适用土地管理法等法律和国家有关规定。

第一百五十四条 宅基地因自然灾害等原因灭失的，宅基地使用权消灭。对失去宅基地的村民，应当重新分配宅基地。

第一百五十五条 已经登记的宅基地使用权转让或者消灭的，应当及时办理变更登记或者注销登记。

第十四章　地役权

第一百五十六条 地役权人有权按照合同约定，利用他人的不动产，以提高自己的不动产的效益。

前款所称他人的不动产为供役地，自己的不动产为需役地。

第一百五十七条 设立地役权，当事人应当采取书面形式订立地役权合同。

地役权合同一般包括下列条款：

（一）当事人的姓名或者名称和住所；

（二）供役地和需役地的位置；

（三）利用目的和方法；

（四）利用期限；

（五）费用及其支付方式；

（六）解决争议的方法。

第一百五十八条 地役权自地役权合同生效时设立。当事人要求登记的，可以向登记机构申请地役权登记；未经登记，不得对抗善意第三人。

第一百五十九条 供役地权利人应当按照合同约定，允许地役权人利用其土地，不得妨害地役权人行使权利。

第一百六十条 地役权人应当按照合同约定的利用目的和方法利用供役地，尽量减少对供役地权利人物权的限制。

第一百六十一条 地役权的期限由当事人约定，但不得超过土地承包经营权、建设用地使用权等用益物权的剩余期限。

第一百六十二条 土地所有权人享有地役权或者负担地役权的，设立土地承包经营权、宅基地使用权时，该土地承包经营权人、宅基地使用权人继续享有或者负担已设立的地役权。

第一百六十三条 土地上已设立土地承包经营权、建设用地使用权、宅基地使用权等权利的，未经用益物权人同意，土地所有权人不得设立地役权。

第一百六十四条 地役权不得单独转让。土地承包经营权、建设用地使用权等转让的，地役权一并转让，但合同另有约定的除外。

第一百六十五条 地役权不得单独抵押。土地承包经营权、建设用地使用权等抵押的，在实现抵押权时，地役权一并转让。

第一百六十六条　需役地以及需役地上的土地承包经营权、建设用地使用权部分转让时，转让部分涉及地役权的，受让人同时享有地役权。

第一百六十七条　供役地以及供役地上的土地承包经营权、建设用地使用权部分转让时，转让部分涉及地役权的，地役权对受让人具有约束力。

第一百六十八条　地役权人有下列情形之一的，供役地权利人有权解除地役权合同，地役权消灭：

（一）违反法律规定或者合同约定，滥用地役权；

（二）有偿利用供役地，约定的付款期间届满后在合理期限内经两次催告未支付费用。

第一百六十九条　已经登记的地役权变更、转让或者消灭的，应当及时办理变更登记或者注销登记。

第四编　担保物权
第十五章　一般规定

第一百七十条　担保物权人在债务人不履行到期债务或者发生当事人约定的实现担保物权的情形，依法享有就担保财产优先受偿的权利，但法律另有规定的除外。

第一百七十一条　债权人在借贷、买卖等民事活动中，为保障实现其债权，需要担保的，可以依照本法和其他法律的规定设立担保物权。

第三人为债务人向债权人提供担保的，可以要求债务人提供反担保。反担保适用本法和其他法律的规定。

第一百七十二条 设立担保物权,应当依照本法和其他法律的规定订立担保合同。担保合同是主债权债务合同的从合同。主债权债务合同无效,担保合同无效,但法律另有规定的除外。

担保合同被确认无效后,债务人、担保人、债权人有过错的,应当根据其过错各自承担相应的民事责任。

第一百七十三条 担保物权的担保范围包括主债权及其利息、违约金、损害赔偿金、保管担保财产和实现担保物权的费用。当事人另有约定的,按照约定。

第一百七十四条 担保期间,担保财产毁损、灭失或者被征收等,担保物权人可以就获得的保险金、赔偿金或者补偿金等优先受偿。被担保债权的履行期未届满的,也可以提存该保险金、赔偿金或者补偿金等。

第一百七十五条 第三人提供担保,未经其书面同意,债权人允许债务人转移全部或者部分债务的,担保人不再承担相应的担保责任。

第一百七十六条 被担保的债权既有物的担保又有人的担保的,债务人不履行到期债务或者发生当事人约定的实现担保物权的情形,债权人应当按照约定实现债权;没有约定或者约定不明确,债务人自己提供物的担保的,债权人应当先就该物的担保实现债权;第三人提供物的担保的,债权人可以就物的担保实现债权,也可以要求保证人承担保证责任。提供担保的第三人承担担保责任后,有权向债务人追偿。

第一百七十七条　有下列情形之一的，担保物权消灭：

（一）主债权消灭；

（二）担保物权实现；

（三）债权人放弃担保物权；

（四）法律规定担保物权消灭的其他情形。

第一百七十八条　担保法与本法的规定不一致的，适用本法。

第十六章　抵押权

第一节　一般抵押权

第一百七十九条　为担保债务的履行，债务人或者第三人不转移财产的占有，将该财产抵押给债权人的，债务人不履行到期债务或者发生当事人约定的实现抵押权的情形，债权人有权就该财产优先受偿。

前款规定的债务人或者第三人为抵押人，债权人为抵押权人，提供担保的财产为抵押财产。

第一百八十条　债务人或者第三人有权处分的下列财产可以抵押：

（一）建筑物和其他土地附着物；

（二）建设用地使用权；

（三）以招标、拍卖、公开协商等方式取得的荒地等土地承包经营权；

（四）生产设备、原材料、半成品、产品；

（五）正在建造的建筑物、船舶、航空器；

（六）交通运输工具；

（七）法律、行政法规未禁止抵押的其他财产。

抵押人可以将前款所列财产一并抵押。

第一百八十一条 经当事人书面协议，企业、个体工商户、农业生产经营者可以将现有的以及将有的生产设备、原材料、半成品、产品抵押，债务人不履行到期债务或者发生当事人约定的实现抵押权的情形，债权人有权就实现抵押权时的动产优先受偿。

第一百八十二条 以建筑物抵押的，该建筑物占用范围内的建设用地使用权一并抵押。以建设用地使用权抵押的，该土地上的建筑物一并抵押。

抵押人未依照前款规定一并抵押的，未抵押的财产视为一并抵押。

第一百八十三条 乡镇、村企业的建设用地使用权不得单独抵押。以乡镇、村企业的厂房等建筑物抵押的，其占用范围内的建设用地使用权一并抵押。

第一百八十四条 下列财产不得抵押：

（一）土地所有权；

（二）耕地、宅基地、自留地、自留山等集体所有的土地使用权，但法律规定可以抵押的除外；

（三）学校、幼儿园、医院等以公益为目的的事业单位、社会团体的教育设施、医疗卫生设施和其他社会公益设施；

（四）所有权、使用权不明或者有争议的财产；

（五）依法被查封、扣押、监管的财产；

（六）法律、行政法规规定不得抵押的其他财产。

第一百八十五条 设立抵押权，当事人应当采取书面形式订立抵押合同。

抵押合同一般包括下列条款：

（一）被担保债权的种类和数额；

（二）债务人履行债务的期限；

（三）抵押财产的名称、数量、质量、状况、所在地、所有权归属或者使用权归属；

（四）担保的范围。

第一百八十六条 抵押权人在债务履行期届满前，不得与抵押人约定债务人不履行到期债务时抵押财产归债权人所有。

第一百八十七条 以本法第一百八十条第一款第一项至第三项规定的财产或者第五项规定的正在建造的建筑物抵押的，应当办理抵押登记。抵押权自登记时设立。

第一百八十八条 以本法第一百八十条第一款第四项、第六项规定的财产或者第五项规定的正在建造的船舶、航空器抵押的，抵押权自抵押合同生效时设立；未经登记，不得对抗善意第三人。

第一百八十九条 企业、个体工商户、农业生产经营者以本法第一百八十一条规定的动产抵押的，应当向抵押人住所地的工商行政管理部门办理登记。抵押权自抵押合同生效时设立；未经登记，不得对抗善意第三人。

依照本法第一百八十一条规定抵押的，不得对抗正常经营活动中已支付合理价款并取得抵押财产的买受人。

第一百九十条 订立抵押合同前抵押财产已出租的，原租赁关系不受该抵押权的影响。抵押权设立后抵押财产出租的，该租赁关系不得对抗已登记的抵押权。

第一百九十一条 抵押期间，抵押人经抵押权人同意转让抵押财产的，应当将转让所得的价款向抵押权人提前清偿债务或者提存。转让的价款超过债权数额的部分归抵押人所有，不足部分由债务人清偿。

抵押期间，抵押人未经抵押权人同意，不得转让抵押财产，但受让人代为清偿债务消灭抵押权的除外。

第一百九十二条 抵押权不得与债权分离而单独转让或者作为其他债权的担保。债权转让的，担保该债权的抵押权一并转让，但法律另有规定或者当事人另有约定的除外。

第一百九十三条 抵押人的行为足以使抵押财产价值减少的，抵押权人有权要求抵押人停止其行为。抵押财产价值减少的，抵押权人有权要求恢复抵押财产的价值，或者提供与减少的价值相应的担保。抵押人不恢复抵押财产的价值也不提供担保的，抵押权人有权要求债务人提前清偿债务。

第一百九十四条 抵押权人可以放弃抵押权或者抵押权的顺位。抵押权人与抵押人可以协议变更抵押权顺位以及被担保的债权数额等内容，但抵押权的变更，未经其他抵押权人书面同意，不得对其他抵押权人产生不利影响。

债务人以自己的财产设定抵押，抵押权人放弃该抵押权、抵押权顺位或者变更抵押权的，其他担保人在抵押权人丧失优先受偿权益的范围内免除担保责任，但其他担保人承诺仍然提供担保的除外。

第一百九十五条 债务人不履行到期债务或者发生当事人约定的实现抵押权的情形，抵押权人可以与抵押人协议以抵押财产折价或者以拍卖、变卖该抵押财产所得的价款优先受偿。协议损害其他债权人利益的，其他债权人可以在知道或者应当知道撤销事由之日起一年内请求人民法院撤销该协议。

抵押权人与抵押人未就抵押权实现方式达成协议的，抵押权人可以请求人民法院拍卖、变卖抵押财产。

抵押财产折价或者变卖的，应当参照市场价格。

第一百九十六条 依照本法第一百八十一条规定设定抵押的，抵押财产自下列情形之一发生时确定：

（一）债务履行期届满，债权未实现；

（二）抵押人被宣告破产或者被撤销；

（三）当事人约定的实现抵押权的情形；

（四）严重影响债权实现的其他情形。

第一百九十七条 债务人不履行到期债务或者发生当事人约定的实现抵押权的情形，致使抵押财产被人民法院依法扣押的，自扣押之日起抵押权人有权收取该抵押财产的天然孳息或者法定孳息，但抵押权人未通知应当清偿法定孳息的义务人的除外。

前款规定的孳息应当先充抵收取孳息的费用。

第一百九十八条 抵押财产折价或者拍卖、变卖后，其价款超过债权数额的部分归抵押人所有，不足部分由债务人清偿。

第一百九十九条 同一财产向两个以上债权人抵押的，拍卖、变卖抵押财产所得的价款依照下列规定清偿：

（一）抵押权已登记的，按照登记的先后顺序清偿；顺序相同的，按照债权比例清偿；

（二）抵押权已登记的先于未登记的受偿；

（三）抵押权未登记的，按照债权比例清偿。

第二百条 建设用地使用权抵押后，该土地上新增的建筑物不属于抵押财产。该建设用地使用权实现抵押权时，应当将该土地上新增的建筑物与建设用地使用权一并处分，但新增建筑物所得的价款，抵押权人无权优先受偿。

第二百零一条 依照本法第一百八十条第一款第三项规定的土地承包经营权抵押的，或者依照本法第一百八十三条规定以乡镇、村企业的厂房等建筑物占用范围内的建设用地使用权一并抵押的，实现抵押权后，未经法定程序，不得改变土地所有权的性质和土地用途。

第二百零二条 抵押权人应当在主债权诉讼时效期

间行使抵押权；未行使的，人民法院不予保护。

第二节　最高额抵押权

第二百零三条　为担保债务的履行，债务人或者第三人对一定期间内将要连续发生的债权提供担保财产的，债务人不履行到期债务或者发生当事人约定的实现抵押权的情形，抵押权人有权在最高债权额限度内就该担保财产优先受偿。

最高额抵押权设立前已经存在的债权，经当事人同意，可以转入最高额抵押担保的债权范围。

第二百零四条　最高额抵押担保的债权确定前，部分债权转让的，最高额抵押权不得转让，但当事人另有约定的除外。

第二百零五条　最高额抵押担保的债权确定前，抵押权人与抵押人可以通过协议变更债权确定的期间、债权范围以及最高债权额，但变更的内容不得对其他抵押权人产生不利影响。

第二百零六条　有下列情形之一的，抵押权人的债权确定：

（一）约定的债权确定期间届满；

（二）没有约定债权确定期间或者约定不明确，抵押权人或者抵押人自最高额抵押权设立之日起满二年后请求确定债权；

（三）新的债权不可能发生；

（四）抵押财产被查封、扣押；

（五）债务人、抵押人被宣告破产或者被撤销；

（六）法律规定债权确定的其他情形。

第二百零七条　最高额抵押权除适用本节规定外，适用本章第一节一般抵押权的规定。

第十七章　质　权

第一节　动产质权

第二百零八条　为担保债务的履行，债务人或者第三人将其动产出质给债权人占有的，债务人不履行到期债务或者发生当事人约定的实现质权的情形，债权人有权就该动产优先受偿。

前款规定的债务人或者第三人为出质人，债权人为质权人，交付的动产为质押财产。

第二百零九条　法律、行政法规禁止转让的动产不得出质。

第二百一十条　设立质权，当事人应当采取书面形式订立质权合同。

质权合同一般包括下列条款：

（一）被担保债权的种类和数额；

（二）债务人履行债务的期限；

（三）质押财产的名称、数量、质量、状况；

（四）担保的范围；

（五）质押财产交付的时间。

第二百一十一条　质权人在债务履行期届满前，不得与出质人约定债务人不履行到期债务时质押财产归债权人所有。

第二百一十二条 质权自出质人交付质押财产时设立。

第二百一十三条 质权人有权收取质押财产的孳息，但合同另有约定的除外。

前款规定的孳息应当先充抵收取孳息的费用。

第二百一十四条 质权人在质权存续期间，未经出质人同意，擅自使用、处分质押财产，给出质人造成损害的，应当承担赔偿责任。

第二百一十五条 质权人负有妥善保管质押财产的义务；因保管不善致使质押财产毁损、灭失的，应当承担赔偿责任。

质权人的行为可能使质押财产毁损、灭失的，出质人可以要求质权人将质押财产提存，或者要求提前清偿债务并返还质押财产。

第二百一十六条 因不能归责于质权人的事由可能使质押财产毁损或者价值明显减少，足以危害质权人权利的，质权人有权要求出质人提供相应的担保；出质人不提供的，质权人可以拍卖、变卖质押财产，并与出质人通过协议将拍卖、变卖所得的价款提前清偿债务或者提存。

第二百一十七条 质权人在质权存续期间，未经出质人同意转质，造成质押财产毁损、灭失的，应当向出质人承担赔偿责任。

第二百一十八条　质权人可以放弃质权。债务人以自己的财产出质，质权人放弃该质权的，其他担保人在质权人丧失优先受偿权益的范围内免除担保责任，但其他担保人承诺仍然提供担保的除外。

第二百一十九条　债务人履行债务或者出质人提前清偿所担保的债权的，质权人应当返还质押财产。

债务人不履行到期债务或者发生当事人约定的实现质权的情形，质权人可以与出质人协议以质押财产折价，也可以就拍卖、变卖质押财产所得的价款优先受偿。

质押财产折价或者变卖的，应当参照市场价格。

第二百二十条　出质人可以请求质权人在债务履行期届满后及时行使质权；质权人不行使的，出质人可以请求人民法院拍卖、变卖质押财产。

出质人请求质权人及时行使质权，因质权人怠于行使权利造成损害的，由质权人承担赔偿责任。

第二百二十一条　质押财产折价或者拍卖、变卖后，其价款超过债权数额的部分归出质人所有，不足部分由债务人清偿。

第二百二十二条　出质人与质权人可以协议设立最高额质权。

最高额质权除适用本节有关规定外，参照本法第十六章第二节最高额抵押权的规定。

第二节　权利质权

第二百二十三条　债务人或者第三人有权处分的下

列权利可以出质：

（一）汇票、支票、本票；

（二）债券、存款单；

（三）仓单、提单；

（四）可以转让的基金份额、股权；

（五）可以转让的注册商标专用权、专利权、著作权等知识产权中的财产权；

（六）应收账款；

（七）法律、行政法规规定可以出质的其他财产权利。

第二百二十四条　以汇票、支票、本票、债券、存款单、仓单、提单出质的，当事人应当订立书面合同。质权自权利凭证交付质权人时设立；没有权利凭证的，质权自有关部门办理出质登记时设立。

第二百二十五条　汇票、支票、本票、债券、存款单、仓单、提单的兑现日期或者提货日期先于主债权到期的，质权人可以兑现或者提货，并与出质人协议将兑现的价款或者提取的货物提前清偿债务或者提存。

第二百二十六条　以基金份额、股权出质的，当事人应当订立书面合同。以基金份额、证券登记结算机构登记的股权出质的，质权自证券登记结算机构办理出质登记时设立；以其他股权出质的，质权自工商行政管理部门办理出质登记时设立。

基金份额、股权出质后，不得转让，但经出质人与质权人协商同意的除外。出质人转让基金份额、股权所得的价款，应当向质权人提前清偿债务或者提存。

第二百二十七条 以注册商标专用权、专利权、著作权等知识产权中的财产权出质的，当事人应当订立书面合同。质权自有关主管部门办理出质登记时设立。

知识产权中的财产权出质后，出质人不得转让或者许可他人使用，但经出质人与质权人协商同意的除外。出质人转让或者许可他人使用出质的知识产权中的财产权所得的价款，应当向质权人提前清偿债务或者提存。

第二百二十八条 以应收账款出质的，当事人应当订立书面合同。质权自信贷征信机构办理出质登记时设立。

应收账款出质后，不得转让，但经出质人与质权人协商同意的除外。出质人转让应收账款所得的价款，应当向质权人提前清偿债务或者提存。

第二百二十九条 权利质权除适用本节规定外，适用本章第一节动产质权的规定。

第十八章 留置权

第二百三十条 债务人不履行到期债务，债权人可以留置已经合法占有的债务人的动产，并有权就该动产优先受偿。

前款规定的债权人为留置权人，占有的动产为留置财产。

第二百三十一条 债权人留置的动产，应当与债权属于同一法律关系，但企业之间留置的除外。

第二百三十二条 法律规定或者当事人约定不得留置的动产，不得留置。

第二百三十三条 留置财产为可分物的，留置财产的价值应当相当于债务的金额。

第二百三十四条 留置权人负有妥善保管留置财产的义务；因保管不善致使留置财产毁损、灭失的，应当承担赔偿责任。

第二百三十五条 留置权人有权收取留置财产的孳息。

前款规定的孳息应当先充抵收取孳息的费用。

第二百三十六条 留置权人与债务人应当约定留置财产后的债务履行期间；没有约定或者约定不明确的，留置权人应当给债务人两个月以上履行债务的期间，但鲜活易腐等不易保管的动产除外。债务人逾期未履行的，留置权人可以与债务人协议以留置财产折价，也可以就拍卖、变卖留置财产所得的价款优先受偿。

留置财产折价或者变卖的，应当参照市场价格。

第二百三十七条 债务人可以请求留置权人在债务履行期届满后行使留置权；留置权人不行使的，债务人可以请求人民法院拍卖、变卖留置财产。

第二百三十八条 留置财产折价或者拍卖、变卖后，其价款超过债权数额的部分归债务人所有，不足部分由债务人清偿。

第二百三十九条 同一动产上已设立抵押权或者质权，该动产又被留置的，留置权人优先受偿。

第二百四十条 留置权人对留置财产丧失占有或者留置权人接受债务人另行提供担保的，留置权消灭。

第五编 占 有
第十九章 占 有

第二百四十一条 基于合同关系等产生的占有，有关不动产或者动产的使用、收益、违约责任等，按照合同约定；合同没有约定或者约定不明确的，依照有关法律规定。

第二百四十二条 占有人因使用占有的不动产或者动产，致使该不动产或者动产受到损害的，恶意占有人应当承担赔偿责任。

第二百四十三条 不动产或者动产被占有人占有的，权利人可以请求返还原物及其孳息，但应当支付善意占有人因维护该不动产或者动产支出的必要费用。

第二百四十四条 占有的不动产或者动产毁损、灭失，该不动产或者动产的权利人请求赔偿的，占有人应当将因毁损、灭失取得的保险金、赔偿金或者补偿金等返还给权利人；权利人的损害未得到足够弥补的，恶意占有人还应当赔偿损失。

第二百四十五条 占有的不动产或者动产被侵占的，

占有人有权请求返还原物；对妨害占有的行为，占有人有权请求排除妨害或者消除危险；因侵占或者妨害造成损害的，占有人有权请求损害赔偿。

占有人返还原物的请求权，自侵占发生之日起一年内未行使的，该请求权消灭。

附　则

第二百四十六条　法律、行政法规对不动产统一登记的范围、登记机构和登记办法作出规定前，地方性法规可以依照本法有关规定作出规定。

第二百四十七条　本法自 2007 年 10 月 1 日起施行。

中华人民共和国主席令

第 73 号

《中华人民共和国农村土地承包法》已由中华人民共和国第九届全国人民代表大会常务委员会第二十九次会议于 2002 年 8 月 29 日修订通过，现予公布，自 2003 年 3 月 1 日起施行。

中华人民共和国主席 江泽民

二〇〇二年八月二十九日

中华人民共和国农村土地承包法

（2002 年 8 月 29 日第九届全国人民代表大会常务委员会第二十九次会议通过）

目 录

第四章　争议的解决和法律责任

第五章　附　则

第一章　总　则

第一条　为稳定和完善以家庭承包经营为基础、统分结合的双层经营体制，赋予农民长期而有保障的土地使用权，维护农村土地承包当事人的合法权益，促进农业、农村经济发展和农村社会稳定，根据宪法，制定本法。

第二条　本法所称农村土地，是指农民集体所有和国家所有依法由农民集体使用的耕地、林地、草地，以及其他依法用于农业的土地。

第三条　国家实行农村土地承包经营制度。

农村土地承包采取农村集体经济组织内部的家庭承包方式，不宜采取家庭承包方式的荒山、荒沟、荒丘、荒滩等农村土地，可以采取招标、拍卖、公开协商等方式承包。

第四条　国家依法保护农村土地承包关系的长期稳定。

农村土地承包后，土地的所有权性质不变。承包地不得买卖。

第五条　农村集体经济组织成员有权依法承包由本集体经济组织发包的农村土地。

任何组织和个人不得剥夺和非法限制农村集体经济组织成员承包土地的权利。

第六条 农村土地承包，妇女与男子享有平等的权利。承包中应当保护妇女的合法权益，任何组织和个人不得剥夺、侵害妇女应当享有的土地承包经营权。

第七条 农村土地承包应当坚持公开、公平、公正的原则，正确处理国家、集体、个人三者的利益关系。

第八条 农村土地承包应当遵守法律、法规，保护土地资源的合理开发和可持续利用。未经依法批准不得将承包地用于非农建设。

国家鼓励农民和农村集体经济组织增加对土地的投入，培肥地力，提高农业生产能力。

第九条 国家保护集体土地所有者的合法权益，保护承包方的土地承包经营权，任何组织和个人不得侵犯。

第十条 国家保护承包方依法、自愿、有偿地进行土地承包经营权流转。

第十一条 国务院农业、林业行政主管部门分别依照国务院规定的职责负责全国农村土地承包及承包合同管理的指导。县级以上地方人民政府农业、林业等行政主管部门分别依照各自职责，负责本行政区域内农村土地承包及承包合同管理。乡（镇）人民政府负责本行政区域内农村土地承包及承包合同管理。

第二章 家庭承包

第一节 发包方和承包方的权利和义务

第十二条 农民集体所有的土地依法属于村农民集

体所有的，由村集体经济组织或者村民委员会发包；已经分别属于村内两个以上农村集体经济组织的农民集体所有的，由村内各该农村集体经济组织或者村民小组发包。村集体经济组织或者村民委员会发包的，不得改变村内各集体经济组织农民集体所有的土地的所有权。

国家所有依法由农民集体使用的农村土地，由使用该土地的农村集体经济组织、村民委员会或者村民小组发包。

第十三条 发包方享有下列权利：

（一）发包本集体所有的或者国家所有依法由本集体使用的农村土地；

（二）监督承包方依照承包合同约定的用途合理利用和保护土地；

（三）制止承包方损害承包地和农业资源的行为；

（四）法律、行政法规规定的其他权利。

第十四条 发包方承担下列义务：

（一）维护承包方的土地承包经营权，不得非法变更、解除承包合同；

（二）尊重承包方的生产经营自主权，不得干涉承包方依法进行正常的生产经营活动；

（三）依照承包合同约定为承包方提供生产、技术、信息等服务；

（四）执行县、乡（镇）土地利用总体规划，组织本集体经济组织内的农业基础设施建设；

（五）法律、行政法规规定的其他义务。

第十五条 家庭承包的承包方是本集体经济组织的农户。

第十六条 承包方享有下列权利：

（一）依法享有承包地使用、收益和土地承包经营权流转的权利，有权自主组织生产经营和处置产品；

（二）承包地被依法征用、占用的，有权依法获得相应的补偿；

（三）法律、行政法规规定的其他权利。

第十七条 承包方承担下列义务：

（一）维持土地的农业用途，不得用于非农建设；

（二）依法保护和合理利用土地，不得给土地造成永久性损害；

（三）法律、行政法规规定的其他义务。

第二节 承包的原则和程序

第十八条 土地承包应当遵循以下原则：

（一）按照规定统一组织承包时，本集体经济组织成员依法平等地行使承包土地的权利，也可以自愿放弃承包土地的权利；

（二）民主协商，公平合理；

（三）承包方案应当按照本法第十二条的规定，依法经本集体经济组织成员的村民会议三分之二以上成员或者三分之二以上村民代表的同意；

（四）承包程序合法。

第十九条 土地承包应当按照以下程序进行：

（一）本集体经济组织成员的村民会议选举产生承包工作小组；

（二）承包工作小组依照法律、法规的规定拟订并公布承包方案；

（三）依法召开本集体经济组织成员的村民会议，讨论通过承包方案；

（四）公开组织实施承包方案；

（五）签订承包合同。

第三节　承包期限和承包合同

第二十条 耕地的承包期为三十年。草地的承包期为三十年至五十年。林地的承包期为三十年至七十年；特殊林木的林地承包期，经国务院林业行政主管部门批准可以延长。

第二十一条 发包方应当与承包方签订书面承包合同。

承包合同一般包括以下条款：

（一）发包方、承包方的名称，发包方负责人和承包方代表的姓名、住所；

（二）承包土地的名称、坐落、面积、质量等级；

（三）承包期限和起止日期；

（四）承包土地的用途；

（五）发包方和承包方的权利和义务；

（六）违约责任。

第二十二条 承包合同自成立之日起生效。承包方自承包合同生效时取得土地承包经营权。

第二十三条 县级以上地方人民政府应当向承包方颁发土地承包经营权证或者林权证等证书，并登记造册，确认土地承包经营权。

颁发土地承包经营权证或者林权证等证书，除按规定收取证书工本费外，不得收取其他费用。

第二十四条 承包合同生效后，发包方不得因承办人或者负责人的变动而变更或者解除，也不得因集体经济组织的分立或者合并而变更或者解除。

第二十五条 国家机关及其工作人员不得利用职权干涉农村土地承包或者变更、解除承包合同。

第四节 土地承包经营权的保护

第二十六条 承包期内，发包方不得收回承包地。

承包期内，承包方全家迁入小城镇落户的，应当按照承包方的意愿，保留其土地承包经营权或者允许其依法进行土地承包经营权流转。

承包期内，承包方全家迁入设区的市，转为非农业户口的，应当将承包的耕地和草地交回发包方。承包方不交回的，发包方可以收回承包的耕地和草地。

承包期内，承包方交回承包地或者发包方依法收回承包地时，承包方对其在承包地上投入而提高土地生产能力的，有权获得相应的补偿。

第二十七条 承包期内，发包方不得调整承包地。

承包期内，因自然灾害严重毁损承包地等特殊情形对个别农户之间承包的耕地和草地需要适当调整的，必须经本集体经济组织成员的村民会议三分之二以上成员或者三分之二以上村民代表的同意，并报乡（镇）人民政府和县级人民政府农业等行政主管部门批准。承包合同中约定不得调整的，按照其约定。

第二十八条　下列土地应当用于调整承包土地或者承包给新增人口：

（一）集体经济组织依法预留的机动地；

（二）通过依法开垦等方式增加的；

（三）承包方依法、自愿交回的。

第二十九条　承包期内，承包方可以自愿将承包地交回发包方。承包方自愿交回承包地的，应当提前半年以书面形式通知发包方。承包方在承包期内交回承包地的，在承包期内不得再要求承包土地。

第三十条　承包期内，妇女结婚，在新居住地未取得承包地的，发包方不得收回其原承包地；妇女离婚或者丧偶，仍在原居住地生活或者不在原居住地生活但在新居住地未取得承包地的，发包方不得收回其原承包地。

第三十一条　承包人应得的承包收益，依照继承法的规定继承。

林地承包的承包人死亡，其继承人可以在承包期内继续承包。

第五节 土地承包经营权的流转

第三十二条 通过家庭承包取得的土地承包经营权可以依法采取转包、出租、互换、转让或者其他方式流转。

第三十三条 土地承包经营权流转应当遵循以下原则：

（一）平等协商、自愿、有偿，任何组织和个人不得强迫或者阻碍承包方进行土地承包经营权流转；

（二）不得改变土地所有权的性质和土地的农业用途；

（三）流转的期限不得超过承包期的剩余期限；

（四）受让方须有农业经营能力；

（五）在同等条件下，本集体经济组织成员享有优先权。

第三十四条 土地承包经营权流转的主体是承包方。承包方有权依法自主决定土地承包经营权是否流转和流转的方式。

第三十五条 承包期内，发包方不得单方面解除承包合同，不得假借少数服从多数强迫承包方放弃或者变更土地承包经营权，不得以划分"口粮田"和"责任田"等为由收回承包地搞招标承包，不得将承包地收回抵顶欠款。

第三十六条 土地承包经营权流转的转包费、租金、转让费等，应当由当事人双方协商确定。流转的收益归承包方所有，任何组织和个人不得擅自截留、扣缴。

第三十七条 土地承包经营权采取转包、出租、互换、转让或者其他方式流转，当事人双方应当签订书面合同。采取转让方式流转的，应当经发包方同意；采取转包、出租、互换或者其他方式流转的，应当报发包方备案。

土地承包经营权流转合同一般包括以下条款：

（一）双方当事人的姓名、住所；

（二）流转土地的名称、坐落、面积、质量等级；

（三）流转的期限和起止日期；

（四）流转土地的用途；

（五）双方当事人的权利和义务；

（六）流转价款及支付方式；

（七）违约责任。

第三十八条 土地承包经营权采取互换、转让方式流转，当事人要求登记的，应当向县级以上地方人民政府申请登记。未经登记，不得对抗善意第三人。

第三十九条 承包方可以在一定期限内将部分或者全部土地承包经营权转包或者出租给第三方，承包方与发包方的承包关系不变。

承包方将土地交由他人代耕不超过一年的，可以不签订书面合同。

第四十条 承包方之间为方便耕种或者各自需要，可以对属于同一集体经济组织的土地的土地承包经营权进行互换。

第四十一条 承包方有稳定的非农职业或者有稳定的收入来源的，经发包方同意，可以将全部或者部分土地承包经营权转让给其他从事农业生产经营的农户，由该农户同发包方确立新的承包关系，原承包方与发包方在该土地上的承包关系即行终止。

第四十二条 承包方之间为发展农业经济，可以自愿联合将土地承包经营权入股，从事农业合作生产。

第四十三条 承包方对其在承包地上投入而提高土地生产能力的，土地承包经营权依法流转时有权获得相应的补偿。

第三章 其他方式的承包

第四十四条 不宜采取家庭承包方式的荒山、荒沟、荒丘、荒滩等农村土地，通过招标、拍卖、公开协商等方式承包的，适用本章规定。

第四十五条 以其他方式承包农村土地的，应当签订承包合同。当事人的权利和义务、承包期限等，由双方协商确定。以招标、拍卖方式承包的，承包费通过公开竞标、竞价确定；以公开协商等方式承包的，承包费由双方议定。

第四十六条 荒山、荒沟、荒丘、荒滩等可以直接通过招标、拍卖、公开协商等方式实行承包经营，也可以将土地承包经营权折股分给本集体经济组织成员后，再实行承包经营或者股份合作经营。

承包荒山、荒沟、荒丘、荒滩的，应当遵守有关法律、行政法规的规定，防止水土流失，保护生态环境。

第四十七条 以其他方式承包农村土地，在同等条件下，本集体经济组织成员享有优先承包权。

第四十八条 发包方将农村土地发包给本集体经济组织以外的单位或者个人承包，应当事先经本集体经济组织成员的村民会议三分之二以上成员或者三分之二以上村民代表的同意，并报乡（镇）人民政府批准。

由本集体经济组织以外的单位或者个人承包的，应当对承包方的资信情况和经营能力进行审查后，再签订承包合同。

第四十九条 通过招标、拍卖、公开协商等方式承包农村土地，经依法登记取得土地承包经营权证或者林权证等证书的，其土地承包经营权可以依法采取转让、出租、入股、抵押或者其他方式流转。

第五十条 土地承包经营权通过招标、拍卖、公开协商等方式取得的，该承包人死亡，其应得的承包收益，依照继承法的规定继承；在承包期内，其继承人可以继续承包。

第四章 争议的解决和法律责任

第五十一条 因土地承包经营发生纠纷的，双方当事人可以通过协商解决，也可以请求村民委员会、乡

（镇）人民政府等调解解决。

当事人不愿协商、调解或者协商、调解不成的，可以向农村土地承包仲裁机构申请仲裁，也可以直接向人民法院起诉。

第五十二条 当事人对农村土地承包仲裁机构的仲裁裁决不服的，可以在收到裁决书之日起三十日内向人民法院起诉。逾期不起诉的，裁决书即发生法律效力。

第五十三条 任何组织和个人侵害承包方的土地承包经营权的，应当承担民事责任。

第五十四条 发包方有下列行为之一的，应当承担停止侵害、返还原物、恢复原状、排除妨害、消除危险、赔偿损失等民事责任：

（一）干涉承包方依法享有的生产经营自主权；

（二）违反本法规定收回、调整承包地；

（三）强迫或者阻碍承包方进行土地承包经营权流转；

（四）假借少数服从多数强迫承包方放弃或者变更土地承包经营权而进行土地承包经营权流转；

（五）以划分"口粮田"和"责任田"等为由收回承包地搞招标承包；

（六）将承包地收回抵顶欠款；

（七）剥夺、侵害妇女依法享有的土地承包经营权；

（八）其他侵害土地承包经营权的行为。

第五十五条 承包合同中违背承包方意愿或者违反

法律、行政法规有关不得收回、调整承包地等强制性规定的约定无效。

第五十六条 当事人一方不履行合同义务或者履行义务不符合约定的，应当依照《中华人民共和国合同法》的规定承担违约责任。

第五十七条 任何组织和个人强迫承包方进行土地承包经营权流转的，该流转无效。

第五十八条 任何组织和个人擅自截留、扣缴土地承包经营权流转收益的，应当退还。

第五十九条 违反土地管理法规，非法征用、占用土地或者贪污、挪用土地征用补偿费用，构成犯罪的，依法追究刑事责任；造成他人损害的，应当承担损害赔偿等责任。

第六十条 承包方违法将承包地用于非农建设的，由县级以上地方人民政府有关行政主管部门依法予以处罚。

承包方给承包地造成永久性损害的，发包方有权制止，并有权要求承包方赔偿由此造成的损失。

第六十一条 国家机关及其工作人员有利用职权干涉农村土地承包，变更、解除承包合同，干涉承包方依法享有的生产经营自主权，或者强迫、阻碍承包方进行土地承包经营权流转等侵害土地承包经营权的行为，给承包方造成损失的，应当承担损害赔偿等责任；情节严重的，由上级机关或者所在单位给予直接责任人员行政处分；构成犯罪的，依法追究刑事责任。

第五章　附　则

第六十二条　本法实施前已经按照国家有关农村土地承包的规定承包，包括承包期限长于本法规定的，本法实施后继续有效，不得重新承包土地。未向承包方颁发土地承包经营权证或者林权证等证书的，应当补发证书。

第六十三条　本法实施前已经预留机动地的，机动地面积不得超过本集体经济组织耕地总面积的百分之五。不足百分之五的，不得再增加机动地。

本法实施前未留机动地的，本法实施后不得再留机动地。

第六十四条　各省、自治区、直辖市人民代表大会常务委员会可以根据本法，结合本行政区域的实际情况，制定实施办法。

第六十五条　本法自 2003 年 3 月 1 日起施行。

中华人民共和国主席令

第十四号

　　《中华人民共和国农村土地承包经营纠纷调解仲裁法》已由中华人民共和国第十一届全国人民代表大会常务委员会议于 2009 年 6 月 27 日通过，现予公布，自 2010 年 1 月 1 日起施行。

中华人民共和国主席　胡锦涛

2009 年 6 月 27 日

中华人民共和国农村土地承包经营纠纷调解仲裁法

　　（2009 年 6 月 27 日第十一届全国人民代表大会常务委员会第九次会议通过）

目　录

第一章 总 则

第一条 为了公正、及时解决农村土地承包经营纠纷，维护当事人的合法权益，促进农村经济发展和社会稳定，制定本法。

第二条 农村土地承包经营纠纷调解和仲裁，适用本法。

农村土地承包经营纠纷包括：

（一）因订立、履行、变更、解除和终止农村土地承包合同发生的纠纷；

（二）因农村土地承包经营权转包、出租、互换、转让、入股等流转发生的纠纷；

（三）因收回、调整承包地发生的纠纷；

（四）因确认农村土地承包经营权发生的纠纷；

（五）因侵害农村土地承包经营权发生的纠纷；

（六）法律、法规规定的其他农村土地承包经营纠纷。

因征收集体所有的土地及其补偿发生的纠纷，不属于农村土地承包仲裁委员会的受理范围，可以通过行政复议或者诉讼等方式解决。

第三条 发生农村土地承包经营纠纷的，当事人可以自行和解，也可以请求村民委员会、乡（镇）人民政府等调解。

第四条 当事人和解、调解不成或者不愿和解、调解的，可以向农村土地承包仲裁委员会申请仲裁，也可以直接向人民法院起诉。

第五条 农村土地承包经营纠纷调解和仲裁，应当公开、公平、公正，便民高效，根据事实，符合法律，尊重社会公德。

第六条 县级以上人民政府应当加强对农村土地承包经营纠纷调解和仲裁工作的指导。

县级以上人民政府农村土地承包管理部门及其他有关部门应当依照职责分工，支持有关调解组织和农村土地承包仲裁委员会依法开展工作。

第二章 调 解

第七条 村民委员会、乡（镇）人民政府应当加强农村土地承包经营纠纷的调解工作，帮助当事人达成协议解决纠纷。

第八条 当事人申请农村土地承包经营纠纷调解可以书面申请，也可以口头申请。口头申请的，由村民委员会或者乡（镇）人民政府当场记录申请人的基本情况、申请调解的纠纷事项、理由和时间。

第九条 调解农村土地承包经营纠纷，村民委员会或者乡（镇）人民政府应当充分听取当事人对事实和理由的陈述，讲解有关法律以及国家政策，耐心疏导，帮助当事人达成协议。

第十条 经调解达成协议的，村民委员会或者乡

（镇）人民政府应当制作调解协议书。

调解协议书由双方当事人签名、盖章或者按指印，经调解人员签名并加盖调解组织印章后生效。

第十一条 仲裁庭对农村土地承包经营纠纷应当进行调解。调解达成协议的，仲裁庭应当制作调解书；调解不成的，应当及时作出裁决。

调解书应当写明仲裁请求和当事人协议的结果。调解书由仲裁员签名，加盖农村土地承包仲裁委员会印章，送达双方当事人。

调解书经双方当事人签收后，即发生法律效力。在调解书签收前当事人反悔的，仲裁庭应当及时作出裁决。

第三章 仲　裁

第一节　仲裁委员会和仲裁员

第十二条 农村土地承包仲裁委员会，根据解决农村土地承包经营纠纷的实际需要设立。农村土地承包仲裁委员会可以在县和不设区的市设立，也可以在设区的市或者其市辖区设立。

农村土地承包仲裁委员会在当地人民政府指导下设立。设立农村土地承包仲裁委员会的，其日常工作由当地农村土地承包管理部门承担。

第十三条 农村土地承包仲裁委员会由当地人民政府及其有关部门代表、有关人民团体代表、农村集体经济组织代表、农民代表和法律、经济等相关专业人员兼任组成，其中农民代表和法律、经济等相关专业人员不得少于组成人员的二分之一。

农村土地承包仲裁委员会设主任一人、副主任一至二人和委员若干人。主任、副主任由全体组成人员选举产生。

第十四条 农村土地承包仲裁委员会依法履行下列职责：

（一）聘任、解聘仲裁员；

（二）受理仲裁申请；

（三）监督仲裁活动。

农村土地承包仲裁委员会应当依照本法制定章程，对其组成人员的产生方式及任期、议事规则等作出规定。

第十五条 农村土地承包仲裁委员会应当从公道正派的人员中聘任仲裁员。

仲裁员应当符合下列条件之一：

（一）从事农村土地承包管理工作满五年；

（二）从事法律工作或者人民调解工作满五年；

（三）在当地威信较高，并熟悉农村土地承包法律以及国家政策的居民。

第十六条 农村土地承包仲裁委员会应当对仲裁员进行农村土地承包法律以及国家政策的培训。

省、自治区、直辖市人民政府农村土地承包管理部门应当制定仲裁员培训计划，加强对仲裁员培训工作的组织和指导。

第十七条 农村土地承包仲裁委员会组成人员、仲裁员应当依法履行职责，遵守农村土地承包仲裁委员会章程和仲裁规则，不得索贿受贿、徇私舞弊，不得侵害当事人的合法权益。

仲裁员有索贿受贿、徇私舞弊、枉法裁决以及接受当事人请客送礼等违法违纪行为的，农村土地承包仲裁委员会应当将其除名；构成犯罪的，依法追究刑事责任。

县级以上地方人民政府及有关部门应当受理对农村土地承包仲裁委员会组成人员、仲裁员违法违纪行为的投诉和举报，并依法组织查处。

第二节 申请和受理

第十八条 农村土地承包经营纠纷申请仲裁的时效期间为二年，自当事人知道或者应当知道其权利被侵害之日起计算。

第十九条 农村土地承包经营纠纷仲裁的申请人、被申请人为当事人。家庭承包的，可以由农户代表人参加仲裁。当事人一方人数众多的，可以推选代表人参加仲裁。

与案件处理结果有利害关系的，可以申请作为第三人参加仲裁，或者由农村土地承包仲裁委员会通知其参加仲裁。

当事人、第三人可以委托代理人参加仲裁。

第二十条 申请农村土地承包经营纠纷仲裁应当符合下列条件：

（一）申请人与纠纷有直接的利害关系；

（二）有明确的被申请人；

（三）有具体的仲裁请求和事实、理由；

（四）属于农村土地承包仲裁委员会的受理范围。

第二十一条　当事人申请仲裁，应当向纠纷涉及的土地所在地的农村土地承包仲裁委员会递交仲裁申请书。仲裁申请书可以邮寄或者委托他人代交。仲裁申请书应当载明申请人和被申请人的基本情况，仲裁请求和所根据的事实、理由，并提供相应的证据和证据来源。

书面申请确有困难的，可以口头申请，由农村土地承包仲裁委员会记入笔录，经申请人核实后由其签名、盖章或者按指印。

第二十二条　农村土地承包仲裁委员会应当对仲裁申请予以审查，认为符合本法第二十条规定的，应当受理。有下列情形之一的，不予受理；已受理的，终止仲裁程序：

（一）不符合申请条件；

（二）人民法院已受理该纠纷；

（三）法律规定该纠纷应当由其他机构处理；

（四）对该纠纷已有生效的判决、裁定、仲裁裁决、行政处理决定等。

第二十三条　农村土地承包仲裁委员会决定受理的，应当自收到仲裁申请之日起五个工作日内，将受理通知书、仲裁规则和仲裁员名册送达申请人；决定不予受理或者终止仲裁程序的，应当自收到仲裁申请或者发现终止仲裁程序情形之日起五个工作日内书面通知申请人，并说明理由。

第二十四条 农村土地承包仲裁委员会应当自受理仲裁申请之日起五个工作日内，将受理通知书、仲裁申请书副本、仲裁规则和仲裁员名册送达被申请人。

第二十五条 被申请人应当自收到仲裁申请书副本之日起十日内向农村土地承包仲裁委员会提交答辩书；书面答辩确有困难的，可以口头答辩，由农村土地承包仲裁委员会记入笔录，经被申请人核实后由其签名、盖章或者按指印。农村土地承包仲裁委员会应当自收到答辩书之日起五个工作日内将答辩书副本送达申请人。被申请人未答辩的，不影响仲裁程序的进行。

第二十六条 一方当事人因另一方当事人的行为或者其他原因，可能使裁决不能执行或者难以执行的，可以申请财产保全。

当事人申请财产保全的，农村土地承包仲裁委员会应当将当事人的申请提交被申请人住所地或者财产所在地的基层人民法院。

申请有错误的，申请人应当赔偿被申请人因财产保全所遭受的损失。

第三节　仲裁庭的组成

第二十七条 仲裁庭由三名仲裁员组成，首席仲裁员由当事人共同选定，其他二名仲裁员由当事人各自选定；当事人不能选定的，由农村土地承包仲裁委员会主任指定。

事实清楚、权利义务关系明确、争议不大的农村土地承包经营纠纷，经双方当事人同意，可以由一名仲裁员仲裁。仲裁员由当事人共同选定或者由农村土地承包仲裁委员会主任指定。

农村土地承包仲裁委员会应当自仲裁庭组成之日起二个工作日内将仲裁庭组成情况通知当事人。

第二十八条 仲裁员有下列情形之一的，必须回避，当事人也有权以口头或者书面方式申请其回避：

（一）是本案当事人或者当事人、代理人的近亲属；

（二）与本案有利害关系；

（三）与本案当事人、代理人有其他关系，可能影响公正仲裁；

（四）私自会见当事人、代理人，或者接受当事人、代理人的请客送礼。

当事人提出回避申请，应当说明理由，在首次开庭前提出。回避事由在首次开庭后知道的，可以在最后一次开庭终结前提出。

第二十九条 农村土地承包仲裁委员会对回避申请应当及时作出决定，以口头或者书面方式通知当事人，并说明理由。

仲裁员是否回避，由农村土地承包仲裁委员会主任决定；农村土地承包仲裁委员会主任担任仲裁员时，由农村土地承包仲裁委员会集体决定。

仲裁员因回避或者其他原因不能履行职责的，应当依照本法规定重新选定或者指定仲裁员。

第四节　开庭和裁决

第三十条　农村土地承包经营纠纷仲裁应当开庭进行。

开庭可以在纠纷涉及的土地所在地的乡（镇）或者村进行，也可以在农村土地承包仲裁委员会所在地进行。当事人双方要求在乡（镇）或者村开庭的，应当在该乡（镇）或者村开庭。

开庭应当公开，但涉及国家秘密、商业秘密和个人隐私以及当事人约定不公开的除外。

第三十一条　仲裁庭应当在开庭五个工作日前将开庭的时间、地点通知当事人和其他仲裁参与人。

当事人有正当理由的，可以向仲裁庭请求变更开庭的时间、地点。是否变更，由仲裁庭决定。

第三十二条　当事人申请仲裁后，可以自行和解。达成和解协议的，可以请求仲裁庭根据和解协议作出裁决书，也可以撤回仲裁申请。

第三十三条　申请人可以放弃或者变更仲裁请求。被申请人可以承认或者反驳仲裁请求，有权提出反请求。

第三十四条　仲裁庭作出裁决前，申请人撤回仲裁申请的，除被申请人提出反请求的外，仲裁庭应当终止仲裁。

第三十五条　申请人经书面通知，无正当理由不到庭或者未经仲裁庭许可中途退庭的，可以视为撤回仲裁申请。

被申请人经书面通知，无正当理由不到庭或者未经仲裁庭许可中途退庭的，可以缺席裁决。

第三十六条　当事人在开庭过程中有权发表意见、陈述事实和理由、提供证据、进行质证和辩论。对不通晓当地通用语言文字的当事人，农村土地承包仲裁委员会应当为其提供翻译。

第三十七条　当事人应当对自己的主张提供证据。与纠纷有关的证据由作为当事人一方的发包方等掌握管理的，该当事人应当在仲裁庭指定的期限内提供，逾期不提供的，应当承担不利后果。

第三十八条　仲裁庭认为有必要收集的证据，可以自行收集。

第三十九条　仲裁庭对专门性问题认为需要鉴定的，可以交由当事人约定的鉴定机构鉴定；当事人没有约定的，由仲裁庭指定的鉴定机构鉴定。

根据当事人的请求或者仲裁庭的要求，鉴定机构应当派鉴定人参加开庭。当事人经仲裁庭许可，可以向鉴定人提问。

第四十条　证据应当在开庭时出示，但涉及国家秘密、商业秘密和个人隐私的证据不得在公开开庭时出示。

仲裁庭应当依照仲裁规则的规定开庭，给予双方当事人平等陈述、辩论的机会，并组织当事人进行质证。

经仲裁庭查证属实的证据，应当作为认定事实的根据。

第四十一条 在证据可能灭失或者以后难以取得的情况下，当事人可以申请证据保全。当事人申请证据保全的，农村土地承包仲裁委员会应当将当事人的申请提交证据所在地的基层人民法院。

第四十二条 对权利义务关系明确的纠纷，经当事人申请，仲裁庭可以先行裁定维持现状、恢复农业生产以及停止取土、占地等行为。

一方当事人不履行先行裁定的，另一方当事人可以向人民法院申请执行，但应当提供相应的担保。

第四十三条 仲裁庭应当将开庭情况记入笔录，由仲裁员、记录人员、当事人和其他仲裁参与人签名、盖章或者按指印。

当事人和其他仲裁参与人认为对自己陈述的记录有遗漏或者差错的，有权申请补正。如果不予补正，应当记录该申请。

第四十四条 仲裁庭应当根据认定的事实和法律以及国家政策作出裁决并制作裁决书。

裁决应当按照多数仲裁员的意见作出，少数仲裁员的不同意见可以记入笔录。仲裁庭不能形成多数意见时，裁决应当按照首席仲裁员的意见作出。

第四十五条 裁决书应当写明仲裁请求、争议事实、裁决理由、裁决结果、裁决日期以及当事人不服仲裁裁决的起诉权利、期限，由仲裁员签名，加盖农村土地承包仲裁委员会印章。

农村土地承包仲裁委员会应当在裁决作出之日起三个工作日内将裁决书送达当事人，并告知当事人不服仲裁裁决的起诉权利、期限。

第四十六条 仲裁庭依法独立履行职责，不受行政机关、社会团体和个人的干涉。

第四十七条 仲裁农村土地承包经营纠纷，应当自受理仲裁申请之日起六十日内结束；案情复杂需要延长的，经农村土地承包仲裁委员会主任批准可以延长，并书面通知当事人，但延长期限不得超过三十日。

第四十八条 当事人不服仲裁裁决的，可以自收到裁决书之日起三十日内向人民法院起诉。逾期不起诉的，裁决书即发生法律效力。

第四十九条 当事人对发生法律效力的调解书、裁决书，应当依照规定的期限履行。一方当事人逾期不履行的，另一方当事人可以向被申请人住所地或者财产所在地的基层人民法院申请执行。受理申请的人民法院应当依法执行。

第四章 附 则

第五十条 本法所称农村土地，是指农民集体所有和国家所有依法由农民集体使用的耕地、林地、草地，以及其他依法用于农业的土地。

第五十一条 农村土地承包经营纠纷仲裁规则和农村土地承包仲裁委员会示范章程，由国务院农业、林业行政主管部门依照本法规定共同制定。

第五十二条 农村土地承包经营纠纷仲裁不得向当事人收取费用，仲裁工作经费纳入财政预算予以保障。

第五十三条 本法自 2010 年 1 月 1 日起施行。

中华人民共和国主席令

第四十九号

《中华人民共和国农产品质量安全法》已由中华人民共和国第十届全国人民代表大会常务委员会第二十一次会议于 2006 年 4 月 29 日通过，现予公布，自 2006 年 11 月 1 日起施行。

中华人民共和国主席　胡锦涛

2006 年 4 月 29 日

中华人民共和国农产品质量安全法

（2006 年 4 月 29 日第十届全国人民代表大会常务委员会第二十一次会议通过）

目　录

第一章 总 则

第一条 为保障农产品质量安全，维护公众健康，促进农业和农村经济发展，制定本法。

第二条 本法所称农产品，是指来源于农业的初级产品，即在农业活动中获得的植物、动物、微生物及其产品。

本法所称农产品质量安全，是指农产品质量符合保障人的健康、安全的要求。

第三条 县级以上人民政府农业行政主管部门负责农产品质量安全的监督管理工作；县级以上人民政府有关部门按照职责分工，负责农产品质量安全的有关工作。

第四条 县级以上人民政府应当将农产品质量安全管理工作纳入本级国民经济和社会发展规划，并安排农产品质量安全经费，用于开展农产品质量安全工作。

第五条 县级以上地方人民政府统一领导、协调本行政区域内的农产品质量安全工作，并采取措施，建立健全农产品质量安全服务体系，提高农产品质量安全水平。

第六条 国务院农业行政主管部门应当设立由有关方面专家组成的农产品质量安全风险评估专家委员会，对可能影响农产品质量安全的潜在危害进行风险分析和评估。

国务院农业行政主管部门应当根据农产品质量安全

风险评估结果采取相应的管理措施，并将农产品质量安全风险评估结果及时通报国务院有关部门。

第七条 国务院农业行政主管部门和省、自治区、直辖市人民政府农业行政主管部门应当按照职责权限，发布有关农产品质量安全状况信息。

第八条 国家引导、推广农产品标准化生产，鼓励和支持生产优质农产品，禁止生产、销售不符合国家规定的农产品质量安全标准的农产品。

第九条 国家支持农产品质量安全科学技术研究，推行科学的质量安全管理方法，推广先进安全的生产技术。

第十条 各级人民政府及有关部门应当加强农产品质量安全知识的宣传，提高公众的农产品质量安全意识，引导农产品生产者、销售者加强质量安全管理，保障农产品消费安全。

第二章 农产品质量安全标准

第十一条 国家建立健全农产品质量安全标准体系。农产品质量安全标准是强制性的技术规范。

农产品质量安全标准的制定和发布，依照有关法律、行政法规的规定执行。

第十二条 制定农产品质量安全标准应当充分考虑农产品质量安全风险评估结果，并听取农产品生产者、销售者和消费者的意见，保障消费安全。

第十三条 农产品质量安全标准应当根据科学技术发展水平以及农产品质量安全的需要，及时修订。

第十四条 农产品质量安全标准由农业行政主管部门商有关部门组织实施。

第三章 农产品产地

第十五条 县级以上地方人民政府农业行政主管部门按照保障农产品质量安全的要求，根据农产品品种特性和生产区域大气、土壤、水体中有毒有害物质状况等因素，认为不适宜特定农产品生产的，提出禁止生产的区域，报本级人民政府批准后公布。具体办法由国务院农业行政主管部门商国务院环境保护行政主管部门制定。

农产品禁止生产区域的调整，依照前款规定的程序办理。

第十六条 县级以上人民政府应当采取措施，加强农产品基地建设，改善农产品的生产条件。

县级以上人民政府农业行政主管部门应当采取措施，推进保障农产品质量安全的标准化生产综合示范区、示范农场、养殖小区和无规定动植物疫病区的建设。

第十七条 禁止在有毒有害物质超过规定标准的区域生产、捕捞、采集食用农产品和建立农产品生产基地。

第十八条 禁止违反法律、法规的规定向农产品产地排放或者倾倒废水、废气、固体废物或者其他有毒有害物质。

农业生产用水和用作肥料的固体废物，应当符合国家规定的标准。

第十九条 农产品生产者应当合理使用化肥、农药、兽药、农用薄膜等化工产品，防止对农产品产地造成污染。

第四章　农产品生产

第二十条 国务院农业行政主管部门和省、自治区、直辖市人民政府农业行政主管部门应当制定保障农产品质量安全的生产技术要求和操作规程。县级以上人民政府农业行政主管部门应当加强对农产品生产的指导。

第二十一条 对可能影响农产品质量安全的农药、兽药、饲料和饲料添加剂、肥料、兽医器械，依照有关法律、行政法规的规定实行许可制度。

国务院农业行政主管部门和省、自治区、直辖市人民政府农业行政主管部门应当定期对可能危及农产品质量安全的农药、兽药、饲料和饲料添加剂、肥料等农业投入品进行监督抽查，并公布抽查结果。

第二十二条 县级以上人民政府农业行政主管部门应当加强对农业投入品使用的管理和指导，建立健全农业投入品的安全使用制度。

第二十三条 农业科研教育机构和农业技术推广机构应当加强对农产品生产者质量安全知识和技能的培训。

第二十四条 农产品生产企业和农民专业合作经济

组织应当建立农产品生产记录，如实记载下列事项：

（一）使用农业投入品的名称、来源、用法、用量和使用、停用的日期；

（二）动物疫病、植物病虫草害的发生和防治情况；

（三）收获、屠宰或者捕捞的日期。

农产品生产记录应当保存二年。禁止伪造农产品生产记录。

国家鼓励其他农产品生产者建立农产品生产记录。

第二十五条 农产品生产者应当按照法律、行政法规和国务院农业行政主管部门的规定，合理使用农业投入品，严格执行农业投入品使用安全间隔期或者休药期的规定，防止危及农产品质量安全。

禁止在农产品生产过程中使用国家明令禁止使用的农业投入品。

第二十六条 农产品生产企业和农民专业合作经济组织，应当自行或者委托检测机构对农产品质量安全状况进行检测；经检测不符合农产品质量安全标准的农产品，不得销售。

第二十七条 农民专业合作经济组织和农产品行业协会对其成员应当及时提供生产技术服务，建立农产品质量安全管理制度，健全农产品质量安全控制体系，加强自律管理。

第五章　农产品包装和标识

第二十八条　农产品生产企业、农民专业合作经济组织以及从事农产品收购的单位或者个人销售的农产品,按照规定应当包装或者附加标识的,须经包装或者附加标识后方可销售。包装物或者标识上应当按照规定标明产品的品名、产地、生产者、生产日期、保质期、产品质量等级等内容;使用添加剂的,还应当按照规定标明添加剂的名称。具体办法由国务院农业行政主管部门制定。

第二十九条　农产品在包装、保鲜、贮存、运输中所使用的保鲜剂、防腐剂、添加剂等材料,应当符合国家有关强制性的技术规范。

第三十条　属于农业转基因生物的农产品,应当按照农业转基因生物安全管理的有关规定进行标识。

第三十一条　依法需要实施检疫的动植物及其产品,应当附具检疫合格标志、检疫合格证明。

第三十二条　销售的农产品必须符合农产品质量安全标准,生产者可以申请使用无公害农产品标志。农产品质量符合国家规定的有关优质农产品标准的,生产者可以申请使用相应的农产品质量标志。

禁止冒用前款规定的农产品质量标志。

第六章　监督检查

第三十三条　有下列情形之一的农产品，不得销售：

（一）含有国家禁止使用的农药、兽药或者其他化学物质的；

（二）农药、兽药等化学物质残留或者含有的重金属等有毒有害物质不符合农产品质量安全标准的；

（三）含有的致病性寄生虫、微生物或者生物毒素不符合农产品质量安全标准的；

（四）使用的保鲜剂、防腐剂、添加剂等材料不符合国家有关强制性的技术规范的；

（五）其他不符合农产品质量安全标准的。

第三十四条　国家建立农产品质量安全监测制度。县级以上人民政府农业行政主管部门应当按照保障农产品质量安全的要求，制定并组织实施农产品质量安全监测计划，对生产中或者市场上销售的农产品进行监督抽查。监督抽查结果由国务院农业行政主管部门或者省、自治区、直辖市人民政府农业行政主管部门按照权限予以公布。

监督抽查检测应当委托符合本法第三十五条规定条件的农产品质量安全检测机构进行，不得向被抽查人收取费用，抽取的样品不得超过国务院农业行政主管部门规定的数量。上级农业行政主管部门监督抽查的农产品，下级农业行政主管部门不得另行重复抽查。

第三十五条 农产品质量安全检测应当充分利用现有的符合条件的检测机构。

从事农产品质量安全检测的机构，必须具备相应的检测条件和能力，由省级以上人民政府农业行政主管部门或者其授权的部门考核合格。具体办法由国务院农业行政主管部门制定。

农产品质量安全检测机构应当依法经计量认证合格。

第三十六条 农产品生产者、销售者对监督抽查检测结果有异议的，可以自收到检测结果之日起五日内，向组织实施农产品质量安全监督抽查的农业行政主管部门或者其上级农业行政主管部门申请复检。

采用国务院农业行政主管部门会同有关部门认定的快速检测方法进行农产品质量安全监督抽查检测，被抽查人对检测结果有异议的，可以自收到检测结果时起四小时内申请复检。复检不得采用快速检测方法。

因检测结果错误给当事人造成损害的，依法承担赔偿责任。

第三十七条 农产品批发市场应当设立或者委托农产品质量安全检测机构，对进场销售的农产品质量安全状况进行抽查检测；发现不符合农产品质量安全标准的，应当要求销售者立即停止销售，并向农业行政主管部门报告。

农产品销售企业对其销售的农产品，应当建立健全进货检查验收制度；经查验不符合农产品质量安全标准的，不得销售。

第三十八条 国家鼓励单位和个人对农产品质量安全进行社会监督。任何单位和个人都有权对违反本法的行为进行检举、揭发和控告。有关部门收到相关的检举、揭发和控告后，应当及时处理。

第三十九条 县级以上人民政府农业行政主管部门在农产品质量安全监督检查中，可以对生产、销售的农产品进行现场检查，调查了解农产品质量安全的有关情况，查阅、复制与农产品质量安全有关的记录和其他资料；对经检测不符合农产品质量安全标准的农产品，有权查封、扣押。

第四十条 发生农产品质量安全事故时，有关单位和个人应当采取控制措施，及时向所在地乡级人民政府和县级人民政府农业行政主管部门报告；收到报告的机关应当及时处理并报上一级人民政府和有关部门。发生重大农产品质量安全事故时，农业行政主管部门应当及时通报同级食品药品监督管理部门。

第四十一条 县级以上人民政府农业行政主管部门在农产品质量安全监督管理中，发现有本法第三十三条所列情形之一的农产品，应当按照农产品质量安全责任追究制度的要求，查明责任人，依法予以处理或者提出处理建议。

第四十二条 进口的农产品必须按照国家规定的农产品质量安全标准进行检验；尚未制定有关农产品质量

安全标准的，应当依法及时制定，未制定之前，可以参照国家有关部门指定的国外有关标准进行检验。

第七章　法律责任

第四十三条　农产品质量安全监督管理人员不依法履行监督职责，或者滥用职权的，依法给予行政处分。

第四十四条　农产品质量安全检测机构伪造检测结果的，责令改正，没收违法所得，并处五万元以上十万元以下罚款，对直接负责的主管人员和其他直接责任人员处一万元以上五万元以下罚款；情节严重的，撤销其检测资格；造成损害的，依法承担赔偿责任。

农产品质量安全检测机构出具检测结果不实，造成损害的，依法承担赔偿责任；造成重大损害的，并撤销其检测资格。

第四十五条　违反法律、法规规定，向农产品产地排放或者倾倒废水、废气、固体废物或者其他有毒有害物质的，依照有关环境保护法律、法规的规定处罚；造成损害的，依法承担赔偿责任。

第四十六条　使用农业投入品违反法律、行政法规和国务院农业行政主管部门的规定的，依照有关法律、行政法规的规定处罚。

第四十七条　农产品生产企业、农民专业合作经济组织未建立或者未按照规定保存农产品生产记录的，或者伪造农产品生产记录的，责令限期改正；逾期不改正的，可以处二千元以下罚款。

第四十八条 违反本法第二十八条规定，销售的农产品未按照规定进行包装、标识的，责令限期改正；逾期不改正的，可以处二千元以下罚款。

第四十九条 有本法第三十三条第四项规定情形，使用的保鲜剂、防腐剂、添加剂等材料不符合国家有关强制性的技术规范的，责令停止销售，对被污染的农产品进行无害化处理，对不能进行无害化处理的予以监督销毁；没收违法所得，并处二千元以上二万元以下罚款。

第五十条 农产品生产企业、农民专业合作经济组织销售的农产品有本法第三十三条第一项至第三项或者第五项所列情形之一的，责令停止销售，追回已经销售的农产品，对违法销售的农产品进行无害化处理或者予以监督销毁；没收违法所得，并处二千元以上二万元以下罚款。

农产品销售企业销售的农产品有前款所列情形的，依照前款规定处理、处罚。

农产品批发市场中销售的农产品有第一款所列情形的，对违法销售的农产品依照第一款规定处理，对农产品销售者依照第一款规定处罚。

农产品批发市场违反本法第三十七条第一款规定的，责令改正，处二千元以上二万元以下罚款。

第五十一条 违反本法第三十二条规定，冒用农产品质量标志的，责令改正，没收违法所得，并处二千元以上二万元以下罚款。

第五十二条 本法第四十四条、第四十七条至第四十九条、第五十条第一款、第四款和第五十一条规定的处理、处罚，由县级以上人民政府农业行政主管部门决定；第五十条第二款、第三款规定的处理、处罚，由工商行政管理部门决定。

法律对行政处罚及处罚机关有其他规定的，从其规定。但是，对同一违法行为不得重复处罚。

第五十三条 违反本法规定，构成犯罪的，依法追究刑事责任。

第五十四条 生产、销售本法第三十三条所列农产品，给消费者造成损害的，依法承担赔偿责任。

农产品批发市场中销售的农产品有前款规定情形的，消费者可以向农产品批发市场要求赔偿；属于生产者、销售者责任的，农产品批发市场有权追偿。消费者也可以直接向农产品生产者、销售者要求赔偿。

第八章 附 则

第五十五条 生猪屠宰的管理按照国家有关规定执行。

第五十六条 本法自 2006 年 11 月 1 日起施行。

中华人民共和国主席令

八届第 5 号

《中华人民共和国农业技术推广法》已由中华人民共和国第八届全国人民代表大会常务委员会第二次会议于 1993 年 7 月 2 日通过，现予公布，自公布之日起施行。

中华人民共和国主席 江泽民
1993 年 7 月 2 日

中华人民共和国农业技术推广法

（1993 年 7 月 2 日第八届全国人民代表大会常务委员会第二次会议通过）

目 录

第一章 总 则

第一条 为了加强农业技术推广工作，促使农业科研成果和实用技术尽快应用于农业生产，保障农业的发展，实现农业现代化，制定本法。

第二条　本法所称农业技术，是指应用于种植业、林业、畜牧业、渔业的科研成果和实用技术，包括良种繁育、施用肥料、病虫害防治、栽培和养殖技术，农副产品加工、保鲜、贮运技术，农业机械技术和农用航空技术，农田水利、土壤改良与水土保持技术，农村供水、农村能源利用和农业环境保护技术，农业气象技术以及农业经营管理技术等。

本法所称农业技术推广，是指通过试验、示范、培训、指导以及咨询服务等，把农业技术普及应用于农业生产产前、产中、产后全过程的活动。

第三条　国家依靠科学技术进步和发展教育，振兴农村经济，加快农业技术的普及应用，发展高产、优质、高效益的农业。

第四条　农业技术推广应当遵循下列原则：

（一）有利于农业的发展；

（二）尊重农业劳动者的意愿；

（三）因地制宜，经过试验、示范；

（四）国家、农村集体经济组织扶持；

（五）实行科研单位、有关学校、推广机构与群众性科技组织、科技人员、农业劳动者相结合；

（六）讲求农业生产的经济效益、社会效益和生态效益。

第五条　国家鼓励和支持科技人员开发、推广应用先进的农业技术，鼓励和支持农业劳动者和农业生产经营组织应用先进的农业技术。

第六条　国家鼓励和支持引进国外先进的农业技术，促进农业技术推广的国际合作与交流。

第七条　各级人民政府应当加强对农业技术推广工作的领导，组织有关部门和单位采取措施，促进农业技术推广事业的发展。

第八条　对在农业技术推广工作中做出贡献的单位和个人，给予奖励。

第九条　国务院农业、林业、畜牧、渔业、水利等行政部门（以下统称农业技术推广行政部门）按照各自的职责，负责全国范围内有关的农业技术推广工作。县级以上地方各级人民政府农业技术推广行政部门在同级人民政府的领导下，按照各自的职责，负责本行政区域内有关的农业技术推广工作。同级人民政府科学技术行政部门对农业技术推广工作进行指导。

第二章　农业技术推广体系

第十条　农业技术推广，实行农业技术推广机构与农业科研单位、有关学校以及群众性科技组织、农民技术人员相结合的推广体系。

国家鼓励和支持供销合作社、其他企业事业单位、社会团体以及社会各界的科技人员，到农村开展农业技术推广服务活动。

第十一条 乡、民族乡、镇以上各级国家农业技术推广机构的职责是：

（一）参与制订农业技术推广计划并组织实施；

（二）组织农业技术的专业培训；

（三）提供农业技术、信息服务；

（四）对确定推广的农业技术进行试验、示范；

（五）指导下级农业技术推广机构、群众性科技组织和农民技术人员的农业技术推广活动。

第十二条 农业技术推广机构的专业科技人员，应当具有中等以上有关专业学历，或者经县级以上人民政府有关部门主持的专业考核培训，达到相应的专业技术水平。

第十三条 村农业技术推广服务组织和农民技术人员，在农业技术推广机构的指导下，宣传农业技术知识，落实农业技术推广措施，为农业劳动者提供技术服务。

推广农业技术应当选择有条件的农户，进行应用示范。

国家采取措施，培训农民技术人员。农民技术人员经考核符合条件的，可以按照有关规定授予相应的技术职称，并发给证书。

村民委员会和村集体经济组织，应当推动、帮助村农业技术推广服务组织和农民技术人员开展工作。

第十四条 农场、林场、牧场、渔场除做好本场的农业技术推广工作外，应当向社会开展农业技术推广服务活动。

第十五条 农业科研单位和有关学校应当适应农村经济建设发展的需要，开展农业技术开发和推广工作，加快先进技术在农业生产中的普及应用。

教育部门应当在农村开展有关农业技术推广的职业技术教育和农业技术培训，提高农业技术推广人员和农业劳动者的技术素质。国家鼓励农业集体经济组织、企业事业单位和其他社会力量在农村开展农业技术教育。

农业科研单位和有关学校的科技人员从事农业技术推广工作的，在评定职称时，应当将他们从事农业技术推广工作的实绩作为考核的重要内容。

第十六条 国家鼓励和支持发展农村中的群众性科技组织，发挥它们在推广农业技术中的作用。

第三章 农业技术的推广与应用

第十七条 推广农业技术应当制定农业技术推广项目。重点农业技术推广项目应当列入国家和地方有关科技发展的计划，由农业技术推广行政部门和科学技术行政部门按照各自的职责，相互配合，组织实施。

第十八条 农业科研单位和有关学校应当把农业生产中需要解决的技术问题列为研究课题，其科研成果可以通过农业技术推广机构推广，也可以由该农业科研单位、该学校直接向农业劳动者和农业生产经营组织推广。

第十九条 向农业劳动者推广的农业技术，必须在推广地区经过试验证明具有先进性和适用性。

向农业劳动者推广未在推广地区经过试验证明具有先进性和适用性的农业技术，给农业劳动者造成损失的，应当承担民事赔偿责任，直接负责的主管人员和其他直接责任人员可以由其所在单位或者上级机关给予行政处分。

第二十条 农业劳动者根据自愿的原则应用农业技术。

任何组织和个人不得强制农业劳动者应用农业技术。强制农业劳动者应用农业技术，给农业劳动者造成损失的，应当承担民事赔偿责任，直接负责的主管人员和其他直接责任人员可以由其所在单位或者上级机关给予行政处分。

第二十一条 县、乡农业技术推广机构应当组织农业劳动者学习农业科学技术知识，提高他们应用农业技术的能力。

农业劳动者在生产中应用先进的农业技术，有关部门和单位应当在技术培训、资金、物资和销售等方面给予扶持。

国家鼓励和支持农业劳动者参与农业技术推广活动。

第二十二条 国家农业技术推广机构向农业劳动者推广农业技术，除本条第二款另有规定外，实行无偿服务。

农业技术推广机构、农业科研单位、有关学校以及科技人员，以技术转让、技术服务和技术承包等形式提供农业技术的，可以实行有偿服务，其合法收入受法律保护。进行农业技术转让、技术服务和技术承包，当事人各方应当订立合同，约定各自的权利和义务。

国家农业技术推广机构推广农业技术所需的经费，由政府财政拨给。

第四章 农业技术推广的保障措施

第二十三条 国家逐步提高对农业技术推广的投入。各级人民政府在财政预算内应当保障用于农业技术推广的资金，并应当使该资金逐年增长。

各级人民政府通过财政拨款以及从农业发展基金中提取一定比例的资金的渠道，筹集农业技术推广专项资金，用于实施农业技术推广项目。

任何机关或者单位不得截留或者挪用用于农业技术推广的资金。

第二十四条 各级人民政府应当采取措施，保障和改善从事农业技术推广工作的专业科技人员的工作条件和生活条件，改善他们的待遇，依照国家规定给予补贴，保持农业技术推广机构和专业科技人员的稳定。对在乡、村从事农业技术推广工作的专业科技人员的职称评定应当以考核其推广工作的业务技术水平和实绩为主。

第二十五条 乡、村集体经济组织从其举办的企业的以工补农、建农的资金中提取一定数额，用于本乡、本村农业技术推广的投入。

第二十六条 农业技术推广机构、农业科研单位和有关学校根据农村经济发展的需要，可以开展技术指导与物资供应相结合等多种形式的经营服务。对农业技术推广机构、农业科研单位和有关学校举办的为农业服务的企业，国家在税收、信贷等方面给予优惠。

第二十七条 农业技术推广行政部门和县以上农业技术推广机构，应当有计划地对农业技术推广人员进行技术培训，组织专业进修，使其不断更新知识、提高业务水平。

第二十八条 地方各级人民政府应当采取措施，保障农业技术推广机构获得必需的试验基地和生产资料，进行农业技术的试验、示范。

地方各级人民政府应当保障农业技术推广机构有开展农业技术推广工作必要的条件。

地方各级人民政府应当保障农业技术推广机构的试验基地、生产资料和其他财产不受侵占。

第五章 附 则

第二十九条 国务院根据本法制定实施条例。

省、自治区、直辖市人民代表大会常务委员会可以根据本法和本地区的实际情况制定实施办法。

第三十条 本法自公布之日起施行。

中华人民共和国主席令

第二十六号

《全国人民代表大会常务委员会关于修改＜中华人民共和国种子法＞的决定》已由中华人民共和国第十届全国人民代表大会常务委员会第十一次会议于 2004 年 8 月 28 日通过，现予公布，自公布之日起施行。

中华人民共和国主席　胡锦涛

2004 年 8 月 28 日

中华人民共和国种子法

（2000 年 7 月 8 日第九届全国人民代表大会常务委员会第十六次会议通过　根据 2004 年 8 月 28 日第十届全国人民代表大会常务委员会第十一次会议《关于修改〈中华人民共和国种子法〉的决定》修正）

目　录

第一章　总　　则

第一条　为了保护和合理利用种质资源，规范品种选育和种子生产、经营、使用行为，维护品种选育者和种子生产者、经营者、使用者的合法权益，提高种子质量水平，推动种子产业化，促进种植业和林业的发展，制定本法。

第二条　在中华人民共和国境内从事品种选育和种子生产、经营、使用、管理等活动，适用本法。本法所称种子，是指农作物和林木的种植材料或者繁殖材料，包括籽粒、果实和根、茎、苗、芽、叶等。

第三条　国务院农业、林业行政主管部门分别主管全国农作物种子和林木种子工作；县级以上地方人民政府农业、林业行政主管部门分别主管本行政区域内农作物种子和林木种子工作。

第四条　国家扶持种质资源保护工作和选育、生产、更新、推广使用良种，鼓励品种选育和种子生产、经营相结合，奖励在种质资源保护工作和良种选育、推广等工作中成绩显著的单位和个人。

第五条 县级以上人民政府应当根据科教兴农方针和种植业、林业发展的需要制定种子发展规划，并按照国家有关规定在财政、信贷和税收等方面采取措施保证规划的实施。

第六条 国务院和省、自治区、直辖市人民政府设立专项资金，用于扶持良种选育和推广。具体办法由国务院规定。

第七条 国家建立种子贮备制度，主要用于发生灾害时的生产需要，保障农业生产安全。对贮备的种子应当定期检验和更新。种子贮备的具体办法由国务院规定。

第二章　种质资源保护

第八条 国家依法保护种质资源，任何单位和个人不得侵占和破坏种质资源。

禁止采集或者采伐国家重点保护的天然种质资源。因科研等特殊情况需要采集或者采伐的，应当经国务院或者省、自治区、直辖市人民政府的农业、林业行政主管部门批准。

第九条 国家有计划地收集、整理、鉴定、登记、保存、交流和利用种质资源，定期公布可供利用的种质资源目录。具体办法由国务院农业、林业行政主管部门规定。国务院农业、林业行政主管部门应当建立国家种质资源库，省、自治区、直辖市人民政府农业、林业行政主管部门可以根据需要建立种质资源库、种质资源保护区或者种质资源保护地。

第十条 国家对种质资源享有主权，任何单位和个人向境外提供种质资源的，应当经国务院农业、林业行政主管部门批准；从境外引进种质资源的，依照国务院农业、林业行政主管部门的有关规定办理。

第三章　品种选育与审定

第十一条 国务院农业、林业、科技、教育等行政主管部门和省、自治区、直辖市人民政府应当组织有关单位进行品种选育理论、技术和方法的研究。国家鼓励和支持单位和个人从事良种选育和开发。

第十二条 国家实行植物新品种保护制度，对经过人工培育的或者发现的野生植物加以开发的植物品种，具备新颖性、特异性、一致性和稳定性的，授予植物新品种权，保护植物新品种权所有人的合法权益。具体办法按照国家有关规定执行。选育的品种得到推广应用的，育种者依法获得相应的经济利益。

第十三条 单位和个人因林业行政主管部门为选育林木良种建立测定林、试验林、优树收集区、基因库而减少经济收入的，批准建立的林业行政主管部门应当按照国家有关规定给予经济补偿。

第十四条 转基因植物品种的选育、试验、审定和推广应当进行安全性评价，并采取严格的安全控制措施。具体办法由国务院规定。

第十五条 主要农作物品种和主要林木品种在推广应用前应当通过国家级或者省级审定，申请者可以直接申请省级审定或者国家级审定。由省、自治区、直辖市人民政府农业、林业行政主管部门确定的主要农作物品种和主要林木品种实行省级审定。

主要农作物品种和主要林木品种的审定办法应当体现公正、公开、科学、效率的原则，由国务院农业、林业行政主管部门规定。

国务院和省、自治区、直辖市人民政府的农业、林业行政主管部门分别设立由专业人员组成的农作物品种和林木品种审定委员会，承担主要农作物品种和主要林木品种的审定工作。

在具有生态多样性的地区，省、自治区、直辖市人民政府农业、林业行政主管部门可以委托设区的市、自治州承担适宜于在特定生态区域内推广应用的主要农作物品种和主要林木品种的审定工作。

第十六条 通过国家级审定的主要农作物品种和主要林木良种由国务院农业、林业行政主管部门公告，可以在全国适宜的生态区域推广。通过省级审定的主要农作物品种和主要林木良种由省、自治区、直辖市人民政府农业、林业行政主管部门公告，可以在本行政区域内适宜的生态区域推广；相邻省、自治区、直辖市属于同一适宜生态区的地域，经所在省、自治区、直辖市人民政府农业、林业行政主管部门同意后可以引种。

第十七条 应当审定的农作物品种未经审定通过的，不得发布广告，不得经营、推广。

应当审定的林木品种未经审定通过的，不得作为良种经营、推广，但生产确需使用的，应当经林木品种审定委员会认定。

第十八条 审定未通过的农作物品种和林木品种，申请人有异议的，可以向原审定委员会或者上一级审定委员会申请复审。

第十九条 在中国没有经常居所或者营业场所的外国人、外国企业或者外国其他组织在中国申请品种审定的，应当委托具有法人资格的中国种子科研、生产、经营机构代理。

第四章 种子生产

第二十条 主要农作物和主要林木的商品种子生产实行许可制度。

主要农作物杂交种子及其亲本种子、常规种原种种子、主要林木良种的种子生产许可证，由生产所在地县级人民政府农业、林业行政主管部门审核，省、自治区、直辖市人民政府农业、林业行政主管部门核发；其他种子的生产许可证，由生产所在地县级以上地方人民政府农业、林业行政主管部门核发。

第二十一条 申请领取种子生产许可证的单位和个人，应当具备下列条件：

（一）具有繁殖种子的隔离和培育条件；

（二）具有无检疫性病虫害的种子生产地点或者县级以上人民政府林业行政主管部门确定的采种林；

（三）具有与种子生产相适应的资金和生产、检验设施；

（四）具有相应的专业种子生产和检验技术人员；

（五）法律、法规规定的其他条件。

申请领取具有植物新品种权的种子生产许可证的，应当征得品种权人的书面同意。

第二十二条 种子生产许可证应当注明生产种子的品种、地点和有效期限等项目。

禁止伪造、变造、买卖、租借种子生产许可证；禁止任何单位和个人无证或者未按照许可证的规定生产种子。

第二十三条 商品种子生产应当执行种子生产技术规程和种子检验、检疫规程。

第二十四条 在林木种子生产基地内采集种子的，由种子生产基地的经营者组织进行，采集种子应当按照国家有关标准进行。

禁止抢采掠青、损坏母树，禁止在劣质林内、劣质母树上采集种子。

第二十五条 商品种子生产者应当建立种子生产档案，载明生产地点、生产地块环境、前茬作物、亲本种子来源和质量、技术负责人、田间检验记录、产地气象记录、种子流向等内容。

第五章　种子经营

第二十六条　种子经营实行许可制度。种子经营者必须先取得种子经营许可证后，方可凭种子经营许可证向工商行政管理机关申请办理或者变更营业执照。种子经营许可证实行分级审批发放制度。种子经营许可证由种子经营者所在地县级以上地方人民政府农业、林业行政主管部门核发。主要农作物杂交种子及其亲本种子、常规种原种种子、主要林木良种的种子经营许可证，由种子经营者所在地县级人民政府农业、林业行政主管部门审核，省、自治区、直辖市人民政府农业、林业行政主管部门核发。实行选育、生产、经营相结合并达到国务院农业、林业行政主管部门规定的注册资本金额的种子公司和从事种子进出口业务的公司的种子经营许可证，由省、自治区、直辖市人民政府农业、林业行政主管部门审核，国务院农业、林业行政主管部门核发。

第二十七条　农民个人自繁、自用的常规种子有剩余的，可以在集贸市场上出售、串换，不需要办理种子经营许可证，由省、自治区、直辖市人民政府制定管理办法。

第二十八条　国家鼓励和支持科研单位、学校、科技人员研究开发和依法经营、推广农作物新品种和林木良种。

第二十九条　申请领取种子经营许可证的单位和个人，应当具备下列条件：

（一）具有与经营种子种类和数量相适应的资金及独立承担民事责任的能力；

（二）具有能够正确识别所经营的种子、检验种子质量、掌握种子贮藏、保管技术的人员；

（三）具有与经营种子的种类、数量相适应的营业场所及加工、包装、贮藏保管设施和检验种子质量的仪器设备；

（四）法律、法规规定的其他条件。

种子经营者专门经营不再分装的包装种子的，或者受具有种子经营许可证的种子经营者以书面委托代销其种子的，可以不办理种子经营许可证。

第三十条　种子经营许可证的有效区域由发证机关在其管辖范围内确定。种子经营者按照经营许可证规定的有效区域设立分支机构的，可以不再办理种子经营许可证，但应当在办理或者变更营业执照后十五日内，向当地农业、林业行政主管部门和原发证机关备案。

第三十一条　种子经营许可证应当注明种子经营范围、经营方式及有效期限、有效区域等项目。禁止伪造、变造、买卖、租借种子经营许可证；禁止任何单位和个人无证或者未按照许可证的规定经营种子。

第三十二条　种子经营者应当遵守有关法律、法规的规定，向种子使用者提供种子的简要性状、主要栽培

措施、使用条件的说明与有关咨询服务，并对种子质量
负责。任何单位和个人不得非法干预种子经营者的自主
经营权。

第三十三条　未经省、自治区、直辖市人民政府林
业行政主管部门批准，不得收购珍贵树木种子和本级人
民政府规定限制收购的林木种子。

第三十四条　销售的种子应当加工、分级、包装。
但是，不能加工、包装的除外。

大包装或者进口种子可以分装；实行分装的，应当
注明分装单位，并对种子质量负责。

第三十五条　销售的种子应当附有标签。标签应当
标注种子类别、品种名称、产地、质量指标、检疫证明
编号、种子生产及经营许可证编号或者进口审批文号等
事项。标签标注的内容应当与销售的种子相符。销售进
口种子的，应当附有中文标签。销售转基因植物品种种
子的，必须用明显的文字标注，并应当提示使用时的安
全控制措施。

第三十六条　种子经营者应当建立种子经营档案，
载明种子来源、加工、贮藏、运输和质量检测各环节的
简要说明及责任人、销售去向等内容。

一年生农作物种子的经营档案应当保存至种子销售
后二年，多年生农作物和林木种子经营档案的保存期限
由国务院农业、林业行政主管部门规定。

第三十七条　种子广告的内容应当符合本法和有关

广告的法律、法规的规定，主要性状描述应当与审定公告一致。

第三十八条 调运或者邮寄出县的种子应当附有检疫证书。

第六章 种子使用

第三十九条 种子使用者有权按照自己的意愿购买种子，任何单位和个人不得非法干预。

第四十条 国家投资或者国家投资为主的造林项目和国有林业单位造林，应当根据林业行政主管部门制定的计划使用林木良种。

国家对推广使用林木良种营造防护林、特种用途林给予扶持。

第四十一条 种子使用者因种子质量问题遭受损失的，出售种子的经营者应当予以赔偿，赔偿额包括购种价款、有关费用和可得利益损失。

经营者赔偿后，属于种子生产者或者其他经营者责任的，经营者有权向生产者或者其他经营者追偿。

第四十二条 因使用种子发生民事纠纷的，当事人可以通过协商或者调解解决。当事人不愿通过协商、调解解决或者协商、调解不成的，可以根据当事人之间的协议向仲裁机构申请仲裁。当事人也可以直接向人民法院起诉。

第七章　种子质量

第四十三条　种子的生产、加工、包装、检验、贮藏等质量管理办法和行业标准，由国务院农业、林业行政主管部门制定。

农业、林业行政主管部门负责对种子质量的监督。

第四十四条　农业、林业行政主管部门可以委托种子质量检验机构对种子质量进行检验。

承担种子质量检验的机构应当具备相应的检测条件和能力，并经省级以上人民政府有关主管部门考核合格。

第四十五条　种子质量检验机构应当配备种子检验员。种子检验员应当具备以下条件：

（一）具有相关专业中等专业技术学校毕业以上文化水平；

（二）从事种子检验技术工作三年以上；

（三）经省级以上人民政府农业、林业行政主管部门考核合格。

第四十六条　禁止生产、经营假、劣种子。下列种子为假种子：

（一）以非种子冒充种子或者以此种品种种子冒充他种品种种子的；

（二）种子种类、品种、产地与标签标注的内容不符的。

下列种子为劣种子：

（一）质量低于国家规定的种用标准的；

（二）质量低于标签标注指标的；

（三）因变质不能作种子使用的；

（四）杂草种子的比率超过规定的；

（五）带有国家规定检疫对象的有害生物的。

第四十七条 由于不可抗力原因，为生产需要必须使用低于国家或者地方规定的种用标准的农作物种子的，应当经用种地县级以上地方人民政府批准；林木种子应当经用种地省、自治区、直辖市人民政府批准。

第四十八条 从事品种选育和种子生产、经营以及管理的单位和个人应当遵守有关植物检疫法律、行政法规的规定，防止植物危险性病、虫、杂草及其他有害生物的传播和蔓延。

禁止任何单位和个人在种子生产基地从事病虫害接种试验。

第八章　种子进出口和对外合作

第四十九条 进口种子和出口种子必须实施检疫，防止植物危险性病、虫、杂草及其他有害生物传入境内和传出境外，具体检疫工作按照有关植物进出境检疫法律、行政法规的规定执行。

第五十条 从事商品种子进出口业务的法人和其他组织，除具备种子经营许可证外，还应当依照有关对外贸易法律、行政法规的规定取得从事种子进出口贸易的许可。从境外引进农作物、林木种子的审定权限，农作物、林木种子的进出口审批办法，引进转基因植物品种的管理办法，由国务院规定。

第五十一条 进口商品种子的质量，应当达到国家标准或者行业标准。没有国家标准或者行业标准的，可以按照合同约定的标准执行。

第五十二条 为境外制种进口种子的，可以不受本法第五十条第一款的限制，但应当具有对外制种合同，进口的种子只能用于制种，其产品不得在国内销售。从境外引进农作物试验用种，应当隔离栽培，收获物也不得作为商品种子销售。

第五十三条 禁止进出口假、劣种子以及属于国家规定不得进出口的种子。

第五十四条 境外企业、其他经济组织或者个人来我国投资种子生产、经营的，审批程序和管理办法由国务院有关部门依照有关法律、行政法规规定。

第九章　种子行政管理

第五十五条 农业、林业行政主管部门是种子行政执法机关。种子执法人员依法执行公务时应当出示行政执法证件。

农业、林业行政主管部门为实施本法，可以进行现场检查。

第五十六条 农业、林业行政主管部门及其工作人员不得参与和从事种子生产、经营活动；种子生产经营机构不得参与和从事种子行政管理工作。种子的行政主管部门与生产经营机构在人员和财务上必须分开。

第五十七条　国务院农业、林业行政主管部门和异地繁育种子所在地的省、自治区、直辖市人民政府应当加强对异地繁育种子工作的管理和协调，交通运输部门应当优先保证种子的运输。

第五十八条　农业、林业行政主管部门在依照本法实施有关证照的核发工作中，除收取所发证照的工本费外，不得收取其他费用。

第十章　法律责任

第五十九条　违反本法规定，生产、经营假、劣种子的，由县级以上人民政府农业、林业行政主管部门或者工商行政管理机关责令停止生产、经营，没收种子和违法所得，吊销种子生产许可证、种子经营许可证或者营业执照，并处以罚款；有违法所得的，处以违法所得五倍以上十倍以下罚款；没有违法所得的，处以二千元以上五万元以下罚款；构成犯罪的，依法追究刑事责任。

第六十条　违反本法规定，有下列行为之一的，由县级以上人民政府农业、林业行政主管部门责令改正，没收种子和违法所得，并处以违法所得一倍以上三倍以下罚款；没有违法所得的，处以一千元以上三万元以下罚款；可以吊销违法行为人的种子生产许可证或者种子经营许可证；构成犯罪的，依法追究刑事责任：

（一）未取得种子生产许可证或者伪造、变造、买卖、租借种子生产许可证，或者未按照种子生产许可证的规定生产种子的；

（二）未取得种子经营许可证或者伪造、变造、买卖、租借种子经营许可证，或者未按照种子经营许可证的规定经营种子的。

第六十一条 违反本法规定，有下列行为之一的，由县级以上人民政府农业、林业行政主管部门责令改正，没收种子和违法所得，并处以违法所得一倍以上三倍以下罚款；没有违法所得的，处以一千元以上二万元以下罚款；构成犯罪的，依法追究刑事责任：

（一）为境外制种的种子在国内销售的；

（二）从境外引进农作物种子进行引种试验的收获物在国内作商品种子销售的；

（三）未经批准私自采集或者采伐国家重点保护的天然种质资源的。

第六十二条 违反本法规定，有下列行为之一的，由县级以上人民政府农业、林业行政主管部门或者工商行政管理机关责令改正，处以一千元以上一万元以下罚款：

（一）经营的种子应当包装而没有包装的；

（二）经营的种子没有标签或者标签内容不符合本法规定的；

（三）伪造、涂改标签或者试验、检验数据的；

（四）未按规定制作、保存种子生产、经营档案的；

（五）种子经营者在异地设立分支机构未按规定备案的。

第六十三条 违反本法规定，向境外提供或者从境外引进种质资源的，由国务院或者省、自治区、直辖市人民政府的农业、林业行政主管部门没收种质资源和违法所得，并处以一万元以上五万元以下罚款。

未取得农业、林业行政主管部门的批准文件携带、运输种质资源出境的，海关应当将该种质资源扣留，并移送省、自治区、直辖市人民政府农业、林业行政主管部门处理。

第六十四条 违反本法规定，经营、推广应当审定而未经审定通过的种子的，由县级以上人民政府农业、林业行政主管部门责令停止种子的经营、推广，没收种子和违法所得，并处以一万元以上五万元以下罚款。

第六十五条 违反本法规定，抢采掠青、损坏母树或者在劣质林内和劣质母树上采种的，由县级以上人民政府林业行政主管部门责令停止采种行为，没收所采种子，并处以所采林木种子价值一倍以上三倍以下的罚款；构成犯罪的，依法追究刑事责任。

第六十六条 违反本法第三十三条规定收购林木种子的，由县级以上人民政府林业行政主管部门没收所收购的种子，并处以收购林木种子价款二倍以下的罚款。

第六十七条　违反本法规定，在种子生产基地进行病虫害接种试验的，由县级以上人民政府农业、林业行政主管部门责令停止试验，处以五万元以下罚款。

第六十八条　种子质量检验机构出具虚假检验证明的，与种子生产者、销售者承担连带责任；并依法追究种子质量检验机构及其有关责任人的行政责任；构成犯罪的，依法追究刑事责任。

第六十九条　强迫种子使用者违背自己的意愿购买、使用种子给使用者造成损失的，应当承担赔偿责任。

第七十条　农业、林业行政主管部门违反本法规定，对不具备条件的种子生产者、经营者核发种子生产许可证或者种子经营许可证的，对直接负责的主管人员和其他直接责任人员，依法给予行政处分；构成犯罪的，依法追究刑事责任。

第七十一条　种子行政管理人员徇私舞弊、滥用职权、玩忽职守的，或者违反本法规定从事种子生产、经营活动的，依法给予行政处分；构成犯罪的，依法追究刑事责任。

第七十二条　当事人认为有关行政机关的具体行政行为侵犯其合法权益的，可以依法申请行政复议，也可以依法直接向人民法院提起诉讼。

第七十三条　农业、林业行政主管部门依法吊销违法行为人的种子经营许可证后，应当通知工商行政管理机关依法注销或者变更违法行为人的营业执照。

第十一章　附　则

第七十四条　本法下列用语的含义是：

（一）种质资源是指选育新品种的基础材料，包括各种植物的栽培种、野生种的繁殖材料以及利用上述繁殖材料人工创造的各种植物的遗传材料。

（二）品种是指经过人工选育或者发现并经过改良，形态特征和生物学特性一致，遗传性状相对稳定的植物群体。

（三）主要农作物是指稻、小麦、玉米、棉花、大豆以及国务院农业行政主管部门和省、自治区、直辖市人民政府农业行政主管部门各自分别确定的其他一至二种农作物。

（四）林木良种是指通过审定的林木种子，在一定的区域内，其产量、适应性、抗性等方面明显优于当前主栽材料的繁殖材料和种植材料。

（五）标签是指固定在种子包装物表面及内外的特定图案及文字说明。

第七十五条　本法所称主要林木由国务院林业行政主管部门确定并公布；省、自治区、直辖市人民政府林业行政主管部门可以在国务院林业行政主管部门确定的主要林木之外确定其他八种以下的主要林木。

第七十六条　草种、食用菌菌种的种质资源管理和选育、生产、经营、使用、管理等活动，参照本法执行。

第七十七条　中华人民共和国缔结或者参加的与种子有关的国际条约与本法有不同规定的，适用国际条约的规定；但是，中华人民共和国声明保留的条款除外。

第七十八条　本法自 2000 年 12 月 1 日起施行。1989 年 3 月 13 日国务院发布的《中华人民共和国种子管理条例》同时废止。

中华人民共和国国务院令第 213 号

现发布《植物新品种保护条例》,自 1997 年 10 月 1 日起施行。

中华人民共和国国务院总理　李　鹏
1997 年 3 月 20 日

中华人民共和国植物新品种保护条例

目　录

第一章　总　则

第一条　为了保护植物新品种权,鼓励培育和使用植物新品种,促进农业、林业的发展,制定本条例。

第二条　本条例所称植物新品种,是指经过人工培育的或者对发现的野生植物加以开发，具备新颖性、特异性、一致性和稳定性并有适当命名的植物品种。

第三条　国务院农业、林业行政部门（以下统称审批机关）按照职责分工共同负责植物新品种权申请的受理和审查并对符合本条例规定的植物新品种授予植物新品种权（以下称品种权）。

第四条　完成关系国家利益或者公共利益并有重大应用价值的植物新品种育种的单位或者个人，由县级以上人民政府或者有关部门给予奖励。

第五条　生产、销售和推广被授予品种权的植物新品种（以下称授权品种），应当按照国家有关种子的法律、法规的规定审定。

第二章　品种权的内容和归属

第六条　完成育种的单位或者个人对其授权品种，享有排他的独占权。任何单位或者个人未经品种权所有人（以下称品种权人）许可，不得为商业目的生产或者销售该授权品种的繁殖材料，不得为商业目的将该授权品种的繁殖材料重复使用于生产另一品种的繁殖材料；但是，本条例另有规定的除外。

第七条　执行本单位的任务或者主要是利用本单位的物质条件所完成的职务育种，植物新品种的申请权属于该单位；非职务育种，植物新品种的申请权属于完成育种的个人。申请被批准后，品种权属于申请人。委托育种或者合作育种，品种权的归属由当事人在合同中约定；没有合同约定的，品种权属于受委托完成或者共同完成育种的单位或者个人。

第八条 一个植物新品种只能授予一项品种权。两个以上的申请人分别就同一个植物新品种申请品种权的，品种权授予最先申请的人；同时申请的，品种权授予最先完成该植物新品种育种的人。

第九条 植物新品种的申请权和品种权可以依法转让。中国的单位或者个人就其在国内培育的植物新品种向外国人转让申请权或者品种权的，应当经审批机关批准。国有单位在国内转让申请权或者品种权的，应当按照国家有关规定报经有关行政主管部门批准。转让申请权或者品种权的，当事人应当订立书面合同，并向审批机关登记，由审批机关予以公告。

第十条 在下列情况下使用授权品种的，可以不经品种权人许可，不向其支付使用费，但是不得侵犯品种权人依照本条例享有的其他权利：

（一）利用授权品种进行育种及其他科研活动；

（二）农民自繁自用授权品种的繁殖材料。

第十一条 为了国家利益或者公共利益，审批机关可以作出实施植物新品种强制许可的决定，并予以登记和公告。取得实施强制许可的单位或者个人应当付给品种权人合理的使用费，其数额由双方商定；双方不能达成协议的，由审批机关裁决。品种权人对强制许可决定或者强制许可使用费的裁决不服的，可以自收到通知之日起 3 个月内向人民法院提起诉讼。

第十二条 不论授权品种的保护期是否届满，销售该授权品种应当使用其注册登记的名称。

第三章　授予品种权的条件

第十三条 申请品种权的植物新品种应当属于国家植物品种保护名录中列举的植物的属或者种。植物品种保护名录由审批机关确定和公布。

第十四条 授予品种权的植物新品种应当具备新颖性。新颖性，是指申请品种权的植物新品种在申请日前该品种繁殖材料未被销售，或者经育种者许可，在中国境内销售该品种繁殖材料未超过 1 年；在中国境外销售藤本植物、林木、果树和观赏树木品种繁殖材料未超过 6 年，销售其他植物品种繁殖材料未超过 4 年。

第十五条 授予品种权的植物新品种应当具备特异性。特异性，是指申请品种权的植物新品种应当明显区别于在递交申请以前已知的植物品种。

第十六条 授予品种权的植物新品种应当具备一致性。一致性，是指申请品种权的植物新品种经过繁殖，除可以预见的变异外，其相关的特征或者特性一致。

第十七条 授予品种权的植物新品种应当具备稳定性。稳定性，是指申请品种权的植物新品种经过反复繁殖后或者在特定繁殖周期结束时，其相关的特征或者特性保持不变。

第十八条　授予品种权的植物新品种应当具备适当的名称，并与相同或者相近的植物属或者种中已知品种的名称相区别。该名称经注册登记后即为该植物新品种的通用名称。

下列名称不得用于品种命名：

（一）仅以数字组成的；

（二）违反社会公德的；

（三）对植物新品种的特征、特性或者育种者的身份等容易引起误解的。

第四章　品种权的申请和受理

第十九条　中国的单位和个人申请品种权的，可以直接或者委托代理机构向审批机关提出申请。中国的单位和个人申请品种权的植物新品种涉及国家安全或者重大利益需要保密的，应当按照国家有关规定办理。

第二十条　外国人、外国企业或者外国其他组织在中国申请品种权的，应当按其所属国和中华人民共和国签订的协议或者共同参加的国际条约办理，或者根据互惠原则，依照本条例办理。

第二十一条　申请品种权的，应当向审批机关提交符合规定格式要求的请求书、说明书和该品种的照片。申请文件应当使用中文书写。

第二十二条　审批机关收到品种权申请文件之日为

申请日；申请文件是邮寄的，以寄出的邮戳日为申请日。

第二十三条 申请人自在外国第一次提出品种权申请之日起 12 个月内，又在中国就该植物新品种提出品种权申请的，依照该外国同中华人民共和国签订的协议或者共同参加的国际条约，或者根据相互承认优先权的原则，可以享有优先权。

申请人要求优先权的，应当在申请时提出书面说明，并在 3 个月内提交经原受理机关确认的第一次提出的品种权申请文件的副本；未依照本条例规定提出书面说明或者提交申请文件副本的，视为未要求优先权。

第二十四条 对符合本条例第二十一条规定的品种权申请，审批机关应当予以受理，明确申请日、给予申请号，并自收到申请之日起 1 个月内通知申请人缴纳申请费。对不符合或者经修改仍不符合本条例第二十一条规定的品种权申请，审批机关不予受理，并通知申请人。

第二十五条 申请人可以在品种权授予前修改或者撤回品种权申请。

第二十六条 中国的单位或者个人将国内培育的植物新品种向国外申请品种权的，应当向审批机关登记。

第五章 品种权的审查与批准

第二十七条 申请人缴纳申请费后，审批机关对品种权申请的下列内容进行初步审查：

（一）是否属于植物品种保护名录列举的植物属或者

种的范围；

（二）是否符合本条例第二十条的规定；

（三）是否符合新颖性的规定；

（四）植物新品种的命名是否适当。

第二十八条 审批机关应当自受理品种权申请之日起6个月内完成初步审查。对经初步审查合格的品种权申请，审批机关予以公告，并通知申请人在3个月内缴纳审查费。对经初步审查不合格的品种权申请，审批机关应当通知申请人在3个月内陈述意见或者予以修正；逾期未答复或者修正后仍然不合格的，驳回申请。

第二十九条 申请人按照规定缴纳审查费后，审批机关对品种权申请的特异性、一致性和稳定性进行实质审查。申请人未按照规定缴纳审查费的，品种权申请视为撤回。

第三十条 审批机关主要依据申请文件和其他有关书面材料进行实质审查。审批机关认为必要时，可以委托指定的测试机构进行测试或者考察业已完成的种植或者其他试验的结果。因审查需要，申请人应当根据审批机关的要求提供必要的资料和该植物新品种的繁殖材料。

第三十一条 对经实质审查符合本条例规定的品种权申请，审批机关应当作出授予品种权的决定，颁发品种权证书，并予以登记和公告。对经实质审查不符合本条例规定的品种权申请，审批机关予以驳回，并通知申请人。

第三十二条　审批机关设立植物新品种复审委员会。对审批机关驳回品种权申请的决定不服的，申请人可以自收到通知之日起 3 个月内，向植物新品种复审委员会请求复审。植物新品种复审委员会应当自收到复审请求书之日起 6 个月内作出决定，并通知申请人。申请人对植物新品种复审委员会的决定不服的，可以自接到通知之日起 15 日内向人民法院提起诉讼。

第三十三条　品种权被授予后，在自初步审查合格公告之日起至被授予品种权之日止的期间，对未经申请人许可，为商业目的生产或者销售该授权品种的繁殖材料的单位和个人，品种权人享有追偿的权利。

第六章　期限、终止和无效

第三十四条　品种权的保护期限，自授权之日起，藤本植物、林木、果树和观赏树木为 20 年，其他植物为 15 年。

第三十五条　品种权人应当自被授予品种权的当年开始缴纳年费，并且按照审批机关的要求提供用于检测的该授权品种的繁殖材料。

第三十六条　有下列情形之一的，品种权在其保护期限届满前终止：

（一）品种权人以书面声明放弃品种权的；

（二）品种权人未按照规定缴纳年费的；

（三）品种权人未按照审批机关的要求提供检测所需

的该授权品种的繁殖材料的；

（四）经检测该授权品种不再符合被授予品种权时的特征和特性的。品种权的终止，由审批机关登记和公告。

第三十七条 自审批机关公告授予品种权之日起，植物新品种复审委员会可以依据职权或者依据任何单位或者个人的书面请求，对不符合本条例第十四条、第十五条、第十六条和第十七条规定的，宣告品种权无效；对不符合本条例第十八条规定的，予以更名。宣告品种权无效或者更名的决定，由审批机关登记和公告，并通知当事人。对植物新品种复审委员会的决定不服的，可以自收到通知之日起3个月内向人民法院提起诉讼。

第三十八条 被宣告无效的品种权视为自始不存在。宣告品种权无效的决定，对在宣告前人民法院作出并已执行的植物新品种侵权的判决、裁定，省级以上人民政府农业、林业行政部门作出并已执行的植物新品种侵权处理决定，以及已经履行的植物新品种实施许可合同和植物新品种权转让合同，不具有追溯力；但是，因品种权人的恶意给他人造成损失的，应当给予合理赔偿。依照前款规定，品种权人或者品种权转让人不向被许可实施人或者受让人返还使用费或者转让费，明显违反公平原则的，品种权人或者品种权转让人应当向被许可实施人或者受让人返还全部或者部分使用费或者转让费。

第七章　罚　则

第三十九条　未经品种权人许可，以商业目的生产或者销售授权品种的繁殖材料的，品种权人或者利害关系人可以请求省级以上人民政府农业、林业行政部门依据各自的职权进行处理，也可以直接向人民法院提起诉讼。省级以上人民政府农业、林业行政部门依据各自的职权，根据当事人自愿的原则，对侵权所造成的损害赔偿可以进行调解。调解达成协议的，当事人应当履行；调解未达成协议的，品种权人或者利害关系人可以依照民事诉讼程序向人民法院提起诉讼。省级以上人民政府农业、林业行政部门依据各自的职权处理品种权侵权案件时，为维护社会公共利益，可以责令侵权人停止侵权行为，没收违法所得，可以并处违法所得5倍以下的罚款。

第四十条　假冒授权品种的，由县级以上人民政府农业、林业行政部门依据各自的职权责令停止假冒行为，没收违法所得和植物品种繁殖材料，并处违法所得1倍以上5倍以下的罚款；情节严重，构成犯罪的，依法追究刑事责任。

第四十一条　省级以上人民政府农业、林业行政部门依据各自的职权在查处品种权侵权案件和县级以上人民政府农业、林业行政部门依据各自的职权在查处假冒授权品种案件时，根据需要，可以封存或者扣押与案件有关的植物品种的繁殖材料，查阅、复制或者封存与案件有关的合同、账册及有关文件。

第四十二条 销售授权品种未使用其注册登记的名称的，由县级以上人民政府农业、林业行政部门依据各自的职权责令限期改正，可以处 1000 元以下的罚款。

第四十三条 当事人就植物新品种的申请权和品种权的权属发生争议的，可以向人民法院提起诉讼。

第四十四条 县级以上人民政府农业、林业行政部门的及有关部门的工作人员滥用职权、玩忽职守、徇私舞弊、索贿受贿，构成犯罪的，依法追究刑事责任；尚不构成犯罪的，依法给予行政处分。

第八章 附 则

第四十五条 审批机关可以对本条例施行前首批列入植物品种保护名录的和本条例施行后新列入植物品种保护名录的植物属或者种的新颖性要求作出变通性规定。

第四十六条 本条例自 1997 年 10 月 1 日起施行。

中华人民共和国森林法

第三号

《全国人民代表大会常务委员会关于修改＜中华人民共和国森林法＞的决定》已由中华人民共和国第九届全国人民代表大会常务委员会第二次会议于 1998 年 4 月 29 日通过，现予公布，自 1998 年 7 月 1 日起施行。

中华人民共和国主席　江泽民

1998 年 4 月 29 日

中华人民共和国森林法

（1984 年 9 月 20 日第六届全国人民代表大会常务委员会第七次会议通过　根据 1998 年 4 月 29 日第九届全国人民代表大会常务委员会第二次会议《关于修改〈中华人民共和国森林法〉的决定》修正）

目　录

第七章　附　则

第一章　总　则

第一条　为了保护、培育和合理利用森林资源，加快国土绿化，发挥森林蓄水保土、调节气候、改善环境和提供林产品的作用，适应社会主义建设和人民生活的需要，特制定本法。

第二条　在中华人民共和国领域内从事森林、林木的培育种植、采伐利用和森林、林木、林地的经营管理活动，都必须遵守本法。

第三条　森林资源属于国家所有，由法律规定属于集体所有的除外。

国家所有的和集体所有的森林、林木和林地，个人所有的林木和使用的林地，由县级以上地方人民政府登记造册，发放证书，确认所有权或者使用权。国务院可以授权国务院林业主管部门，对国务院确定的国家所有的重点林区的森林、林木和林地登记造册，发放证书，并通知有关地方人民政府。

森林、林木、林地的所有者和使用者的合法权益，受法律保护，任何单位和个人不得侵犯。

第四条　森林分为以下五类：

（一）防护林：以防护为主要目的的森林、林木和灌木丛，包括水源涵养林，水土保持林，防风固沙林，农田、牧场防护林，护岸林，护路林；

（二）用材林：以生产木材为主要目的的森林和林木，包括以生产竹材为主要目的的竹林；

（三）经济林：以生产果品，食用油料、饮料、调料，工业原料和药材等为主要目的的林木；

（四）薪炭林：以生产燃料为主要目的的林木；

（五）特种用途林：以国防、环境保护、科学实验等为主要目的的森林和林木，包括国防林、实验林、母树林、环境保护林、风景林，名胜古迹和革命纪念地的林木，自然保护区的森林。

第五条 林业建设实行以营林为基础，普遍护林，大力造林，采育结合，永续利用的方针。

第六条 国家鼓励林业科学研究，推广林业先进技术，提高林业科学技术水平。

第七条 国家保护林农的合法权益，依法减轻林农的负担，禁止向林农违法收费、罚款，禁止向林农进行摊派和强制集资。

国家保护承包造林的集体和个人的合法权益，任何单位和个人不得侵犯承包造林的集体和个人依法享有的林木所有权和其他合法权益。

第八条 国家对森林资源实行以下保护性措施：

（一）对森林实行限额采伐，鼓励植树造林、封山育林，扩大森林覆盖面积；

（二）根据国家和地方人民政府有关规定，对集体和个人造林、育林给予经济扶持或者长期贷款；

（三）提倡木材综合利用和节约使用木材，鼓励开发、利用木材代用品；

（四）征收育林费，专门用于造林育林；

（五）煤炭、造纸等部门，按照煤炭和木浆纸张等产品的产量提取一定数额的资金，专门用于营造坑木、造纸等用材林；

（六）建立林业基金制度。

国家设立森林生态效益补偿基金，用于提供生态效益的防护林和特种用途林的森林资源、林木的营造、抚育、保护和管理。森林生态效益补偿基金必须专款专用，不得挪作他用。具体办法由国务院规定。

第九条　国家和省、自治区人民政府，对民族自治地方的林业生产建设，依照国家对民族自治地方自治权的规定，在森林开发、木材分配和林业基金使用方面，给予比一般地区更多的自主权和经济利益。

第十条　国务院林业主管部门主管全国林业工作。县级以上地方人民政府林业主管部门，主管本地区的林业工作。乡级人民政府设专职或者兼职人员负责林业工作。

第十一条　植树造林、保护森林，是公民应尽的义务。各级人民政府应当组织全民义务植树，开展植树造林活动。

第十二条　在植树造林、保护森林、森林管理以及林业科学研究等方面成绩显著的单位或者个人，由各级人民政府给予奖励。

第二章 森林经营管理

第十三条 各级林业主管部门依照本法规定，对森林资源的保护、利用、更新，实行管理和监督。

第十四条 各级林业主管部门负责组织森林资源清查，建立资源档案制度，掌握资源变化情况。

第十五条 下列森林、林木、林地使用权可以依法转让，也可以依法作价入股或者作为合资、合作造林、经营林木的出资、合作条件，但不得将林地改为非林地：

（一）用材林、经济林、薪炭林；

（二）用材林、经济林、薪炭林的林地使用权；

（三）用材林、经济林、薪炭林的采伐迹地、火烧迹地的林地使用权；

（四）国务院规定的其他森林、林木和其他林地使用权。

依照前款规定转让、作价入股或者作为合资、合作造林、经营林木的出资、合作条件的，已经取得的林木采伐许可证可以同时转让，同时转让双方都必须遵守本法关于森林、林木采伐和更新造林的规定。

除本条第一款规定的情形外，其他森林、林木和其他林地使用权不得转让。

具体办法由国务院规定。

第十六条 各级人民政府应当制定林业长远规划。

国有林业企业事业单位和自然保护区，应当根据林业长远规划，编制森林经营方案，报上级主管部门批准后实行。

林业主管部门应当指导农村集体经济组织和国有的农场、牧场、工矿企业等单位编制森林经营方案。

第十七条 单位之间发生的林木、林地所有权和使用权争议，由县级以上人民政府依法处理。

个人之间、个人与单位之间发生的林木所有权和林地使用权争议，由当地县级或者乡级人民政府依法处理。

当事人对人民政府的处理决定不服的，可以在接到通知之日起一个月内，向人民法院起诉。

在林木、林地权属争议解决以前，任何一方不得砍伐有争议的林木。

第十八条 进行勘查、开采矿藏和各项建设工程，应当不占或者少占林地；必须占用或者征用林地的，经县级以上人民政府林业主管部门审核同意后，依照有关土地管理的法律、行政法规办理建设用地审批手续，并由用地单位依照国务院有关规定缴纳森林植被恢复费。森林植被恢复费专款专用，由林业主管部门依照有关规定统一安排植树造林，恢复森林植被，植树造林面积不得少于因占用、征用林地而减少的森林植被面积。上级林业主管部门应当定期督促、检查下级林业主管部门组织植树造林、恢复森林植被的情况。

任何单位和个人不得挪用森林植被恢复费。县级以上人民政府审计机关应当加强对森林植被恢复费使用情况的监督。

第三章　森林保护

第十九条　地方各级人民政府应当组织有关部门建立护林组织，负责护林工作；根据实际需要在大面积林区增加护林设施，加强森林保护；督促有林的和林区的基层单位，订立护林公约，组织群众护林，划定护林责任区，配备专职或者兼职护林员。

护林员可以由县级或者乡级人民政府委任。护林员的主要职责是：巡护森林，制止破坏森林资源的行为。对造成森林资源破坏的，护林员有权要求当地有关部门处理。

第二十条　依照国家有关规定在林区设立的森林公安机关，负责维护辖区社会治安秩序，保护辖区内的森林资源，并可以依照本法规定，在国务院林业主管部门授权的范围内，代行本法第三十九条、第四十二条、第四十三条、第四十四条规定的行政处罚权。

武装森林警察部队执行国家赋予的预防和扑救森林火灾的任务。

第二十一条　地方各级人民政府应当切实做好森林火灾的预防和扑救工作：

（一）规定森林防火期，在森林防火期内，禁止在林区野外用火；因特殊情况需要用火的，必须经过县级人民政府或者县级人民政府授权的机关批准；

（二）在林区设置防火设施；

（三）发生森林火灾，必须立即组织当地军民和有关部门扑救；

（四）因扑救森林火灾负伤、致残、牺牲的，国家职工由所在单位给予医疗、抚恤；非国家职工由起火单位按照国务院有关主管部门的规定给予医疗、抚恤，起火单位对起火没有责任或者确实无力负担的，由当地人民政府给予医疗、抚恤。

第二十二条 各级林业主管部门负责组织森林病虫害防治工作。

林业主管部门负责规定林木种苗的检疫对象，划定疫区和保护区，对林木种苗进行检疫。

第二十三条 禁止毁林开垦和毁林采石、采砂、采土以及其他毁林行为。

禁止在幼林地和特种用途林内砍柴、放牧。

进入森林和森林边缘地区的人员，不得擅自移动或者损坏为林业服务的标志。

第二十四条 国务院林业主管部门和省、自治区、直辖市人民政府，应当在不同自然地带的典型森林生态地区、珍贵动物和植物生长繁殖的林区、天然热带雨林区和具有特殊保护价值的其他天然林区，划定自然保护区，加强保护管理。

自然保护区的管理办法，由国务院林业主管部门制定，报国务院批准施行。

对自然保护区以外的珍贵树木和林区内具有特殊价值的植物资源，应当认真保护；未经省、自治区、直辖市林业主管部门批准，不得采伐和采集。

第二十五条 林区内列为国家保护的野生动物，禁止猎捕；因特殊需要猎捕的，按照国家有关法规办理。

第四章 植树造林

第二十六条 各级人民政府应当制定植树造林规划，因地制宜地确定本地区提高森林覆盖率的奋斗目标。

各级人民政府应当组织各行各业和城乡居民完成植树造林规划确定的任务。

宜林荒山荒地，属于国家所有的，由林业主管部门和其他主管部门组织造林；属于集体所有的，由集体经济组织组织造林。

铁路公路两旁、江河两侧、湖泊水库周围，由各有关主管单位因地制宜地组织造林；工矿区，机关、学校用地，部队营区以及农场、牧场、渔场经营地区，由各该单位负责造林。

国家所有和集体所有的宜林荒山荒地可以由集体或者个人承包造林。

第二十七条 国有企业事业单位、机关、团体、部队营造的林木，由营造单位经营并按照国家规定支配林木收益。

集体所有制单位营造的林木，归该单位所有。

农村居民在房前屋后、自留地、自留山种植的林木，归个人所有。城镇居民和职工在自有房屋的庭院内种植的林木，归个人所有。

集体或者个人承包国家所有和集体所有的宜林荒山荒地造林的，承包后种植的林木归承包的集体或者个人所有；承包合同另有规定的，按照承包合同的规定执行。

第二十八条 新造幼林地和其他必须封山育林的地方，由当地人民政府组织封山育林。

第五章　森林采伐

第二十九条 国家根据用材林的消耗量低于生长量的原则，严格控制森林年采伐量。国家所有的森林和林木以国有林业企业事业单位、农场、厂矿为单位，集体所有的森林和林木、个人所有的林木以县为单位，制定年采伐限额，由省、自治区、直辖市林业主管部门汇总，经同级人民政府审核后，报国务院批准。

第三十条 国家制定统一的年度木材生产计划。年度木材生产计划不得超过批准的年采伐限额。计划管理的范围由国务院规定。

第三十一条 采伐森林和林木必须遵守下列规定：

（一）成熟的用材林应当根据不同情况，分别采取择伐、皆伐和渐伐方式，皆伐应当严格控制，并在采伐的当年或者次年内完成更新造林；

（二）防护林和特种用途林中的国防林、母树林、环境保护林、风景林，只准进行抚育和更新性质的采伐；

（三）特种用途林中的名胜古迹和革命纪念地的林木、自然保护区的森林，严禁采伐。

第三十二条　采伐林木必须申请采伐许可证，按许可证的规定进行采伐；农村居民采伐自留地和房前屋后个人所有的零星林木除外。

国有林业企业事业单位、机关、团体、部队、学校和其他国有企业事业单位采伐林木，由所在地县级以上林业主管部门依照有关规定审核发放采伐许可证。

铁路、公路的护路林和城镇林木的更新采伐，由有关主管部门依照有关规定审核发放采伐许可证。

农村集体经济组织采伐林木，由县级林业主管部门依照有关规定审核发放采伐许可证。

农村居民采伐自留山和个人承包集体的林木，由县级林业主管部门或者其委托的乡、镇人民政府依照有关规定审核发放采伐许可证。

采伐以生产竹材为主要目的的竹林，适用以上各款规定。

第三十三条　审核发放采伐许可证的部门，不得超过批准的年采伐限额发放采伐许可证。

第三十四条　国有林业企业事业单位申请采伐许可证时，必须提出伐区调查设计文件。其他单位申请采伐许可证时，必须提出有关采伐的目的、地点、林种、林况、面积、蓄积、方式和更新措施等内容的文件。

对伐区作业不符合规定的单位，发放采伐许可证的部门有权收缴采伐许可证，中止其采伐，直到纠正为止。

第三十五条　采伐林木的单位或者个人，必须按照采伐许可证规定的面积、株数、树种、期限完成更新造林任务，更新造林的面积和株数不得少于采伐的面积和株数。

第三十六条　林区木材的经营和监督管理办法，由国务院另行规定。

第三十七条　从林区运出木材，必须持有林业主管部门发给的运输证件，国家统一调拨的木材除外。

依法取得采伐许可证后，按照许可证的规定采伐的木材，从林区运出时，林业主管部门应当发给运输证件。

经省、自治区、直辖市人民政府批准，可以在林区设立木材检查站，负责检查木材运输。对未取得运输证件或者物资主管部门发给的调拨通知书运输木材的，木材检查站有权制止。

第三十八条　国家禁止、限制出口珍贵树木及其制品、衍生物。禁止、限制出口的珍贵树木及其制品、衍生物的名录和年度限制出口总量，由国务院林业主管部门会同国务院有关部门制定，报国务院批准。

出口前款规定限制出口的珍贵树木或者其制品、衍生物的，必须经出口人所在地省、自治区、直辖市人民政府林业主管部门审核，报国务院林业主管部门批准，海关凭国务院林业主管部门的批准文件放行。进出口的树木或者其制品、衍生物属于中国参加的国际公约限制进出口的濒危物种的，并必须向国家濒危物种进出口管理机构申请办理允许进出口证明书，海关并凭允许进出口证明书放行。

第六章　法律责任

第三十九条　盗伐森林或者其他林木的，依法赔偿损失；由林业主管部门责令补种盗伐株数十倍的树木，没收盗伐的林木或者变卖所得，并处盗伐林木价值三倍以上十倍以下的罚款。

滥伐森林或者其他林木，由林业主管部门责令补种滥伐株数五倍的树木，并处滥伐林木价值二倍以上五倍以下的罚款。

拒不补种树木或者补种不符合国家有关规定的，由林业主管部门代为补种，所需费用由违法者支付。

盗伐、滥伐森林或者其他林木，构成犯罪的，依法追究刑事责任。

第四十条　违反本法规定，非法采伐、毁坏珍贵树木的，依法追究刑事责任。

第四十一条　违反本法规定，超过批准的年采伐限额发放林木采伐许可证或者超越职权发放林木采伐许可证、木材运输证件、批准出口文件、允许进出口证明书的，由上一级人民政府林业主管部门责令纠正，对直接负责的主管人员和其他直接责任人员依法给予行政处分；有关人民政府林业主管部门未予纠正的，国务院林业主管部门可以直接处理；构成犯罪的，依法追究刑事责任。

第四十二条 违反本法规定，买卖林木采伐许可证、木材运输证件、批准出口文件、允许进出口证明书的，由林业主管部门没收违法买卖的证件、文件和违法所得，并处违法买卖证件、文件的价款一倍以上三倍以下的罚款；构成犯罪的，依法追究刑事责任。

伪造林木采伐许可证、木材运输证件、批准出口文件、允许进出口证明书的，依法追究刑事责任。

第四十三条 在林区非法收购明知是盗伐、滥伐的林木的，由林业主管部门责令停止违法行为，没收违法收购的盗伐、滥伐的林木或者变卖所得，可以并处违法收购林木的价款一倍以上三倍以下的罚款；构成犯罪的，依法追究刑事责任。

第四十四条 违反本法规定，进行开垦、采石、采砂、采土、采种、采脂和其他活动，致使森林、林木受到毁坏的，依法赔偿损失；由林业主管部门责令停止违法行为，补种毁坏株数一倍以上三倍以下的树木，可以处毁坏林木价值一倍以上五倍以下的罚款。

违反本法规定，在幼林地和特种用途林内砍柴、放牧致使森林、林木受到毁坏的，依法赔偿损失；由林业主管部门责令停止违法行为，补种毁坏株数一倍以上三倍以下的树木。

拒不补种树木或者补种不符合国家有关规定的，由林业主管部门代为补种，所需费用由违法者支付。

第四十五条 采伐林木的单位或者个人没有按照规定完成更新造林任务的，发放采伐许可证的部门有权不再发给采伐许可证，直到完成更新造林任务为止；情节严重的，可以由林业主管部门处以罚款，对直接责任人员由所在单位或者上级主管机关给予行政处分。

第四十六条 从事森林资源保护、林业监督管理工作的林业主管部门的工作人员和其他国家机关的有关工作人员滥用职权、玩忽职守、徇私舞弊，构成犯罪的，依法追究刑事责任；尚不构成犯罪的，依法给予行政处分。

第七章 附 则

第四十七条 国务院林业主管部门根据本法制定实施办法，报国务院批准施行。

第四十八条 民族自治地方不能全部适用本法规定的，自治机关可以根据本法的原则，结合民族自治地方的特点，制定变通或者补充规定，依照法定程序报省、自治区或者全国人民代表大会常务委员会批准施行。

第四十九条 本法自 1985 年 1 月 1 日起施行。

SHE NONG FA ZHI GAI SHU

涉农法制概述

北京京城新安文化传媒有限公司
BEIJING JINGCHENG XINAN CULTURE MEDIA CO.,LTD.

ISBN 978-7-5517-0781-7

9 787551 707817 >

定价：65.00元